續《南湖錄憶》

評點晚清民國人物

高拜石 · 原著　蔡登山 · 主編

導讀：掌故大家高拜石的《南湖錄憶》
有續篇

蔡登山

　　高拜石（1901－1969），字嬾雲，又號般若，晚歲多用芝翁，別號古春風樓主，福建福州人。其先室為浙江鎮海望族，以遊宦落籍福建福州。父親高杰藩為福建省永春州知事，高拜石幼年聰慧異常，過目不忘，深得其父鍾愛。年六歲入私塾，為名師朱德馨之得意弟子，通四書六藝。十一歲入省立商業學校。課餘常投寄稿件於報章，文名乃彰。畢業後隨叔父蔭午公北上九江縣，在地方政府處理文書函牘，深受其叔之獎掖。不久隨其叔調山東棲霞縣。後來就讀於北京平民大學文科，一九二一年畢業。受吳昌碩影響，專研書法與篆刻。一九二五年與其介弟高伯奇在北京創辦《心聲晚報》。一九二六年回福建復創《華報》、《毅報》、《寰宇新聞》，一九三四年任福州《民國日報》社長。

　　抗戰期間福州淪陷時，任福建省府參議，協助處理淪陷區救濟工作甚力。日軍撤退後，仍返榕主持福建《中央日報》筆政。一九四七年初應邀來臺，佐理黨政工作；臺省府新聞處處長林紫貴聘其任主任秘書，與新聞界相處融洽。後福建情況危急，曾隨湯恩伯赴廈一行，惜因大局逆轉，事與願違。返臺後經劉啟光禮聘，入華南銀行服務。公暇從事藝文，一九五八年起為《新生報》副刊撰寫專欄「古春風樓瑣記」，先後有十餘年之久，成稿三百萬字。內容為描寫清末民初人物，後以《古春風樓瑣記》為名出版，共二十大冊。在《大華晚報》則

發表「浮匯識小」專欄。

　　高拜石雅好書法金石，造詣殊深。早歲從朱敬亭、黃藹農、沈冠生等學金石書畫，據說初學書體之結構，隸取其長，篆取其方，書法家王壯為談到高拜石的書法說：「書法長於篆隸，行楷造詣尤深，篆體中尤善鐘鼎，圓渾密實，絕無苟率。楷書茂密肥厚，最宜施於壽序大屏。」曾發起組織中國書法學會並擔任理事，並組東冶藝林、八儔書畫會與五人書展等。另高氏篆刻，有筆有刀，堪稱成一家法。與王壯為、吳平、江兆申、王北岳、張心白、傅申等二十四人，組有海嶠印集，並出印集，頗獲時譽。一九六九年四月二十三日病逝於臺灣。

　　《古春風樓瑣記》是高拜石先生的力作，於一九五八年九月起，在台灣《新生報副刊》連載，歷時十餘年，先後兩次結集出版，影響長久而巨大。全著洋洋三百萬言，狀寫了清末明初間五百餘位各色各相人等，頗多鮮為人知的歷史掌故和彌足珍貴的重要文獻及第一手資料。以人物而論：有販夫走卒、草寇遊俠、淑女名媛、王公大臣、以至義民志士；以記事而論：或涉香艷、或涉壯烈、或涉忠勇、或涉奇詭、或涉逸趣，讀之使人愛、使人恨、使人憐、使人悲、使人悟，或使人熱血沸騰不異一擲頭顱，或使人感慨憤激而太息不已。高氏筆力雄放，酣暢舒展；學養深厚，縱橫自如；所引詩、詞、聯、賦，亦多佳構；全著之文學、美學品位甚高。高氏治史態度嚴謹，褒貶嚴格，近百年間風起雲湧的國事、家事、天下事，都囊括在這一本本的《瑣記》中。此書好在忠實記載各種來自稗官野史的談話、掌故，更多涉及當代人物留世行述；因知者淵博，又隔今世不遠，竟能補正史之不足，堪稱當代傳記文學先驅。然而，此書也並非完美，作者難免照遠不照近，以免惹禍上身。也因此在這麼長篇累牘文章中，高拜石始終多談晚清人物、

文人墨客，軍閥事跡與舊聞，卻鮮少論及國共兩黨要員的主要原因。

一九六一年起，高拜石應《中央日報》副刊之邀，撰寫《南湖錄憶》長期登載，歷久不衰，當時既贏得廣大讀者之喜好，其後印成專書發行，亦是一紙風行，洛陽紙貴，更得士林之好評。名詩人、教授李漁叔就評論過高氏的著作說：「芝翁積學知名，客台後，日草文數千言，一時耆碩，爭激賞之。所作《古春風樓瑣記》、《南湖錄憶》等書，精熟掌故，於數十年間宦海文場，軼聞舊事，纚纚如話家常，而文筆茂美，可謂『分其才技足了十人』者也。其書沉著渾厚，逸氣內蘊，天趣盎然。」《南湖錄憶》是寫晚清人物，尤其較多是學人，談論他們的成就及故事，是接續《古春風樓瑣記》的寫作風格，只是這次在中央副刊是屬專欄形式，篇幅有其限制，因此更簡短扼要而去其太過冗長之弊病。中央副刊主編孫如陵就評論過高氏的掌故說：「掌故，寫一人，須了解其人的背景，述一事，須洞察其事的原委，非博觀而約取不見功。《南湖錄憶》，取精用宏，寫人則婉孌生姿，述事則情理曲當。」而張其昀嘗譽其為「自梁任公、林琴南以來，罕與其倫比，誠是列於現代中國一大文豪而無愧色。」，但這話有些誇大之嫌，寫掌故高拜石實則是掌故家徐一士、紀果庵、黃秋岳等之流，言其為大文豪，實乃過之。

《南湖錄憶》專欄後來結集出書，收有一百六十六篇作品，而在版權頁上有寫「第一集」之字樣，這引起我的好奇，難道還有「第二集」嗎？查遍各圖書館當然找不到。我靈機一動是否高拜石在生前還有繼續編「第二集」之構想，那一定還有不少的篇幅尚未編輯，於是我就翻閱當年的《中央日報》縮印本，果然不出我所料，還有不少文章並未收入已出版的《南

湖錄憶》中，我就一篇一篇地影印出來，去其已出版的，還得一百七十餘篇之多，名為《南湖錄憶續篇》。這可是從未面市的作品，而兩本合在一起才是《南湖錄憶》這個專欄的全貌。因此我重新打字校對，而由於當年報紙印刷並不精良，加之歲月的侵蝕，有些字跡已是漫漶不清，我已經努力的辨識、查索，全書只剩下不到十個字，不敢強做解人，我以□保留之。而嚴復悼林旭的詩，高拜石引錄的字句上似有錯誤，我查得嚴復集子的詩加以改正。

《光宣詩壇點將錄校注》是高拜石晚年的著作，它原先也是「古春風樓瑣記」專欄的一部分，後來單獨成書的。是對汪辟疆的《光宣詩壇點將錄》做了校注，有大量高拜石自己的看法和引用陳衍（石遺）的《石遺室詩話》的部分。汪辟疆此書為近代詩史研究的名著，撰成於一九一九年，一九二五年分五期刊於《甲寅》雜誌（第一卷第五號至第九號）。後十年，再刊於《青鶴》雜誌一九三四年第三卷第二號至一九三五年第七號。一九四四、四五年間，又加修改釐為定本。而定本一直未曾刊布。「文革」期間，遂遭焚毀。後其弟子程千帆先生據三種殘存的定本草稿合校，收入一九八八年上海古籍出版社《汪辟疆文集》。汪辟疆此書實可視為一部近代詩史，或者一部近代詩史的大綱。其書簡明謹嚴地勾畫了光宣時代的詩史，其中涉及的一百九十二名詩人，基本囊括了晚清詩壇的主要作者。汪辟疆通過「點將錄」的形式，區別了一百九十二名詩人的造詣、名位、風格及派別。這部著作不但涉及史料範圍至廣，其評論近代詩人亦多中肯，於研究者俱有很高的參考價值。

高拜石的《光宣詩壇點將錄校注》所採用的版本，是汪辟疆的甲寅本。他認為汪氏此書：「擇同時詩人一百八人，比擬

於《水滸》之天罡地煞，雖為一時遊戲，而條列謹嚴，衡量甲乙，悉秉公論。」、「對五十年來諸詩派源流衍變，多所分析，一代風雅，多所挖揚。」他又說：「（該書）傳布之始，南北詩壇，為之轟動，在上海做寓公的諸耆宿，如康長素、陳散原、陳蒼虬、王病山諸人，相聚時每舉為笑樂。但也有居然認起真來，表示異議或爭論的，如章孤桐以其丈人吳彥復，不宜置於步軍將校之列，力爭應要與散原諸人相比儗；康長素對人也說：『我康有為生平對於經史學問，都是具有哥倫布尋覓新大陸的本領，汪某怎麼把我比作神行太保？』此外更有一般讀者，或函陳意見，或認有商榷餘地，甚至或說他有失品評之正，更有指謂挾有鄉里的私見。汪氏均一笑置之，不與辯釋。」

　　而高拜石何以在晚年會對此書做校注呢？他說：「汪氏以將近八十之年，已歸道山，其遺作已不易見，《點將錄》中諸人，更已俱作古人，談詩壇掌故者，每有提及，而苦弗詳。承汪之高足章斗航教授見示原作，披覽之餘，因就其中論列諸人之後，加以斠註，俾詳所自。」汪氏之作，對於諸位詩人僅做排列及簡單的註解，在評論上相對薄弱，更缺少對作品的具體批評，因此《點將錄》自難以饜足詩家之望。高氏飽讀晚清各家詩集，有太多的詩人史料及後人對於作品之評點，因此他將這些心得及引文，羅列在汪氏的註解之後，雖名為「校注」，實則應該是「箋釋」更符合其內容。如此一來汪氏標舉的大綱，將因此而添其血肉，除了將其來由、史料及作品評論，合為一爐，綱舉目張，互為表裡，豐富原本僅七千餘字的原文，成為九萬餘字的專書，《光宣詩壇點將錄校注》成為研究《點將錄》不可或缺的入門書籍。

目 次

一、梁啟超與政聞社

　　光緒末年，日俄戰爭後，清廷內外大吏以日本所以致勝，由於行憲之效，時有奏請立憲者，清廷不獲已，乃於光緒卅二年頒布預備立憲，以九年籌備，當時法國報紙已譏為「清太后愚民之術」，但君憲派人士則皆躍躍欲試，次年遂有政聞社之誕生，其中堅人物則為梁啟超、蔣智由、陳景仁、張嘉森、雷奮、湯覺頓、馬相伯、徐公勉、麥孟華、黃可權、向瑞琨、徐勤、陳介、譚學夔等。其所持四大綱：一、實行國會制度，建設責任政府；二、釐訂法律，鞏固司法權之獨立；三、確立地方自治，正中央地方之權限；四，慎重外交，保持對等權利等。

　　據《梁任公年譜長編初稿》，載徐佛蘇創政聞社之主義及源流云：「清乙巳丙午年間，吾國留日學生達二千餘人，對於祖國救亡之主義，分種族革命、政治革命兩派。所謂種族革命者，欲以激烈手段推翻滿清君主也，所謂政治革命者，欲以和平手段運動政府實行憲政也。梁先生久在日本橫濱主辦《新民叢報》，主張革命，此時見留日學界主張立憲之人漸多，又惻心於國內歷次革命犧牲愛國志士過多，而仍未能實行革命，乃亦偏重於政治革命之說，發揮立憲可以救國之理，於是於丙午年間，馬相伯、徐佛蘇、麥孟華、蔣智由、張嘉森及留日學界三百餘人，創設政治團體於日京，名為政聞社。」……當時此政聞社之團體，散布於國內各地，並發有宣言，文中有「今日之中國，殆哉岌岌乎，政府夢督於上，列強束脅於外，國民怨毒於下，如半空之木，復被之霜雪，如久病之夫，益中以紾

厲，舉國相視，咸儳然若不可終日，志行薄弱者，袖手待盡，腦識簡單者，挺而走險，自餘一二熱誠沉毅之士，亦徬徨岐路，莫審所適。……」指斥滿清政府之無能，頗為切摯。但其末段，忽綴以問答之詞，標舉「政聞社所執之方法，常以秩序的行動為正常之要求，其對皇室絕無干犯尊嚴之心，其對國家絕無擾紊治安之舉。」並以「今立憲之明詔既屢降……豈其倏忽反汗，對於政治團體而能仇之，若政府官吏不奉詔，悍然敢為此反背立憲之行為，若茲之政府豈能一日容其存在」之言，以懾制政府。此文當為任公之大筆。但革命黨人視為大愚之舉動，張溥泉先生以其與虎謀皮之不智，且申明無干犯滿清皇室之心為無恥，親與同志數人往叱之，並詰責與會之犬養毅，事見章太炎所記。但梁之活動，終遭清廷之大忌，清室權貴更不因其矢忠矢信而忘「保皇帝不保太后，保中國不保大清」之傳說，光緒卅四年六月上諭：「聞沿江沿海暨南北各省，設有政聞社名目，內多悖逆要犯，廣斂資財，糾結黨類，託名研究時事，陰圖煽亂，擾害治安，若不嚴行查禁，恐將敗壞大局，著民政部各省督撫……嚴密查訪，認真禁止，邁有此等社夥，即行嚴拏懲辦，勿稍疏縱，致釀巨患。」……於是此政聞社遂告銷聲滅跡。

二、章太炎精孼醫術

　　章太炎積學雄文，世稱國學大師，其生平行事，談者已多，不贅述，述其醫學。

　　太炎為曲園老人俞樾弟子，曲園曾著有醫學讀書記，為春在堂集外之著述，太炎於寫述之外，亦好談中國醫理及藥物性能，幾成為嗜好之一。嘗撰醫學論文四十餘篇，都九萬餘言，雖不輕為人診治，然能自撰藥方，說理斷病，亦頗獨具見解。

　　國父於十三年冬間，應北方諸將之請，北上共定國事，抵津時，肝疾突發，扶疾入北平就醫，太炎聞之，曾擬方以寄，然當時協和醫院已斷定為肝癌，侍疾諸人亦未敢貿然嘗試，故不用。故與李印泉善，某年李患腦疽，太炎馳書其孫，暢論醫法。並贈饋藥劑，百日間發手書十餘通，引證甚詳，李雖未敢遽服其藥，但付醫者資為參證，瘳後，裱裝牋翰，蔚成一卷，醫林多傳之。

　　惲鐵樵任職上海商務印書館，主編《小說月報》，騰譽一時。中年，窮治醫術，評論精湛，著有《傷寒論輯義按》等書，達數十萬言，從學者甚眾，所著輯有「藥盦醫學叢書」，太炎相與研討，博辨尤精，鐵樵死，太炎輓之云：「千金方不是奇書，更赴滄溟求啟秘；五石散竟成末疾，尚憐甲乙未編經。」

　　西醫中亦多與章往還者，余雲岫早歲曾從章遊，執弟子禮。江逢治對之亦甚恭謹。某年，江患夾陰傷寒，終以不治。江習醫於德國，為滬上名醫之一。喪之日，太炎輓句：「醫師著錄幾千人，海上求方，惟夫子初臨獨逸；湯劑遠西無四逆，

少陰不治，願諸公還讀傷寒。」蓋深信四逆散為少陰傷寒之獨方也。章氏講學會，尚有「猝病新論」之輯印，成一鉅冊，猝病云者，即急性傳染病之謂，後有王慎軒者，擷其精華，印為專輯，皆章氏醫藥論著之可傳者。

民國十八年，太炎助秦伯未、嚴蒼山、王一仁、章次公諸人，創中國醫學院，並居院長之名。越兩年，又助章次公、陸淵雷、徐衡之等，創國醫學院，亦任院長。二十五年，蘇州中醫學校成立，眾推為校長，亦欣然就任，於中醫提倡甚力，其所著《菿漢微言》中多有論及。又嘗言：「近世治經籍者，皆以得真本為亟，獨醫家為藝事，學者往往不尋古始，方喻以下，恣意顛倒。」……其題《傷寒論》，有「此《傷寒論》十卷，獨完好，與《梁七錄》無異，則天之未絕民命也，雖有拱璧以先駟馬，未能珍於此也。」之語，其沉酣可見。晚年處境頗困，有勸懸壺行醫者，皆笑卻之，或亦以攈討雖深，而臨床經驗不敢自信歟？

三、章太炎第一次絕食

　　章太炎以《蘇報》而囚，鄒威丹以《蘇報》而死，並垂革命史中，結束有清一代之文字獄。亦章第一次絕食，（第二次在北京為袁所拘時）可紀也。

　　《蘇報》，社址設於上海英租界之三馬路，原由胡鐵梅主辦，以其日籍妻子生駒悅名義，向駐滬日領館申請登記，創刊於一八九六年，以無錫鄒弢為主筆，經營兩年，業務平平，始移轉陳夢坡接辦。夢坡湘人，曾任縣令，因案罣誤落職，深感於當時政治之窳敗，社會之愚闇，貧污充斥，橫流滔滔，挈眷居滬，適《蘇報》出盤，乃出資接辦。光緒廿九年（一九〇三）南洋公學學生發生風潮，《蘇報》首予刊載，於退學學生寄以同情。其後，學生得中國教育會之協助，成立愛國學社，章太炎吳稚暉均為社中教習，因相與約定，由社中各教習，輪流為《蘇報》撰寫評論，按月由《蘇報》津貼學社一百元，為學社經費之用，章吳文筆均犀利，且富革命思想，於是自其年六月初一之後，《蘇報》評論，突放異彩，慷慨激昂，光芒萬丈，甚受社會人士之重視，報務為之一振。

　　論著之激烈者，如章太炎之〈客帝篇〉、〈駁康有為論革命書〉、〈革命軍序〉諸文，言論透闢，思想清新，最得讀者注意，後又轉載鄒威丹所著之〈革命軍〉一文，中有「文字收功日，全球革命潮」語，而語氣激烈，滿吏閱之，最感刺目。時兩江總督為魏光燾，電上海道袁樹勳查辦，並飭設法捕章等歸案，租界當局以治外法權不允接受，袁問計於法律顧問旦文，旦文教以政府名義控章鄒於會審公廨，而獄乃具。

章被捕後，鄒亦隨即投案，七月十五日庭訊，原告延古柏律師主控章等為大逆不道，章等亦聘外籍律師博易辯護。審訊數庭而清方不耐，堅欲引渡，租界當局仍堅持不允，清廷向公使館交涉，使館以之請示本國政府。而此時適以黨人沈藎被毒斃案傳出，英美輿論大譁，《蘇報》案始不堅持引渡。次年五月，會審公廨判章監禁三年，鄒二年，期滿逐出租界。

章鄒在獄，常遭獄卒凌虐，太炎自分必死，故決絕食，語鄒云：「爾我體皆弱，又不堪凌辱，與其為白人侮虐以死，曷早為計」。威丹哽咽曰：「兄死，吾烏能獨生？」章曰：「爾兩年，我三年，余當死，死則白人懼煩言，或將寬假爾矣。」因議引決事，金物毒物皆禁絕，惟餓死，威丹以為是小丈夫之行，章曰：「中國餓死之故事凡五，為伯夷，為龔勝，為司空圖，為謝枋得，為劉宗周，若前三人吾不為，若後二人則吾為之」。因作絕命詞三首，其前二首與威丹聯句，其最後一絕則自為之，句云：「句束前輩張玄著，天著遺民呂晦公，兵解神仙儒發冢，我來地水火風空。」既而七日斷食，猶不死而咳，咳或出血。同繫者告以斷食不必即死，奈何自苦？因復進食，至光緒卅二年刑滿出獄，而威丹則已瘐斃獄中矣。

四、章太炎〈艾如張〉本事

　　章太炎於經學宗古文家之說，於晚清時已負盛名，張之洞時官湖廣總督，亦以最惡公羊之學自鳴，二人於學術見解上，亦有其若干相同之點，張以震章之名，曾加以延攬。章氏於〈自述學術次第〉著其論學之語，曾謂：「余昔在南皮張孝達所，張嘗言：國學淵微，三百年發明已備，後生但當蒙業，不須更事高深。張本疏通，不暇精理，又見是時怪說流行，懼求深適以致妄，故有是語。時即答曰：經有古今文，自昔異路；近代諸賢，始則不別，繼有專治今文者作，而古文未有專業，此亦其缺憾也。……」可謂談論無迕。

　　太炎之入張幕，似為陳衍所介，其事在清光緒二十四年戊戌。《石遺詩話》卷七：「戊戌正月，客張廣雅督部所，廣雅詢海內文人，余舉孫仲容、皮鹿門（錫瑞），以次及君（指章太炎），迨余入都，聞廣雅已電約君至鄂。……旋聞以與朱強甫談革命，強甫以告星海（梁鼎芬），星海將懸而榜之，未果，狼狽歸。……」章賦性亢傲，稍不滿意輒譏諷謾罵隨之，據石遺所述，似章之去，極可能為梁鼎芬之排擠。相傳，某次張幕同僚聚談，梁言康有為之「富有」、「貴為」票事，太炎謂：「帝王思想，人人可懷，尚無足異；獨怪其自號長素，居然以素王自居，為可駭耳。」梁以告之洞，謂太炎言語怪誕，宜遣之以免招禍，之洞然之，厚賻使去。

　　然據但植之〈餘杭章先生事略〉：「甲午中日之役，喪師失地，輸金鉅億，士大夫爭言變法，南海康有為以孔子改制傅會之。有為欲創新宗教，而自尸教主，先生訐斥其非。鄂督張

之洞亦惡康氏夸誕，請先生作《正義日報》排拒之。之洞方為〈勸學篇〉，以激忠愛，先生謂九世之仇不能復，乃欲責其忠愛？忠愛則易耳，其俟諸革命以後，遂去鄂，賦〈艾如張〉以見志。」考太炎自序，謂：「永曆既亡二百三十八年春，余初至武昌，從主者張之洞招也，是時青島旅順既割，天下土崩，過計者欲違難異域，寄籍為流民，計不終朝，民志益渙，駘駘似無傅麗。張之洞始為〈勸學篇〉，以激忠愛，摧橫議，就余咨度，退則語人；宙合皆含血，生於其國而人偶其國，人之性然也，惟吾赤縣，權輿風姜以來，近者五千祀，沐浴膏澤，淪浹精味久矣。稟性非異人，古之謨訓，上思利民，忠也；朋友善道，忠也；憔悴事君，忠也，今二者不舉，徒以效忠，徵求氓庶，且烏桓遺裔蹂躪吾族幾三百年，茹毛飲血，視民如雞兔，今九世之仇縱不能復，乃欲責其忠愛？忠愛則易耳，其俟諸革命以後。」始之洞聞鼎芬言太炎有反清意，又見其行文，屬幕客錢洵，詢以何以稱先皇帝諱？太炎曰：「清文帝名皇太極，其子孫不為隱，當復為其子孫諱耶？」之洞知不可留，遂遣之。及見太炎所賦，諧諸人曰：「梁啟超宗旨誖謬，然尚文從字順，章某則併文字亦怪異矣。」章文故好為聱屈，不若飲冰之曉暢，故云。

五、記胡適之舊詩詞

　　胡適大師逝世，各界聯輓，多有故用白話，大抵以胡氏倡用白話，不欲以文言悼之歟？然胡固邃於舊詩詞者，嘗自稱幼時曾學香山，十六歲時開始作詩，及就讀上海，亦常作五七言古詩，宣統二年留美時，經常與任叔永、楊杏佛聯句，如民國二年十二月廿三夜，胡寫：「入冬無雪但苦雨，客子相對語淒楚，故國此際夜何許？」杏佛見之，為續云：「黃河走地禹王死。」大笑而罷。民國四年秋，胡從康奈爾大學轉入哥倫比亞大學，在〈將去綺色佳留別叔永〉詩中，有：「寄此學者可千人，我詩君文兩無敵」。及「秋雲麗天海如田，直欲與我爭此席。」句，足覘其於此道，自視頗高。杏佛於胡離康奈爾時，曾寫〈水調歌頭〉一闋以調，開首「三稔不相見，一笑遇他鄉，暗驚狂奴非故，收束入名場」句。胡即填〈沁園春〉作答：「朔國秋風，汝遠東來，過存老胡。正相看一笑，使君與我，春申江上，兩個狂奴。萬里相逢，殷勤問字，不似黃壚舊酒徒。還相問，豈當年塊壘，今盡消乎？君言：是何言歟！祇壯志新來與昔殊。願乘風御電，戡天縮地，頗思懷特，不羨公輸。戶有餘糈，人無菜色，此業何嘗屬腐儒？吾狂甚，欲斯民溫飽，此意何如？」

　　胡氏亦喜詠史，十七歲自績谿赴滬途中，詠〈謝皋羽西臺〉：「富春江上煙樹裡，石磴嵯峨相對峙，西為西臺東釣臺，東屬嚴家西謝氏。子陵垂釣自優游，皋羽登臨曾慟哭，傷哉愛國情靡已。如今客自桐江來，不拜西臺拜釣臺，人心趨向乃如此，天下事尚可為哉！」十八歲作〈讀司各得十字軍英雄

記〉：「豈有酖人羊叔子？焉知胡服武靈王，炎風大漠荒涼甚，誰更橫戈倚夕陽。」又〈讀大仲馬俠隱記及續記〉：「從來桀紂多材武，來必湯武真聖賢，那得中國生仲馬，一筆翻案三千年。」其時胡於寫作至為認真，惟以胎息白傅，亦可窺其對文學革命之微影。至寫白話詩，則始於民國五年七月二十二日寄梅覲莊者，梅反對甚力，復書謂「讀大作如兒時聽梅花落，真所謂革盡古今中外詩人之命矣」。胡經此激，遂發誓不作文言詩詞，遂以《去國集》為「絕筆」。

其夫人江冬秀，以胡氏嗜書每忘倦，常以為勸，此次胡氏逝世，江夫人哀慟中尚以此為言。記民國九年十二月十七日為胡廿九歲生日，而是日又為江夫人之陰曆生日，胡曾寫〈我們的雙生日〉：「她干涉我病裡看書，常說：『你又不要命了！』我也惱她干涉我，常說：『你鬧，我更要病了！』我們常常這樣吵嘴，每回吵過也就好了。今天是我們雙生日，我們訂約，今天不許吵了。我可忍不住要做一首生日詩。她喊道：『哼！又做什麼詩了！』要不是我搶得快，這首詩早被她撕了。」

胡惟邃於舊學，不論白話文言，誠屬老嫗都解，而自言實頗近於玩世云。

六、錢玄同狂放褊激

　　談「五四」以來之新文化運動、新語文運動者，於績溪胡適之外，錢玄同亦此中健者之一。錢為浙江湖州人，本名夏，字玄同，後又去姓而稱疑古玄同。錢氏為書香世宦之家，父振常，光緒舉人，文名甚著；兄洵（念劬）清末居張之洞幕，後筮仕燕都，並出任駐日、法、義各國使館參贊等職，亦外交名宿，陸徵祥、刁作謙等，均常與晉接，品學俱上上。玄同為其異母弟，幼岐嶷而謹愿，六齡受書，所業倍常童，喪父後，母亦繼逝，遂依其兄嫂以長，念劬所以培植之者亦備至。弱冠後，留學日本習師範。時當光緒末年，餘杭章太炎在日鼓吹革命，玄同與黃季剛、許壽裳諸人，從之研治國故，於文字、音韻，特有心得，又與黨人往還，偶為文字宣傳，詞旨尤多激烈。然自以為庶產，不無身世之感，而性情遂趨於褊急。

　　念劬為感情中人，視玄同不啻同懷，其為人風度，尤酷類魏晉時人。相傳，念劬有稚妾，奔於其得意弟子某，念劬靡特不予追究，且資助之成眷屬。但一年之後，又篤念其妾，大哭，繼以絕食，思欲重拾舊歡，然已綠葉成陰矣。其言行大可以入《世說新語》。玄同之褊激與狂放，似與其兄同為先天之遺傳。

　　民初，玄同歸國，任教北大，常集百元幣，雜置書中，故意亂其次序，縹緗插架，自稱書中之黃金屋，遇新俸遲發，米鹽所需，則翻書以覓，有所發現，則狂喜大笑。或有向借書者，每有所獲，然亦未能盡，法幣廢止使用時，其書中尚有所發見，而其積蓄遂在此奇癖中成浪費矣。其行事多類此。至其

學問經歷，世多能詳，譽之者謂其治學為博古而通今，極精微而高明。亦或然也。

晚年默默無聞，抗戰時，仍居於倫陷之北平，又棄玄同而復名錢夏，一任其身與世相忘，或比之梅伯言之居金陵云。其後寂然以死，喪聞，許壽裳輓之云：「滯北最傷心，倭難竟成千古恨；遊東猶在目，章門同學幾人存。」袁同禮輓句：「續學擅專長，偉業直追許叔重；易名昭大節，高風不讓魯仲連。」黎錦熙以白話文為聯：「去歲咱們應當紀念獻廷，誰知三百年間，挺生的文字革命專家，又成騎鶴；昨春先生仍復改名為夏，那料二千里外，正在漢水發源區域，便賦招魂。」皆足以介紹其生平。玄同本為章門弟子中五王之一，其時蓋已零落殆盡矣。

七、鍾榮光盡瘁嶺大

　　近代以畢生致力教育，為世稱譽者，如南開之張伯苓，明德之胡元倓，均有足述，而在粵則有鍾榮光。

　　榮光字惺可，中山人，弱冠著文名，有才子之稱，廿九歲舉於鄉，旋棄帖括之學，不復以禮闈為望，光緒己丑受基督教洗禮，燒燬中式之執照，示不再為科舉功名。於是，潛心新知，思改造社會，並盡遣妾侍，親送其姬人鄧主依，侍婢鍾愛基，入教會學校讀書，任其自由擇配。與國父為同鄉世交，國父倡導革命，始立興中會，鍾首先加盟，其任廣州《博聞報》編輯時，鼓吹排滿，至為積極，旋膺格致書院聘，為國文教習，後改為嶺南學校，由中學而大學，從執教而薦大學校長，歷四十年而志力弗衰。

　　辛亥粵省光復，一度出任教育司長，於全省教育，規劃甚詳，迨癸丑討袁失敗，乃赴美，入哥倫比亞大學，攻研教育，其年蓋已四十九歲矣。

　　民十五，任國民政府教育行政委員曾委員，僑務局局長等職，抗戰軍興，政府邀集耆英才俊，共赴國難，選任為國民參政員，顧於校務仍提示董理，一息不懈。

　　生平待人接物，一基於愛，嘗謂「愛無等差」，然於惡則絕不妥協，律己極嚴，公私之間，絕不混淆，陳白沙所謂「毫釐霄壤」者，氏之絲毫不苟，蓋有佩乎其言也。在嶺大數十年，出入不下三四千萬，而其私人函札所用信牋郵票，從不用校中所備者，其他可以概見。

　　偶有寫作，喜用淺近文言，於古典餖飣文字，固所不採，

而對於充滿外國文法之白話文，則認為故意扭捏，效顰為醜，不足訓也。治事絕不草率，每晨必至校，與員生共作早操，風雨無間，行路時，胸挺腰直，精神奕然，夜間必寫日記後方就寢，數十年如一日，尤足為青年模楷。

三十一年初，以衰病就醫於香港養和醫院，時已逾八旬，病榻中猶不忘國事，時日軍瘋狂侵略，其所居藍塘道寓所與醫院附近，均遭彈毀，醫藥亦以戰事而缺，終於不起。一月七日臨逝，神識清朗，猶喃喃掇句自輓，使侍者筆記之，句云：「三十年科舉沉迷，自從知罪悔改以來，革過命，無黨勳；作過官，無政績；留過學，無文憑；才力總後人，惟一事功，盡瘁嶺南至死。」「兩半球舟車習慣，但以任務完成為樂，不私財，有日用；不養子，有徒眾；不求名，有紀述；靈魂乃真我，幾多磨練，歸榮基督永生。」歷歷敘來，可作小傳讀。

八、郁曼陀（華）風節峻絕

　　抗戰勝利後，富陽邑民，於富春江畔，嚴子陵釣台旁，建「郁曼陀先生衣冠塚」，及「郁達夫紀念碑」。達夫於日本投降後失蹤，傳為日軍殺而沉之於江，其人其事固為世所熟知，曼陀則達夫之長兄也，其高風亮節，彌有足述者。

　　郁氏昆李三人，長曼陀，次養吾，達夫為最幼。達夫之文學修養，得力於曼陀之指導培植居多。曼陀原名慶雲，後改名華，曼陀其字也。幼孤，十六歲以案首入泮，廿二歲考取官費，留學日本法政大學。畢業回國，清廷獎給舉人銜，初服務外交部。民國改元，供職司法部，並兼任各大學法律科教授；民十六後，任上海臨時法院處長多年，為法曹前輩。賦性恬淡，尤廉隅自守。生平無他嗜，惟以詩酒自遣，並擅繪事，純粹書生本色。其詩，律體功力最深，絕句與五古，亦不艱澀，純乎一片清氣流走，鍊字鑄詞，尤能清新妥貼。在日本時，有東京竹枝詞之作，傳誦一時，居舊京吟詠最多，如〈過海甸槐西老屋〉句：「百頃溪田接市門，門前界畫見新痕。野流靜向無人岸，秋色深藏有葉村。未必孤懷能共喻，縱非感逝亦消魂。依稀丁卯橋邊宅，別有風懷屬許渾。」畫則專長山水，淡雅高逸，各加以題詠，書法雄渾秀勁，足稱三絕。

　　八一三戰起，大軍西移，曼陀留於上海租界，嚴守崗位，不折不撓，所為詩亦慷慨悲涼，其〈秋興〉云：「畫將甌脫作偏安，江表旌旗袖手看。飄忽百年成浩劫，蒼茫六合此微官。碧雲疏樹秋簾曉，白日層陰夏屋寒。消受藁街好風色，披衣強起一憑欄。」借景嘆時，亦可覘其心情矣。嘗為其友作畫，亂

中失去，後復得之於古董肆，因補題三絕：「隅向街頭拾燼餘，得從人事驗乘除。故家文物都消歇，豈獨昭陵有玉魚。」「三間小築傍嚴灘，帆影松聲入夢寒，如此家山歸不得，傷心祇向畫中看。」「臨風雪涕望中原，朝士貞元幾輩存，喜汝飄零重得主，不曾厚價賣豪門。」皆足見其懷抱。迨敵偽欲接收特區法院時，曼陀斥之，廿八年十一月間，被狙擊於臨時法院前，年五十六。身後蕭條，草草殮葬，自後滬之司法機構全歸偽政權掌握矣。故曼陀實為抗戰中司法界流血之一人。

亦擅為治豔之詞，如〈鴛湖雜詠〉：「春泥冷濺小菱轓，連臂湖塍唱踏莎，花底幾家新酒熟，水邊三月麗人多。鬢雲漸重鞭絲膩，面藥微香扇影過。珠箔飄鐙歸去晚，調笙還倩粉兒歌。」則胎息梅村，獨得神韻，其修詣固高於達夫一籌矣。

九、楊雲史（圻）紀恩掩父眚

　　楊雲史（圻）以賦〈檀青引〉，見稱於張百熙，嘆為「江東獨步」；對日抗戰時，以獻〈攘夷頌〉，被推為「有光有熱的史詩」，民國三十年逝於香港，距今已二十年矣。其遺集《江山萬里樓詩鈔》，坊間曾有印行，集中有〈紀恩詩〉五首，並跋云：「先公在臺諫四載，適當丁戊之際，抨擊權貴，直聲振天下，一時有笑比河清之目，是以仇家多貴人。戊申有人賄瑞澂誣先公干預地方細故被議，執政謂細故不得入罪上聞，擬留中，而瑞一日三電慶王，以去就爭，乃徇其請，張文襄端忠愍知事誣，許請開復，而兩宮升遐，先公亦卒，事遂寢，圻服闋，方呈請昭雪而遜國矣，傷哉」！蓋為其父楊崇伊圖伸雪也。孝子為先人辯護，原自有其見解，然公是公非，自不可泯，一手固不能盡遮天下人耳目也。

　　雲史父崇伊，字正甫，號莘伯，以進士授編修轉御史，光緒廿二年，以劾文廷式，為當時清議所不容，指為「后黨」或「老母班」人物。自茲之後，崇伊遂厚結榮祿、李蓮英，以趨附權貴為事，更利用言官地位，抨擊同列，又為榮祿武衛軍之幕僚，益為翰苑所不齒，此光緒廿三年事也。戊戌政變，傳者多紀袁世凱向榮祿告密而起，但發動者實為崇伊，而彈劾新黨，請慈禧再出訓政，亦崇伊一手所為。其時，慈禧居頤和園，遊樂是尚，尋常章奏，多不披閱，崇伊所具疏，請慶王奕劻代遞，后顧慶曰：「又是什麼事情啦？橫豎閒著也是閒著，就拿來看看吧！」閱後，顏色倏變，立即命駕回宮，變遂作，載湉遂囚瀛臺矣。葉昌熾《緣督廬日記》光緒廿四年八月初二

日記云：「政局全翻，發難者楊待御也，並聞先商王（文韶）廖（壽恒）兩樞臣，皆不敢發，急赴津與榮中堂（祿）定策，其摺係由慶邸遞入。」希榮邀寵，陷其君於縲絏，豈如雲史所言者？張鴻《續孽海花》中之尹宗湯，即隱射崇伊，述其入園遞摺時，李蓮英視同廝役，足見為士林所不齒，非無因也。其後外放為漢中知府，頗為鹿傳霖所輕！言於榮慶諸人，故亦不予升擢，丁艱後家居，亦不作出山想。卜居吳門，因與同鄉翰林前輩吳郁生之弟，爭納一妾涉訟，又干與地方官事，為蘇藩瑞澂呈請參革，端方時為兩江總督入奏，崇伊遂遭革職驅逐回籍，交地方官嚴加管束，遂怏怏以歿。崇伊「被議」經過如此，雲史紀恩詩之一：「天步艱難日，綱常慘澹時，死前臣淚盡，身後帝心知，一字襃忠定，他生報國遲，十年垂淚道，不為感恩私。」云者，揆之當時，綱常慘澹，莫過於戊戌之事，崇伊之忠於何有？雲史於廢帝溥儀居津時，賂其左右，乞書「含謨吐忠」四字，作詩紀恩，圖掩父舋，其餘四首，亦不足錄矣。

十、丹徒馬氏兄弟

　　丹徒馬相伯先生，於抗戰時，逝於諒山，壽逾期頤，其門人杭縣方豪於所編《馬相伯先生文集》中言：「廿七年冬，各方門生勸先生入滇蜀，道經諒山，以病不得進，遂留居，明年先生壽晉期頤，……十月廿九日，湘北大捷，先生興奮異常，十一月四日，溘然長逝」。

　　相伯富進取精神而熱心愛國，醉心科學，精通英、法、拉丁語文。童年持竿追月，以月之盈昃理，質於親長，長習數學，於天文曆算尤感興趣。清末佐理上海徐家匯天文台，民初主採用法之度量衡，於發揚科學文化，不遺餘力。創辦震旦、復旦兩大學，一度任北大校長，並發起創辦輔仁大學，桃李滿天下。中年佐李鴻章幕府，幫辦洋務，後隨吳慶赴朝鮮，協助改革內政。又隨黎庶昌使日，兼神戶領事。民初，任國會議員。其論愛國，謂「愛父母者，必愛父母之邦。惟知愛父母之邦者，始足以言愛父母，惟知愛生身父母者，始足以言愛造物大父母」。一生主張民主，謂人民能自治，國始得救。又言：「民治云何？曰整個人民，自體自身自出財力，自出心才，以自治。」九一八發生，相伯痛於國勢凌夷，廿年冬，為文「泣告青年」，喜峰口之役，手書〈滿江紅〉一闋，勗勉前敵將士。及華北協定，瞿然曰：「國事至此，無可談矣！」愛國之情，老而逾摯！

　　相伯弟眉叔（建忠）亦通各國文字，又通史地、天算、物理、化學、生物、地質等科，旋以李鴻章奏請，以郎中派往法國留學，佐郭嵩燾法使任翻譯，朝鮮內亂，眉叔佐鴻章處理，

國內清流，謗為漢奸，屢疏請誅，翁同龢嘆為「人爭欲殺，要是雋才」，所謂「稱之者一，謗之者百」。然眉叔雖與洋務派交往，而其主張則在發展民營工商業，民富而後國強。西方各國政治，「有其本，有其末」，機器船炮者末也，惟「講富者以護商會為本，求強者以得民心為要。……護商會而賦稅可加，則蓋藏自足；得民心則忠愛倍切，而敵愾可期」。其言實中時弊，而洋務派弗悟。眉叔以志未得遂，且為世詬忌，由此家居。

眉叔逝世前，著有《適可齋紀言紀行》，記其思想與行動，又著《馬氏文通》，以西洋語法之規律，講中國古文語法，一時膾炙人口。傳擬著《聞政》，中分八項：一、開財源；二、厚民生；三、裕國用；四、端吏治；五、廣言路，六、嚴考試；七、講軍政；八、聯邦交。惜未寫成遽逝，從其計劃大綱以觀，可知其思想與抱負矣。梁啟超嘗言：「聞馬眉叔將十年矣，忽共晨夕，飫言論十餘日，然後霍然信中國之果有人也。」其傾倒馬氏處蓋如此。

十一、陳師曾天才橫溢

　　民初，燕都藝林人才薈萃，其享盛譽者，則以陳師曾、林畏廬、陳半丁、姚茫父、齊白石諸人為最。師曾名衡恪，散原老人陳三立長子。嘗僦居新華街張姓東院，庭有古槐，蔭可畝許，故嘗自署槐堂。自幼天才橫溢，善畫工書，並精治印，其詩則淵源庭教，而自具風格，少異於散原精舍面目；畫則山水肖黃鶴山樵，花卉則視新羅山人為秀勁，是以求者踵接，詩山墨海，腕脫為勞，偶應或不應。

　　婦氏范，閨名春綺，前卒。婚十年，情愛如一日，既殯，晨必往哭其所，百日弗輟，悲鬱悽惻，淚與聲吞，題其遺像云：「人亡有此忽驚喜，兀兀對之呼不起，嗟余隻影繫人間，如何同生不同死？同死焉能兩相見，一雙白骨荒山裡，及我生時懸我晴，朝朝伴我摩書史，漆棺幽閟是何物，心藏形貌差堪擬，去年歡笑已成塵，今日夢魂生淚沘。」其後續娶，就婚漢陽，猶復感悼不已，有「昔歡如未徂，沉思安能詳，代謝豈自然，古今互參商，披軒復攬涕，翹首送微陽」語，足見其情性之篤。其友吳仲成再婚，師曾贈詩謂：「新婚人所歡，再婚人所嘆，不識新人意，常憶故人顏。耿此懷舊情，賢愚非所關，丈夫愛後婦，斯義未足安。躡新忘舊屨，新者心亦寒，世有同心人，新舊豈異觀，……誠知今可喜，悲昔固其端，咄喑致深感，君其諒我頑。」讀之使人增伉儷之情。

　　民國七年，河南水災，都門書畫界聯合展覽助賑，師曾奔走其間，曾即席寫參觀遊客諸狀，几案縹緗外，人物三五十，鬚眉衣飾，各畢所肖，皆同輩少長諸人，覽者即可脫口呼姓

名，梁啟超於會畢，即攫得以去，張於飲冰寓齋。某歲，陳梁偕黃晦聞、林宰平諸人，祭陳后山於清源寺，師曾詩第一，句如：「志士何所貴，溫飽無慚顏，凜此耿介節，誰不為后山。我讀后山詩，冷徹毛髮間，沉思無他奇，投老終一寒。荒茫八百載，絕壑空躋攀，衣食誠細故，義在非苟安，推其惡惡心，塗炭汙衣冠，舉身若圭璧，況肯蟻附羶，……！」其言足可風世。

旋赴日本，歸國來，所作更有新意，治印則刻畫雄傑，平視吳缶，白石視弗如也。惟生逢世亂，忧目幽憂，其槐堂自嘆：「兀兀毋為後世嗤，朝菌坐送百年遲，簞瓢短命無長樂，回也如愚不自知」。見者訝其蕭颯，未幾患腹疾死，梁啟超輓句：「道旁躑躅一詩癯，京國十年，贈畫忽憐難再得；天上淒涼此秋夕，鍾山一老，寄書不忍問何如。」一時傳誦，時散原老人尚寓南京也。

十二、易君左長城歌曲

　　畫家呂佛庭教授近作「萬里長城」巨幅，畫長十三丈，寬二尺五寸，東起山海關，西迄嘉峪關，沿途城郭、山林、寺廟人物，均穿插其間，誠鉅製也。

　　長城為兩千餘年以來先民用以阻擋外來敵人之國防工事，起於戰國，成於秦漢，歷隋唐以迄於明代，為磚石血汗凝積之偉大建築。古今中外，原皆留有國防上不朽之設備，如羅馬帝國，從諾森伯蘭之哈得良長城，以達於敘里亞阿拉伯保護邊疆防止蠻夷人犯所築之長城，何莫非賈誼〈過秦論〉中「胡人不敢南下而牧馬」之對照？逮至漢代，長城除資為國防設備外，更用以擴展貿易發展政治之交通大道。漢元狩二年（公元前一二一）武帝在南山北麓將匈奴遂出牧地後，即以之為向中亞前進政策之通路，而建立軍事之根據地。其展長原有長城，向西建造，著眼處固在於保護向塔里木盆地展進而開闢也。其時匈奴在北部沙漠地帶，依然縱橫跳躍，此一貿易與軍事行動之交通線，自為當務之急。武帝元封二年（公元前一〇八），自肅州（今蘭州）遠至玉門一帶，建驛站墩堡，太初三年（公元前一〇二）武帝二次遠征塔里木盆地成功後，於是自敦煌西至鹽澤，往往起亭障，用意在保護政治使節及商旅之安全與供給其沿途之給養。先民之堅忍精神及組織力量，至可佩式！斯坦因曾謂：「長城足以表示中國最初進入中亞，急遽創造同繼續保護此一通道，需要何等大的力量與有系統之組織，從這地面來看，不禁令人感到，中國勢在必行的發展長城及後來漢朝猛進政策，在人力方面之犧牲，自是很偉大的了。」其為西人之讚

佩者如此。

近人易君左曩有〈長城曲〉之作，句云：「長城長，古國防，起秦漢，歷隋唐，捍中國，阻胡羌。何人敢南下而牧馬？何人痛北上而牧羊？何人銘燕然山？何人弔古戰場？何人出塞抱琵琶？何人騎駝還故鄉？犧牲一切為祖國，中華兒女何堂堂！轟轟烈烈生固好，轟轟烈烈死何妨。割下十六州永遺臭，歌八千里長留芳。吁嗟乎！眼前莫歎一片草白與沙黃，眼前莫歎一帶敗堵與頹牆，眼前莫歎一群荒鷹與野狼，眼前莫歎一抹秋風與斜陽。古人奠其基，今人支其樑；古人織其布，今人縫其裳，國防無今古，團結如鐵鋼。吁嗟乎，長城長，強鄰強，強鄰雖強不足畏，處處盡戰壕，人人皆機槍，時時吹號角，件件礪鋒鋩。力保和平主正義，順天者存逆天亡。中國要為萬世開太平，中國要為乾坤立紀綱。」

其後又登嘉峪關，續有〈嘉峪關放歌〉之作，併錄之如次：「昔年曾登山海關，今登嘉峪關前山。長城萬里咫尺耳，自東徂西登之完。縱橫馳騁誇壯舉，不知塞上有愁苦，秋容嫵媚竟如春，斯世蒼涼遑弔古？從來詩人悲風沙，遂使征夫永憶家，明妃哀豔抱琵琶，文姬幽怨拍胡笳。女兒落淚休悽惻，犧牲一切為祖國。君不見：百戰英雄氣自豪，盤馬彎弓射大鵰，身輕萬事如鴻毛，白楊瑟瑟風蕭蕭。又不見：唐人詩派標邊塞，岑參高適生難再，輪台明月照天山，版圖遠在天山外。吁嗟乎，漢唐勝蹟何處尋，馬蹄踏雪三尺深，天下雄關空廢壘，白雲橫繞紅柳林。安得天河洗兵甲，雪深不必馬蹄踏，擊鼓催花頌太平，歡呼爛醉雄關下。」懷古思今，並復雄渾可喜。

十三、劉半農與屠竟山（寄）

　　劉半農任教北京大學預科之初，學生以劉氏年事既輕，且原為十里洋場之鴛鴦蝴蝶作家，咸譁然請於校長蔡元培先生，先生曰：「半農為武進屠竟山先生入室弟子，文筆斐然可觀，絕非海派之野狐禪也！」聞言乃止。

　　竟山名寄，一字敬三，光緒壬辰進士，為晚清有數之通儒，其文胎息於梅伯言，得運筆雅潔之意，以能陳言務去稱，且為元史及地理專家，其《蒙兀兒史記》業有成書，詩詞超超元著，蒼莽渾勁，故是才人能事，有《結一宧詩》行世。

　　始筮仕，以知縣候補，浮沉數載，不耐棄去，作〈無端〉一首見志：「家在長洲茂苑中，無端錦瑟怨梧宮，畫船載酒不歸去，花落五湖秋水紅。」旋客黑龍江將軍壽山幕。壽山字層峰，庚子俄軍入寇愛琿黑河時，與吉林將軍長順合兵抵禦，不克，及聞媾和，自守「軍覆則死」之義，憤而自戕之漢軍旗人也。在任時，除奸弊，明賞罰，羅人才，備器使，固亦明白事體之武人。初與竟山極相得，某次，竟山條陳三千言，痛述時事，詞連宮闈，壽山怫然，竟山懼不測，乃自草地入關，流寓大同，以獨雁自況，詩云：「關塞涼風起，蕭條獨雁過。中原餞饉後，何處稻粱多？顧景思儔匹，低飛畏網羅。蘆花秋萬里，好去宿烟波。」然壽山實畏株累，初無意逐之也。

　　旋返常州，益致力於文，儷體不在晉宋以下，詩則直繼洪黃而起，既見清政日靡，其思想亦傾向於民族革命矣。清宮權閹李蓮英，有妹頗豔冶，慧黠善伺人意，西后召入宮，喜而寵之，以其纖足不耐久立，每賜坐呼與共食，宮中稱為大姑娘，

外間頗傳李欲延年故事，而孱皇體弱，且素不善李，故所圖弗遂。竟山有〈宮詞〉刺之云：「偷隨阿監入深宮，與別宮人總不同。太母上頭寬賜坐，不教侍立畫屏風。」

科舉廢後，各省競設學堂，教科書風行全國，當時編教科書之能手，首推蔡元培、張元濟諸人，但地理一門，蔡張即推重竟山所編者，其中學中國地理，幾於全國採用，即其小學地理教科書，亦清麗簡潔，無人能及。張季直以狀頭居鄉致蠶桑之利，並務新學，開江南風氣之先，竟山與張蔡皆友善，葉鞠裳常目竟山為大怪，張季直為小怪，則以辛亥時，南京臨時政府成立，季直任實業總長，而竟山在鄉亦被推為民政長，皆同於革命者。民元後，任常州中學校長，辦學成績，為江蘇全省之冠，蔡元培極稱道之，劉半農即常州中學首班學生，國學造就，蓋得之於屠氏者也。

十四、林暾谷（旭）與康梁關係

　　侯官林旭，字暾谷，號晚翠，以光緒癸巳領鄉薦第一，闈作傳誦天下，年甫十九。甲午至戊戌，五年三上公車，皆薦不售，援例官內閣中書，由王錫蕃奏薦，與譚嗣同、楊銳、劉光第，以四品銜充軍機章京，參與新政，十日而難作，與譚等及楊深秀、康廣仁駢戮西市，世稱戊戌六君子。

　　梁啟超作〈林旭傳〉，稱其「聞南海之學，慕之，謁南海，聞所論政教宗旨，大心折，遂受業焉。」又謂「暾谷少余一歲，余以弟畜之」。此傳蓋任公在東時所作，今按陳衍所為林傳：「旭少孤，從塾師學為律賦，出語驚其畏老。同邑沈瑜慶有女鵲，聰穎能文詞，貌英爽，瑜慶必欲以字佳士，從旭塾師見旭文字，異其博贍，觀其少不颺，意猶豫，然終妻之，贅於金陵，從遊武昌，遍識一時所謂名流，若陳寶箴、三立父子，梁鼎芬、蒯光典、屠寄之倫。癸巳旋里應試，三試冠其曹。入都，知名士爭與交，遂交黃紹箕、沈曾植、康有為、梁啟超、嚴復諸人。未幾，中日交戰，中國方大挫，言變法者繼起，京師強學會興，旭奔走其間，與張亨嘉等興閩學會，與王儀通、張元濟等興通藝學堂，繁然有所為矣。旭贅人子，然不能惡衣菲食，時徵歌選使，車馬甚都，瑜慶不能給，則熱中取上第。三上公車皆鷹不售，則發憤為歌詩。戊戌衍寓京師蓮華寺，康有為、梁啟超寓上斜街，方上萬言言，開保國會，旭日至衍所談藝談國事。衍語以子向習詞章，經濟非所長，時局會有變，盍姑少俟？既下第，強欲出都，同遊杭州。湖廣總督張之洞、湖南巡撫陳寶箴皆欲致之，而中朝方令薦舉人才，王錫

蕃奏薦旭，召見，特命與楊銳等以四品卿銜充軍機章京，參與新政，十日而難作矣。死年二十四。」未及旭有師事有為兄事啟超之事。有為時頗以教主自居，後生謁者皆以跪拜禮見，旭慕其名而謁之，從而受業則未必也。

旭貌白皙，而不颺在目，蓋兩眼上視，四圍見白，又患口吃，語急多不成聲，相者謂於法不壽，且當受刑。平日居室中，行坐觀書談論，片晷不少攀，倦則齁然，鄭孝胥常云：殆古所謂鬼躁，咎徵也。以畜於婦翁，急於功名，以及於難，故又有譏其躁進者。閩學會創立時，旭奔走鄉人士夫間，輒勸人入會，曰：「通通聲氣！通通聲氣！」其黨於康梁之說，亦未可信。旭嘗與李宣龔書，有「長素適來，日有是非，欲避未能」等語，見李所撰晚翠軒集序文中，並謂其意非欲阿附南海者。沈瑜慶題其女崦樓詞卷，有「邂逅記當時，年少王公孫，詞女得所適，食貧宜清門，名聲忌藉甚，論詩訝鈍根，審義恣瞑想，置筆窮溷藩，一朝忽舍去，肝膽奉至尊，論思任親切，旬日看翔鶤，士論謂庇主，子弄疑推袁，諸侯誣萇叔，太學訟陳蕃，成仁他弗恤，群吠安足論……」等語，亦深憾之也。

十五、邵瑞彭拒賄著聲

　　民國十二年間，直系軍閥曹錕以賄選總統，貽譏中外，議員邵瑞彭，以邊守靖（字潔卿）所簽潔記之北京大有銀行支票五千元，攝影製為銅版，刊布報端，賄選穢聞，遂暴於世，而邵之聲名，亦著於一時。

　　瑞彭字次公，浙之淳安人，清季，卒業於浙省優級師範學堂，精研齊詩、淮南子，及古曆算之學。民國初年，被選為眾議院議員，於褚輔成較為接近。民十一，直系戰勝皖奉，津保派政客，擁曹錕以排斥吳佩孚，並積極為曹爭取總統職位，於是繼馮玉祥等圍迫黎元洪，王承斌等劫車奪印之後，王懷慶發表促選總統通電，交通總長吳毓麟與眾議院議員馬驤，籌劃大選財務，並分別與各議員接洽。議長吳景濂字蓮伯，與王承斌（孝伯）為同鄉，稱興城二伯，受王慫恿，變節附和，稍知氣節之士，皆紛紛出京，恥為阿附，對津保政客，抨擊尤力。焦易堂、彭養光號召南行，東北議員亦由劉哲率同返奉，示不同污。迨曹於七月下旬發出先憲後選之主張，十月五日選舉，議員每張票價為五千元，被收買者成為賄選份子或稱豬仔議員。其盲從所謂先憲後選，或得賄而避不投票者，則成賄而不選份子，在吳景濂等安排下，以非議員身分之人，頂名代替，一面由邊守靖出面宴請助選，臨投票之日強迫簽到之議員入場，以綁票式行動強制出席，花樣百出，罔恤譏彈，以求一逞。然反曹者以賄款授受，各諱莫如深，為取得確切佐證計，瑞彭因詭受其支票，既得之後即付製版，使鬼蜮伎倆無所遁形矣。

　　瑞彭長於詩詞，歷膺北京師範大學、河南大學之聘，為文

科教授。所為詞宗尚清真，工力雄健，藻采豐贍，託體既高，復能博綜典實，鎔鑄出於自然，其〈木蘭花慢・鄴城懷古〉一闋：「渡黃河北去，鞭不起，古漳流。想萬里風烟，三更燈火，殘霸中州。封侯壯心在否，聽西陵歌舞使人愁。高樹間棲烏鵲，空階長臥貔貅。平疇，落日下荒邱。慷慨看吳鉤。問傾淚移盤，沉沙折戟，誰記恩仇。回頭，漢家宮闕，膩鴛鴦瓦冷雉媒秋。欲喚南來王粲，為君重賦登樓。」又〈蝶戀花〉一首：「冉冉中原歌舞地，疊鼓垂燈，夾道車如水。把酒勸君須著意，人生難得花前醉。看遍千門桃與李，牽動游人，隔岸抛蓮子。一路秋蟲啼未已，汝南遙夜雞聲起。」均見其所輯之《山禽餘響》中。晚歲寓居開封，窮困潦倒。民國廿六年冬，以舊疾復發，翌年一月四日逝世，旋值倭亂，遺稿散佚，僅《泰誓決疑》及《揚荷集》行世。

十六、臧貽孫（穀）佯狂自放

　　江都陳含光先生，原名延韡，字栘孫，奕世清華，高文博學，少時曾作〈孔雀賦〉，盛稱於時，湘綺老人尤深賞之，入學舉優貢後，即絕意仕進，工詩文詞，尤雅擅繪事及篆法，紅羊再劫，避難來臺，淵識孤懷之高尚士也。生前所作懷舊詩句甚多，其中有「金馬歸來鶴髮翁，愛招谿女採芙蓉，平生高致過司馬，自向驪奴喚死庸。」一絕，則為紀悼其故友臧貽孫者。

　　貽孫名穀，亦揚州人，光緒某年進士，授翰林院庶吉士，旋以事罷歸故里，佯狂自放，亦不復作出岫想。所居為揚之北郭，蒔花種竹，奋鑼躬親，遶垣遍植芙蓉數十百株，花時爛縵如錦。郭外即瘦西湖，故稱名勝，維揚本多佳麗，湖上船孃，尤皆婀娜多姿。貽孫里居之暇，每嘗笠屐招邀，徜徉煙水間，故與船孃多相識，或亦自攜酒具，駕舟一葉，盪游湖中，與船家女絮絮話菱藕魚蝦，船孃多暱就之，貽孫每收為義女，悠然為樂。顧於顯宦貴人，則避之若浼，弗欲往來，中丞李鑑，於貽孫為故交，某次過揚州，特命駕趨訪，騶衣前導，車塵為坌貽孫適短褐立門前，方諤跮間，皂衣人伏而投刺，貽孫大聲喈曰：「煩告而主，臧穀死久矣！」言未畢，遽返身掩扉入，再叩不開矣，李無如之何，還去。其所為多類此，故含光老人詩及之。

　　貽孫故善書，能為擘窠字，剛勁如其人，嘗見其所作楹帖，上聯為「為善最樂」，下聯偶以「嫉惡如仇」四字，可覘風概。又喜為俳優體，於詼諧中寓諷世之意，其「揚州十古

怪」尤膾炙人口。十古怪者，綜當時不利鄉里者十人，以詞曲出之，亦齊梁諷諍之遺也。某君者以道員罷職里居，亦十怪之一，嘗以宦囊所積，開設典鋪，以博高利，辛亥時，揚州設軍政府，推徐老虎為都督，某為民政長，有小家女號黃魚者，豔名夙著，某量珠納為小星，貽孫詠之云：「黃魚霸去為娘子，紅頂歸來作典東」。未幾，典鋪停閉，翌年，某亦以老病逝世，貽孫輓以聯云：「觀察公安在？無端白虎當頭，曾記去年關典當；民政長取銷，再想黃魚燠腳，除非今日墊棺材。」閱者無不忍俊。

其所為詩，亦自然可喜，錄之以見一斑。如〈偶吟〉二首：「青箬笠，綠蓑衣，有個漁翁垂釣歸，歸來不覺西風起，萬里長空一雁飛。」「荒江上，虎狼多，天地閉，可奈何！賢人隱矣，君子道消，夕陽忽下中原去，何處悲風捲暮潮。」〈雜句〉云：「席煖耽書坐雨時，閒摩茗椀有遐思，唐梅落盡山前路，只是頻年未入詩。」

十七、陳石遺（衍）之詩文著述

「惜春珍重餞春行，春與詩人獨有情。尊酒不隨花去住，
高樓最愛竹縱橫。故園魚鳥忘機久，祕室琳琅信手評。屈指逢
辰看浴佛，香山席上序門生。」此莆田故詩人陳翼才（元璋）
〈春盡日聚飲四園呈石遺老人〉句，翼才於石遺為詩弟子，老
人生日為農曆四月初八日，《荊楚歲時記》所稱是日諸寺香湯
浴佛，共作龍華會，以為彌勒下生之徵也。石清原講學蘇州，
八一三滬戰發生，始遷回福州，翌年卒，年八十二，距今已二
十七年矣。

石遺老人陳衍，字叔伊，於經史詩文造詣俱深，蜚聲壇坫
者垂六十年，所作《石遺室詩話》，網羅尤當，引錄評隲，亦
至得當，有詩壇教主之稱，嘗引梅宛陵之言：「凡為詩，必
能狀難寫之景，如在目前，含不盡之意，見於言外，乃能為
至。」又謂：「要作詩，必須多讀書，不可專意在詩中討生
活。」同光間，宇內多宗宋人，石遺亦謂：「詩莫盛於三元，
三元者：上元開元，中元元和，下元元祐也。……今人強分唐
詩宋詩，不知宋人皆推本唐人詩法，力破餘地耳。然若墨守舊
法，唐以後之詩不讀，則目甇百里而已。」然於宋人之敝亦言
之縈詳，如謂：「咸同以來，古體詩不轉韻，近體詩不尚聲，
貌之雄渾耳；其敝也，蓄積貧薄，反覆祇此數意數言，或作色
張之，非其人而為是言，非其時而為是言，視貌為漢魏六朝盛
唐之言者，無以勝之也！余於詩，無所偏好，以為惟其能與稱
爾。淺嘗薄殖，勉為清雋一二語，自附於宋人之為，江湖末派
之詩耳。」立論透闢。嘉興朱大可盛稱之，有「海藏橫絕散原

奇，鼎足還推老石遺」，及「無已頭銜惟教授，去非風義故恢奇」等句。散原老人陳三立亦有贈詩：「勝流沈（子培）鄭（海藏）抗顏行，說子淵淵無盡藏，狼藉詩篇為客久，摩挲攟具看人強。過逢江漢頭俱白，上薄風騷氣獨蒼。更欲用心到聖處，坐收俊語挂奚囊。」則以石遺選刻朋輩所為詩，即今日所見之《近代詩鈔》也。自言「身丁變雅變風，以迄於將廢將亡，上下數十年間，亦近代文獻之林乎？雖位卑身隱，不敢比壬文簡（上績）之有感舊，沈文慤（德潛）之有別裁，然以數十年見聞所及，錄其尤雅者，都為一集，視吾家迦陵（陳維崧）之筐衍放而大之，其諸世之君子或亦有樂乎此也」。

生平以啟迪青年為樂，歷北京大學、廈門大學、暨南大學各校教授，孳孳矻矻，誨人不倦，授詩以外，輒喜講經史訓詁，不僅以詩見長而已。自言一生平無韻之文，無慮二三千首，教授各大學講經之文數百首，論文之文數百首，論史之文數百首，佐幕武昌代草奏疏及書札數百首，賣文上海時壽言數百首，雜報論說數百首，而少時里居課經義於書院者不數焉。」香宋老人趙堯生亟稱之，寄詩云：「遺物於君怪多取，驚看文亦不猶人。率然出口得生氣，聖處如詩見道真。百鍊干將成此事，一泓秋水淨無塵。美人千里思明月，知是前身是後身。」

石遺晚年卜居江蘇葑門胭脂巷，詩酒自娛，每週至無錫講學兩小時，所用課本，即其所著《通鑑紀事本末書後》，及《宋詩選》，上課時，每由其弟子馮振心、葉長青兩教授陪侍入室，安頓講座茶具畢，始肅然退出。素健飲啖，精烹調，石遺室叢書中有食譜一卷，為閩菜之精者，易簀前數日，方食粟子泥，或勸少進，石遺笑曰：「閻羅怕我」！越數日，感疾遂卒。

十八、《四庫全書》之纂修及庋藏

　　報載：庋藏於霧峰故宮博物院之《四庫全書》，以庫房漏雨，有部分霉爛損壞者，古物未加珍惜，真書林厄運也。考《四庫全書》，為有清一代對中國文化之偉大製作，按清人入關以後，歷康熙、雍正至乾隆而極盛，自詡武功之外，且亦為中國固有文化所同化。高宗弘曆，於乾隆三十七年正月四日，諭各省督撫學政，搜羅「歷代流傳舊書」及「本朝士林宿望之詩文著作」，其初不過求所以充實內府圖書寶藏耳，嗣有江浙故家各獻家藏古本，皆於傳抄之後賞還，並賜《古今圖書集成》或《佩文韻府》等以酬之，於是遂引起此好大喜功之皇帝，對於搜羅古籍之興趣。是年十月，復降旨群下，加緊收集，次年二月六日，安徽學政朱筠奏以《永樂大典》一書，多採錄散佚稀本，如分別勾抄，可望復原，高宗大喜，於十一日諭設《四庫全書》館，派其子永瑢、永璇、永理、劉統勳等十六人為「正總裁」，劉墉、彭元瑞、朱珪等廿五人為「副總裁」。劉統勳薦紀昀、陸錫熊等為總纂官，陸費墀為總校官，以及纂修、提調、編校、分校等，分司其事，並定名為「欽定《四庫全書》」。

　　《四庫全書》編纂之底本，除《永樂大典》外，由於纂修官周永年等之努力，錄出古籍三百八十五種，計四千九百二十六卷，此外則為各省採進本，計有浙江四千四百八十一部，江蘇二千八百零一部，兩江總督一千三百六十二部，江西六百六十四部，安徽五百二十三部，山東三百六十七部，直隸二百三十八部，福建二百零一部，河南一百零八部，陝西一百零二

部，山西八十八部，湖北八十四部，湖南四十六部，廣東十二部，雲南四部，奉天三部，合計一萬一千零七十四部。其中私人進呈者，為揚州商馬裕六百八十五部，杭州藏書家知不足齋鮑士恭六百廿六部，寧波天一閣范懋柱六百零二部，杭州汪啟淑五百二十四部，他如曲阜孔家獻四十部，黃登賢、紀昀所獻者亦均在百部以上，均各賞賚有差。

《四庫全書》第一部，於乾隆四十七年正月完成，藏於宮內文淵閣，全書計三千四百五十八種，七萬九千二百二十四卷，分訂為三萬六千三百八十三冊，封面：經部用綠絹，史部用紅絹，子部用青絹，集部用黑褐絹，以六千七百五十二書函夾置楠木匣內，分庋文淵閣樓上下。

第二部於乾隆四十七年十月完成，至四十九年十一月，第三四兩部亦已告竣，分別藏於奉天瀋陽之文溯閣，圓明園之文源閣，熱河避暑山莊之文津閣。嗣復以江浙為文化淵藪，應再寫三部，分交揚州大觀堂之文匯閣，鎮江金山寺之文淙閣，杭州聖因寺行宮之文瀾閣，惟此三閣之《四庫全書》，較宮廷四閣之尺寸為小，所用紙張亦比開化榜紙為次。統計七閣分貯之《四庫全書》，共二十五萬冊，以及乾隆四十五年所編之《四庫全書薈要》兩部，每部一萬二千冊，分藏宮中擷藻堂，及圓明園味腴書室共二萬四千冊，翰林院所藏副本一部共三萬六千冊，合為三十一萬二千餘冊，於乾隆五十三年，全部告成。

此外另有《總目提要》二百卷，於著錄各書後，附載存目，計六千七百八十八種，九萬三千六百零五卷。《總目》之外又有《簡明目錄》二十卷，《全書考證》一百卷，可謂極有價值之皇皇鉅製。

《四庫全書》，近百餘年來，幾經世變，文源閣所藏燬於咸豐十年英法聯軍，文津閣所藏民國三年運北京圖書館收藏，

評點晚清民國人物——續《南湖錄憶》

文溯閣仍存原處，今不知如何，文應閣所藏燬於咸豐間洪楊之役，文淙閣所藏，亦同時遭燬，文瀾閣所藏者，洪楊時燬其半，民國十四年間已補成，今存臺灣者為文淵閣本，至於《四庫薈要》，圓明園者早燬於英法聯軍，另一部聞亦在臺，不知無恙否也。

十九、王葂隱（頌蔚）清介尚氣節

　　《明史考證攟逸》四十二卷，晚清長洲王葂隱所著，考訂綦詳，足為修治明史者之重要參考。葂隱名頌蔚，字芾卿，又名叔炳。光緒五年進士，選庶吉士，吳縣潘祖蔭，常熟翁同龢，皆稱重其才，官軍機章京時，退食之暇，輒從事著述，偶於方略館故紙堆中，見殿板初印明史殘本，眉端貼有黃籤，蓋乾隆時擬撰考證未竟之本，葂隱審識之，更多方鈎求，逐條釐訂，芟其繁冗，撷其精要，遂成是書。

　　葂隱生性嚴正，所至事賢友仁，與周彥昇少共學，與葉昌熾為布衣昆季交，於同里耆宿如潘鄧侯、朱怡雲，事之在師友之間，其餘文字交，若管申季、袁瓖禹、李蓴客、朱蓉、沈子培、黃仲弢、梁節庵、安曉峰等，皆一時名士，而所以推重葂隱者，無異詞，與桐廬袁昶，過從最密，掖廷退直，江亭龍樹，選為主賓，相互考德問業，務為實事求是之學，而不以標榜聲氣。清代自鴉片戰役以後，國步日蹙，樞廷銳意圖強，對於西洋政治文化，又瞭解無多，治其標而未探其源，遊談之士，遂恣以結徒黨獵高位，政事益棼，葂隱慾然憂之。

　　生平敦尚氣節，與潘祖蔭本有戚誼，翁同龢則其庚辰座主，葂隱非論學不輕通謁，而語不及私，嘗謂得失榮枯事小，廉恥節概事大，詭遇以求進，豈讀書人所當為者？家居自奉尤嗇，每以廉儉訓諸子，謂「簞瓢不餕者，非必天性無恥也，而陷於貪與墨，由於非盜泉之水，不足以自潤耳。」嘗奉派充工程監督差，廠商例有餽送，美其名曰節餘銀，葂隱獨卻之，曰：「我輩取與之間，貴自審慎，烏能隨俗浮沉？昔陳稽亭先

生官部曹時，印結公項，且猶不受，況實為廠商之賕乎。」

　　光緒壬辰，試御史第一，蒿隱方自憙，而樞臣以其為軍機熟手，予以奏留，因鬱鬱不樂，與友言：京曹官，惟居言路，朝政闕失，尚可發抒忠讜，自愧浮湛郎署，於國無補，於學有損，不如歸也。甲午中日釁起，朝中和戰靡定，蒿隱言於翁同龢曰：「凡事關軍務者，應由中朝謀定後動，今戰局既成，非直隸一省之事，豈可悉委之北洋？」及戰敗言和，益為悲憤，謂今之敗績，徒歸咎於師之不練，器之不利，豈得謂平？頻年以來，盈廷習泄沓之風，宮中務遊觀之樂，直臣擯斥，賕略公行，安有戰勝之望？此後償金既巨，民力益疲，內憂將繼外患而起矣。」憂時念亂，縈於胸肊，於乙未七月病逝，病亟時，顧謂其友曰：「豹死留皮。」目炯炯不瞑。遺著有《寫禮廎詩文集》、《讀碑記》、《古書經眼錄》各若干卷，嘗以六經皆有義疏，周禮為歷代典章制度所出，獨無專書，擬撰《周禮義疏》，未成遂卒。

二十、朱柏廬其人與《治家格言》

　　《清史‧孝義傳》，以崑山朱用純弁其首。用純者即以「治家格言」著稱之朱柏廬也。治家格言，語平易而切至，醇然溫厚，以勗人為善，及勤儉持家安份做人為誠，三百年來，雖代移時異，仍為世所誦習，故流俗莫不知有朱柏廬，而鮮有能舉朱用純者。

　　按用純字致一，明末諸生，以理學自命，朱以發集璜子。以發崑山貢生，學行為鄉里所推，教授弟子數百人，南都既亡，崑山議拒守，推舊將王佐才為帥，以發等共集兵應之，城陷，投河死。用純慕王裒攀柏之義，自號曰柏廬，棄諸生奉母，其學確守程朱，知行並進，而一以主敬為程，來學者授以小學近思錄，仿白鹿洞規，設講約，從者皆興起。居喪哀毀，嘗曰：宰我欲短喪，吾黨皆以為怪，然可見古人喪禮之盡，必蔬水饘粥，哭泣哀毀無苟弛；若今人飲酒食肉不改其常，雖更三年，豈謂久哉？康熙間，或欲以鴻博薦，固辭乃免，旋卒。病革時，設先人位，拜於堂，告無罪。顧語其弟子曰：「學問在性命，事業在忠孝」。卒後，門人私諡為「孝定先生」。遺著：《治家格言》外，有《愧訥集》，及《大學中庸講義》，今佚。

　　《清史‧孝義傳》之輯，承修史前例，於孝友義行，合方志甄錄，文家傳述，採其尤者，參照沈約宋書則例為之，凡事親存歿能盡禮，或遭家庭之變，能不失其正，皆錄之，用純為明季死事之孤，拒徵辟，內愨而外嚴，與徐枋（字昭法，號俟齋，自號秦餘山人）楊无咎（字震伯，號易亭）稱「吳中三高

士」，亦節概之士也，以居於孝義之列，當無可疑。

嘗見歸玄恭（莊）之《恆軒集》，其中致邱顯若書，曾兩提用純，如「……朱家壽文，承命作跋，弟素不能虛譽，不過道其實，但措詞略少蘊藉耳！何意致一遂積怨深怒至此也？前聞其逢人輒愬，固已恢之，亦置之不足較。昨遇於季重兄家，弟整衣冠將與之揖，彼不為禮，而極口肆罵，弟見其勢猛氣強，非復可理喻者，走避之，猶追罵不已，異哉！……」又云：「……致一粗通文義，欲自附於清流，一旦忽與歸玄恭為難，咄咄怪事！且昨日情狀，竟類市井無賴所為，當年以發表叔之醇謹家風，一變至此，可嘆！」……玄恭為明季清節之士，與顧亭林齊名，所稱為「歸奇顧怪」者也，史可法死揚州，玄恭仲兄殉之，叔兄亦死於兵，崑山破，其嫂陸氏、張氏畏清兵之辱，均自殺，父亦身殉國變，清人定鼎後，玄恭奉母隱居不出，嘗作萬古愁曲，瑰瑋恣肆，於古人無不詆訶，蓋其生逢桑海，胸中憤痛之極，不免稍涉詭怪耳。獨是歸朱二人，生同里閈，且屬姻誼，其撰述這之朱用純，竟指為「粗通文義，欲自附於清流」，甚至比於「市儈無賴」，則用純不其迂滯而又悖愎之俗儒哉？大抵玄恭以狂肆自憙，近於狂，用純矜持善怒，近於狷，蓋兩失之也。

《治家格言》，俗稱《朱子家訓》，有疑故混為朱晦菴以增重者，查《朱子全書》卷末，確附有此文，目為「居家要言」。清代初葉，《朱子全書》為儒生所必涉覽者，其書凡六十六卷，康熙五十三年，李光地等奉敕撰集《宋儒語錄》時刻本，或者李等以用純之作，語語馴順，足以資治理之助，特以屬附《晦翁集》中，冀收潛移默化之效，不意垂名至今，流傳徼僻，蓋亦倖矣。

二十一、羅兩峰之夫婦生活

清乾嘉間，浙西畫學稱盛，而揚州遊士所聚，一時名流競逐，鄭板橋、李復堂、金冬心、羅兩峰等所稱為揚州八怪者，皆卓然名家，尤為著稱。

兩峰名聘，淹雅工詩，為金冬心高足弟子，於畫無所不工，不僅以畫鬼趣圖傳也。《清史》列入「藝術傳」中。兩峰躭禪悅，嘗夢入招提，曰「花之寺」，恍悟前身，遂自號花之寺僧，摹寫佛像，妻方氏婉儀，號白蓮居士，亦好禪，精詩畫，先羅而卒，而其平日夫婦生活，亦有足紀者。

婉儀為歙縣方願瑛孫女，生於雍正十年六月二十四日，長於兩峰者一歲。金冬心有〈壽女士方婉儀〉詩：「謝家才女誇門第，嫁得王郎好夫婿，不但能詩詠絮工，能畫能書娟且麗。七言巧和冰燈歌，時塗雲母春梅多，紅絲小硯簪花筆，黛螺豈屑描雙蛾？今年六月是生辰，蓮塘澂灩花精神，無滓無塵清可比，風裳水珮證前生。」婉儀亦有〈生日偶作〉詩：「冰簟疏簾小閣明，池邊風景最關情。淤泥不染青青水，我與荷花同日生。」其自號白蓮居士者，蓋與荷花同日生，以亭亭淨植者自況也。

婉儀嘗從兩峰友沈某學詩，又善寫梅蘭竹石，亦工山水，兩峰稱其畫有，「出塵之想」，其學畫似與兩峰同時，兩峰遊冬心之門時，似已結褵，其後，兩峰寓揚州天寧門內之彌陀巷，顏其居曰「朱草詩林」，夫婦唱和為樂，兩峰每作梅花，婉儀亦寫牡丹，蔣苕生有詩張之，句如「云是一家仙，墨戲揮以肱，兩峰寫梅花，白蓮畫牡丹，梅花橫臥牡丹立，恍若仙女

下偎高士寒。」又如「一家仙人古眷屬，墨池畫線相扶持。」其伉儷生活，媲於松雪之於管仲姬，實無多讓。蔣寶齡記：「居士山水不苟作，張看雲徵君藏其夫婦合畫二冊，中有涉江採芙蓉圖，澹冶清妙，乃出名士之手，所用小印曰：『兩峰之妻』。……」

在《香葉草堂詩存》中，兩峰有〈研田折夏蕙一枝見贈，是日為內子生日〉詩：「駢穗柔荑植一叢，女蘭開不借春風，折來猶帶金莖露，香滿蘆簾紙閣中。」兩峰好酒，跌蕩不羈，詩中有「春甕儲藏歷幾秋，旋開泥印綠於油，歸時贏得誇人處，一醉何須向婦謀。」婉儀深知其名士夫婿之心情與生活，於其「楚女春衫曾拭酒，洛妃羅襪舊題詩」之浪漫行為，從無妒意，更有「推敲我解吟除夜，渲染兒工畫歲朝，樂事人間如此少，勸君滿飲酒千瓢」之句，其憐愛之情，尤遠過趙管。

自冬心歿後，兩峰已恃賣畫為生事之資，不得不遠走江湖，乾隆四十七年，兩峰四十七歲，將赴都門，時婉儀已染病，口占誌別：「出門落淚豈無情？君病空牀我遠征。默默兩心誰會得？明知見面是他生。」為饑而驅，無盡悱惻。六月十一日之夜，兩峰宿濟南運署，夢婉儀手持自畫梅花卷，謂將去滇南，因有詩云：「病妻一月無音耗，有夢分明客倍愁。手把梅花指歸路，飄然昨夜去羅浮。」及八月三日抵京師，始知婉儀已於五月十九日死，悲悼之極，有五言長古誌痛，另有七絕兩首，句尤慘怛，其一云：「尊罍歸計竟無期，錦瑟年華事可知，血縷尚牽思婦恨，重來花上但空枝。」其二：「霜毛論鬢欲三千，顆顆明珠泣粉蓮，獨有衰眸兩行淚，浮生草草夢中緣。」歸揚時睹物傷心，更無可掩抑，有「人性似幻化，倏如流電驚，始室喪其偶，悲淚刻心零，風來入房戶，辰雞不肯鳴，願言同此歸，思愛若平生，死歿復無餘，吁嗟身後名，

但餘平生物，緬然起深情」。自嘆飄零，益沉湎於酒，以迄於死。

二十二、盛伯希正楑讔論

　　曾孟樸著《孽海花》，於晚清朝政，皆有實事可指，讀史者多引述之，以資參證，如蕭一山氏近著之《清代通史》，其中即多所徵引。《孽海花》書中，寫李越縵文字不少，而均有諷意，其二十回，寫越縵遊雲臥園一則，謂：「原來這雲臥園，在後載門內，不是尋常園林，其地毗連一座王府，外面看著，一邊是宮闕巍峨，一邊是水木明瑟，莊嚴野逸，各擅其勝，伯怡本屬王孫，又是名士，住了這個名園，更是水石為緣，縞紵無間，春秋佳日，懸榻留賓……世人都比他做神仙中人，這便是成伯怡雲臥園的一段歷史。……」成伯怡者清宗室盛伯希（昱）也，與越縵為同年。同治十二年四月八日，越縵亦記有盛約賞牡丹事謂：「伯希年少好學，家有園亭，其閨人及令妹皆能詩，遂赴其招。牡丹半落，香色未減，亭館清幽，廊檻迤曲，疊石為山，屈曲而上，上結小台，可以延眺，垂楊婀娜，薜荔四垂，其居室亦雅潔閒敞，都中所僅見也。」又「與伯希略論國朝掌故，及滿洲氏族，俱能留心，近來宗族子弟中，不易覯者也。又此君留心掌故，宗室中之傑出，當不愧完顏儔、趙與旹也。」皆甚稱盛之才與其園林之勝。

　　伯希亦作伯熙，號韻蒔，光緒丁丑進士，豪格七世孫，祖敬徵，本生祖敬敦，父雨亭（恆恩），母博爾濟吉特氏，名那遜蘭保，字蓮友，通五經能詩，有《芸香館遺詩》二卷，所居為敬徵舊邸，稱意園，有亭榭之勝，其庋金石書畫之室，曰鬱華閣，性和而介，又簡貴清謐，崇尚風雅，所交皆一時傑奇之士，皆以文章道義相友善，承學者更以得接言論風采為幸，以

是文譽滿海內，而益自淬奮，於學無所不窺，讀書能日盡數十卷，博聞強識，所考訂經史及中外地輿，皆精覈過人，尤練習朝章國故，小至一名一物之細，皆能詳其沿襲改革之本，而因以推見前後治亂之迹。翁同龢亦稱其「持論高，有識見，天潢中俊傑之士也。」其閎博處實為不虛。又喜獎成氣類，一介不遺，魁壘之士，至都門者莫不以為歸。

天性恂摯，自以宗支世胄，盱衡勢局，怒焉以傷，自通籍至祭酒，居官十有三年，侃侃自將，正榘讜論，朝野歡仰，然不能盡行其志。尚書彭玉麐數辭官不受職，伯稀疏劾其自便身圖，啟功臣驕蹇之漸。朝鮮之變，提督吳長慶奉北洋大臣張樹聲檄，率師入韓，致大院君李昰應以歸，時論詫為奇勳，伯希獨言出自誘刦，不足言功，且徒令屬國寒心，友邦騰笑，宜嚴予處分，俾中外知非中朝本意。法越構釁，徐延旭、唐炯坐失地逮問，伯希言逮問疆臣，而不明降諭旨，二百年來無此政體，並劾樞臣失職。張佩綸馬江之敗，朝野爭論是非，伯希曰：「幼樵誤在一巧字耳」。時人以為至當至切。甲申夏廷臣會議和戰，伯希數言事，士論尤推為塞諤，旋放山東鄉試正考官，衡藝過勞，得心悸疾，奏開缺閉門家居，日以考訂古籍，究心教士，清譽益著，甲午後，益鬱鬱，頗寄情山水，不擬關預人事，光緒己亥春以足疾牽引臂痛，至冬病亟，病中微吟六言詩：「怕死作為已死，有生本是無生，縱然百有餘歲，不過多得浮名」。神明湛然，於十二月二十日卒，年五十歲。其詩興趣不及寶竹坡，書卷時復過之，集中〈杜鵑行〉一首，為哀楊深秀之作，有「茂陵遺稿分明在，異議篇篇血淚痕」，指楊非康黨；張之洞讀《鬱華閣集》題云：「密國文詞冠北燕，西亭博雅萬珠船；不知有意還無意，遺集都無奏一篇」。又稱其「亮節多聞，習於掌故，今日之劉中壘、朱鬱儀也，固可以為

四海九州之文式矣」。此外又輯有《雪屐尋碑錄》，論書畫一
理，尤多創見，不具錄。

二十三、聽水老人（陳寶琛）不與鄭羅同污

　　清同光間，樞輔多賢，文祥、寶鋆之後，繼之以沈桂芬、李鴻藻等，各能以忠懇結主知，遇事能持以正，而鴻藻久參樞密，眷遇最隆。徐世昌所撰〈李鴻藻傳〉，謂「……鴻藻初入樞廷遇事持重，尤為文祥所器，文祥嘗謂之曰：『人才盛衰，國家安危所繫，進賢退不肖，此吾輩職所當為者。』鴻藻篤守其言，前後在樞府四十年，皆此志也。……所保薦人才，多清廉忠正之士。……一時若張之洞、陳寶琛、盛昱諸人，尤倚為腹心，海內識與不識，皆推為清流之首云」。鴻藻、之洞、昱前卒，《清史》各有傳；獨寶琛老壽，清室既屋，猶授廢帝溥儀讀，溥儀被挾赴東北後，寶琛仍居故都，以遺老終其殘年，不與鄭孝胥、羅振玉等同流共污，殊有足述者。

　　寶琛字伯潛，曾祖陳望坡（若霖）尚書，為道光時名臣，世居福建閩縣螺洲鄉，同治戊辰進士。官翰林時，與詞曹同人張之洞、張佩綸、黃體芳、宗室寶廷等，慷慨言事，謇諤無所詘，言論風采，傾動朝野，一時有翰林四諫之稱，又號清流黨，或以其多寓南橫街一帶，又自為南橫黨，彈章一出，百僚震恐，而隱為提挈之者，高陽李鴻藻也，然說者則指此輩為「廣騖聲氣，以求騰踔，與其謂為敢諫，尚不如謂為遭逢時會」，蓋其時樞臣之間，以政見異同，門戶之爭以啟，清流諸人奔走於高陽，頗攻擊吳江（沈桂芬）一派，甲申前後，傾擠最盛。迨張佩綸馬江戰敗，清流失勢，寶琛亦放歸故里，年未四十也。

　　在福州里居不出者二十餘年，從事辦學造路，自號弢菴，

所居清江抱郭，烟波浩渺，築滄趣樓以居，而樓奇峰摺疊若屏風，梅竹深秀，洲上木奴萬頭，因亦署聽水老人，又號橘隱；於鼓山築小寮，為逭暑地，顏曰聽水第二齋，倏然有終老之意，撫時惑事，一一託之於詩，錄其〈上巳日花下悵然有感〉一首：「幽樓近水花不病，臘雪孕春開特盛。海棠紅過籬始華，紫雲冪天百重暎。人稀野僻足孤賞，雀喤蜂喧故無競。懸知京國輸香妍，祇惜禊辰欠觴詠。惡風簸揉如捲雪，陰噎歘掩日輪正。明年會有豔陽天，如此爛漫恐難更。衰榮更迭固其所，排斥須臾詎非命！封姨狼婟少女狂，誰使盜弄青帝柄？追念螭頭賜沐初，眾香得氣一陽慶。液池瓊島蓬蓬春，立馬諦看矍然敬。南尋天寧北極樂，西上翠微豁青夐。側帽平窺韋杜天，銜杯自樂堯舜聖。鳳城回首十寒食，一散風花合難併。滄江病臥倘天憐，故遣繁英娛野性，難消薄福更招妒，稍負殊芳例遭橫。情緣禪力戰勝難，清淚如泉繞花迸。春光向闌致可戀，新秧貼膒夾荷鏡。批風抹月吾猶人，種樹養魚是亦政。止酒從教議醒狂，嬾吟翻喜當敵勁。君如為花來已遲，除坐綠陰及夏令。」詩中正命柄各韻，隱刺時政，併性各句，則鬱伊自傷，而纏綿悱惻無可如何之感，怨而不怒，實得風人之旨。

　　張之洞自改官後，知慈禧不憭於清流諸人。每多引嫌疏遠，故論之者，謂「章奏之工，議論之妙，無過於張之洞，做事之乖設心之巧，亦無過於張之洞」。弢菴於舊時朋交中，情感之篤，不同於之洞，詩集中，於簣齋（張佩綸）、漱蘭（黃體芳）、竹坡（寶坡）諸人，尤多真情摯語。光宣之交，張之洞入樞，而專摺薦舉弢菴者，不由於張，而竟出於號稱「清流腿」之陳啟泰，故其呈孝達相國句，有「彈冠一出慚微尚，載筆相從愴舊恩」，蓋已不勝感慨繫之矣。

二十四、滄趣樓〈感春詩〉及其他

陳弢菴所為詩，肆力於昌黎、荊公，出入於眉山、雙井，散原老人陳三立，為弢菴視學江西時所得士，輓乃師句：「一擲耆賢與世違，猥成後死更何依。傾談侍坐空留夢，啟天回天俟見幾。終出精魂親斗極，早彰風節動宮闈。平生餘事仍難及，冠古詩篇欲表微。」末二句極言傾服之至。近人所著《中國近代文學史》亦謂「陳太傅獨步詩壇四十年」，足見其詩名曾受一般之推重。其最為人稱道不衰者，則有〈感春〉、〈秋草〉及前後〈落花〉各四律。〈感春〉詩，蓋作於甲午戰後中日和議成時，感時傷往，工力極深，就詩論詩，洵為傑構，而句句暗切時事，尤足為史詩讀。原作見陳衍之《石遺室詩話》，石遺老人註：「此四詩見之已久，作者祕不欲宣。時世滄桑，又方有刻集之議，屢與商定去留，余為刪存六百首，因詳此詩所指，以告觀覽者。」近某文藝刊物，曾論其背景，而不錄原作，因迻錄並述之如次：其一云：「一春無日可開眉，未及飛紅已暗悲。雨甚猶思吹笛驗，風來始悔樹旛遲。蜂衙撩亂聲無準，鳥使逡巡事可知。輸卻玉塵三萬斛，天公不語對枯棋。」自光緒初元，因臺灣事變，與日本發生爭議，籌備海防之說以起，英將戈登返國，臨別贈言，隱指中國軍事無全般計劃及不統一之弊，並謂宜先整頓陸軍，然後再議水師，倘陸軍勁旅無多，水師終於無用，甲午開戰，其言遂驗，而廷議猶空言互諉責任，議和時初派張蔭桓前往，日人不納，改派李鴻章前，復遲遲其行，伊藤博文迫索賠款二萬萬兩，刻急之局，只有坐視全輸矣。其二云：「阿母歡娛眾女狂，十年養就滿庭

芳。誰知綠怨紅啼景，便在鶯歌燕舞場。處處鳳樓勞剪綵，聲聲羯鼓促傳觴。可憐買盡西園醉，贏得嘉辰一斷腸。」初設海軍衙門時，醇王奕譞總攬全權，而海軍無可恃之餉，李鴻章憂之有「大海茫茫，望洋悚懼」之言，詎其後海軍移充頤和園工程之費，曾紀澤憤疾而死。北洋艦隊組織及軍需設備，如此腐敗不堪，而彼昏不知，方準備為那拉后六旬萬壽慶典，迨師熸舟覆，始罷稱慶。其三云：「倚天照海倏成空，脆薄原知不耐風。忍見化萍隨柳絮，倘因集蓼悆桃蟲。一場蜩夢誰真覺，滿耳鵑聲恐未終。苦倚桔橰事澆灌，綠陰涕尺種花翁。」大東溝之役，丁汝昌率海軍艦隊苦戰半，我艦僅餘八艘，而皆受損，退歸修理，不敢復出，黃海制海權全歸於敵，當日主戰派，至此亦不敢復逞意氣，李鴻章褫職後，猶責以經營戰守與媾和，鵑聲一語，則指翁同龢，十年興辦海軍，至此全挫，李鴻章亦志灰力殫矣。其四云：「北勝南強較去留，淚波直注海東頭。槐柯夢短殊多事，花檻春移不自由。從此路迷漁父棹，可無人墜石家樓。故林好在須珍護，莫再飄搖斷送休。」馬關和約廿一款中，有「中國割遼東半島、臺灣及其附近島嶼與日本，鴻章運用「以夷制夷」策略，將日方要求通知各國，以激動各國間之嫉妒，故有俄、德、法各國干涉還遼之議，臺島終遭割棄，唐景崧、丘逢甲自立為民主國，亦僅一時短局，李經方在艦中簽約，臺民淪辱者五十載。至於遼東半島雖仍保留，不久，俄索旅大，德索膠澳，法索廣州灣，英索威海衛，中國亦皆在外交壓力下而屈服。滄趣之詩蓋痛言之也。此詩《石遺室詩話》，及黃秋岳之《花隨人聖盦摭憶》，各有箋註，皆甚簡略，用述之如此。至〈秋草〉詩前已另有所述，前後〈落花〉詩，則係用〈感春〉原韻，前四首為丁未戊申間之作，（黃指為壬子，某君指為己未皆非），續作四首則作於甲子者（指為

民國十八、九年者亦非），前詩抒覺羅王朝之沒落及自家無可奈何之心境，續作則在溥儀被逐出宮時，故心戀空林情傷一夢也。曩已有作，茲不復贅。

二十五、繆荃孫槧鉛終老

　　《散原精舍詩》：「海曲風光醉萬人，養空一老獨嶙峋。經神綺歲專宗鄭，祭酒蠻區舊客荀。五德代興成坐嘯，六家要指發其真。世無晁孔書誰授，榻臥羲黃道益親。旁考吉金垂箸錄，自戥元氣美彝倫。看看握槧掀髯座，飯熟青精九醞醇。」蓋壽藝風老人繆荃孫之作也。清鼎既革，勝國諸老宿，多集滬上，藝風齒最高，稱祭酒焉，平居鉛槧弗輟，著述既夥，收藏亦富，於民國八年十一月初一，卒於上海寓廬，年七十六。

　　藝風名荃孫，字炎之，又字筱珊，江陰人，原籍毘陵，祖庭槐，嘉慶進士，官平涼知府，父煥章，道光舉人，數上春官，不得志，從張國樑軍幕，不久復入蜀，時值兵亂，阻隔不相聞，太平軍陷江陰時，藝風奉繼母避居淮安，肄業麗正書院，從院長丁儉卿受經學，極為漕帥吳棠所器識。及聞其尊人留蜀，遂奉母至成都，時年二十一，從陽湖湯秋史（成彥）研治文史，始為考訂之學。旋以寄籍華陽，應四川鄉試，獲舉，以遭人攻擊冒籍，還試於蘇，再登乙榜。先後入崇厚吳棠幕，遍歷川東北諸郡，停舟夔峽間，搜拓石刻，得聖宋中興頌摩崖，又孜孜於金石之學。張之洞視學四川，藝風執贄稱弟子，為撰《書目答問》，之洞以著作之才許之。光緒二年成進士，散館按編修，在都時，日跁海王村書肆，搜訪異本，鈔校考訂，學益以進。張之洞總纂《順天府志》，招藝風為助，及之洞撫晉，遂繼為總纂，分校己卯順天鄉試，王懿榮即出其門下，得士稱盛，繼任國史館纂修，潘伯寅（祖蔭）時為國史總裁，分纂儒林、文苑、循吏、孝友、隱逸五傳，潘去，徐蔭軒

（桐）繼為總裁，示以紀大奎易說，命編入儒林傳，藝風謂：易有經學與術數之分，朱熹註《參同契》，四庫列之道家，而不入經部，大奎未可補入。遂大忤徐意，譖者以「恃才獨斷」阨之。乃謝事歸，主講南菁書院，尋赴京召見，又以丁父憂歸里，服闋後充國史提調，甲午大考翰詹，徐蔭軒以國史館宿怨，有意中傷，抑置三甲之末，遂浩然有歸志，應張之洞招修《湖北通志》，及之洞移兩江，主講鍾山書院，兼領江楚編譯書局，課士之暇，益劬於學，及書院改辦高等學堂，充監督，親赴日本考察學務，訂定課程甚備，又奉命總辦江南圖書館。光緒末，之洞兼筦學部，疏薦充京師圖書館正監督，清理內閣大庫書籍善本，集刻宋元本留真等，辛亥清室退政，遂解職居滬，杜門不出，整理舊著，四方知舊訪書問字者踵相接也。

　　藝風性剛不能諧俗，五十棄官，取朱竹垞語，以七品歸田，刻小印用識微尚。生平恪守乾嘉學派，治經以漢學為歸，王葵園（先謙）極稱之；於史部致力最深，拾遺訂譌，以翔實為主，駢體初喜袁隨園，後乃取法洪北江，詩詞不多作，主雅贍，不矜格調，然不多作，而於金石有篤嗜，收藏之目，共一萬八百餘種，偽造摹刻無時地可考者不錄，磚瓦之屬亦不預，後復續得千餘種，藏本之富，推近代第一，初擬補續《金石萃編》，暮年礙於生計。至以精槧易米，編著日力亦以分。遺著已刻者有《藝風堂文集》、《金石目》、《讀書記》、《遼文存》、《常州詞錄》、孔北海、韓致等年譜各書，未刻者亦七十餘種。自以具經世才，而以遇奇不達，專意著述以終老，晚年預修《清史》，亦未能行其志，而身後不及十年，藏書已散，著草復佚，則尤可慨嘆者矣！李審言（詳）稱其「嗜好不離文字外」，並有詩云：「哆口疎眉兀老蒼，傾談能使寸心降，遺山可有劉京叔，百斛龍文耐獨扛。」亦甚稱之也。

二十六、繆藝風（荃孫）〈垂虹感舊圖詠〉

　　江蘇吳江垂虹橋者，舊名利往橋，宋慶曆間，構亭其上，曰垂虹，因亦名橋，橋凡七十二洞，俗稱長橋，蘇東坡與張先過吳江曾置酒橋亭，米南宮所稱「垂虹秋色滿江南」者，亦指此。清同治間，蔣鹿潭（春霖），以絕代詞人，屈為釐吏，勞碌寡合，跌宕自適，晚得黃婉君，情好甚篤，《水雲樓詞集》中，有〈琵琶仙〉一闋：「天際歸舟，悔輕與，故國梅花為約。歸雁啼入箜篌，沙洲共飄泊。寒未減，東風又急，問誰管，沈腰愁削？一舸青琴，乘濤載雪，聊共斟酌。更休怨，傷別傷春，怕垂老心情漸非昨。彈指十年幽恨，損蕭娘眉萼。今夜冷，篷窗倦倚，為月明，強起梳掠。怎奈銀甲秋聲，暗回清角。」自註：「五湖之志久矣！羈累江北，苦不得去，歲乙丑，偕婉君泛舟，遙見烟水，益念鄉土，譜白石自度曲一章，以箜篌按之。婉君曾經喪亂，歌聲甚哀。」等語，足見相愛，然積久相猜，勃谿間作，鹿潭亦復鬱鬱不自聊，旋於同治戊辰冬，訪宗源瀚於衢州，道吳江，艤舟垂虹橋，狂飲大醉，一夕遂卒，年五十一，婉君銜哀亦以身洵，滋可悲已！

　　江陰繆藝風，以見阸於徐桐，坎坷自傷，辛亥秋，雨泊垂虹橋下，有感於水雲詞人懷才不遇客死舟次事，賦〈憶舊遊〉一闋以弔，詞云：「瞰長橋如帶，短堞如屏，來泊輕航。更具區如鏡，只蘆綿荻絮，寒白茫茫。人道東南第一，詩意滿吳鄉。有幾縷魚雲，幾絲鷗雨，點綴秋光。鄱陽老仙杳，僅樂府流傳。素輞明璫，不盡升沉感，嘆水雲樓主，蹭蹬名場。今古才人淪落，詞境幻黃粱。問閱世誰深，一支荒塔欹道旁。」並

倩金夔伯畫師，為繪一圖，益州曾懿題耑。夔伯題識云：「小山太史，艤棹垂虹，感水雲樓主，賦感舊游一解，屬隱括為圖，循詞中今古才人淪落，詞境幻黃粱之句，良深唱息，抽豪寫此，覺水墨頓成淒黯矣。辛丑夏五，山陰金石並識。」一時名宿，題詠殆遍。

樊樊山題〈憶舊遊〉雙闋，自註：第二闋兼悼婉君。其一為：「甚曟波松雨，白石仙人，又到垂虹。繫纜橋亭畔，正樓鴉病柳，瘦倚西風。萬頃具區烟水，殘照濕濛濛。問素輤明瑲，采香涇裡，底處相逢。絕代填詞手，向水雲深處，憑弔遺蹤。寂寞吳江路，念楚騷誰續，霜隕蘭叢。（鹿翁自言其詞出於《離騷》。）為問米船圖畫，淡墨是何峰？且笛譜重翻，淒淒冷燭？雙淚紅。」其二為「算人間惟有：豔色清才，自古難修。修到鴛鴦命，怕書生薄福，歡不勝愁。惆悵水雲樓事，一夢墮揚州。恰網得西施，水晶簾下，暖抱箜篌。秋雨相如病，莫白頭吟罷，溝水西流。幸不隨流水，問瑯琊情死，著甚來由？從此青山埋玉，錦樹一林秋。賺燕子歸來，重簾不捲關盼樓。」款作「藝風年老前輩正拍，癸丑春暮，侍年愚弟樊增祥拜題」。

語石詞隱劉炳照，調寄〈慶春宮〉云：「明月孤舟，空漪雙獎，貯愁比海還闊。鴛侶分飛，鷗盟輕負，夜來風起蘋末。暗穿林篠，乍疑是簫聲激發。招魂何處，西望垂虹，水雲悽壓。半生三度停橈，弔古行吟，塔鈴相答。詞仙安在，流傳樂府，一例形銷音遏。為卿情死，更誰賦凌波步襪。茫茫千頃，烟雨迷離，夢回一雲。」自註：「水雲詞人懷才不遇，客死吳江舟次，藝風先生作垂虹烟雨圖寄意，余按白石老仙舊譜和之，既念逝者行自傷也。」

潘祖廉題〈憶舊遊〉原調：「正彌望烟波無際，十丈垂

虹，舊曾游地。隱約遙山，替人淒黯鑷眉翠。冷蛩零雁，應喚得騷魂起。玉笛歌闌吹，儻許共詞仙遊戲。底事有東風綺夢，墮恨盡隨流水，扁舟嫩約，料未遂五湖歸計。賸此日寂寞紅闌，付舊雨黃墟流涕。更寫入冰毫，化作秋痕盈紙。」

吳印臣（昌綬）題〈點絳脣〉云：「一曲垂虹，頓成千古傷心地。靈均怨思，祇託微波寄。舊夢松陵，曾共雙橈艤。迴望裡，水雲無際。空費詞人淚。」

鮑毓東題：「垂虹望斷水雲秋，先友當年此倦游。月黑楓青神獨往，落霞孤鶩句長留。世人爭到生前刃，詞客猶停夢裡舟。我愧玄亭曾載酒，飄零今也雪盈頭。」註：「追維蔣丈生平，亦不自覺其言之愴楚也。」

蔣鹿潭本亦工詩，恢雄亢臧，不減少陵秦州之作，中歲易其工力為長短句，鏤情劇恨，轉豪於銖黍之間，溯寫風流，曼而不靡，譚仲修（獻）稱其足「與成容若、項蓮生二百年中，分鼎三足」。咸同兵事，天挺此才，為倚聲家杜老。蓋深以第一流許之矣。繆藝風垂虹感舊之賦出，一時詞壇名手，多有和聲，為蔣鹿潭作傳之一斤山人金澣生（武祥），亦題詩一絕：「鳳泊鸞飄愴客途，水雲遺跡漸模糊，江干番草都搖落，怕展垂虹感舊圖。」

陳散原題：「橋影篷尊處處愁，宛從溪畔覓殘秋。思量祇是催人老，幸見圖成已白頭。」

鄭蘇戡題：「垂虹感舊停舟處，何異堯章夜泊時。一種移情成結習，蕙風詞接藝風詞。」

陳石遺題：「湖光橋影竹垞詞，秋色江南米老詩。笠澤松陵惆悵地，茫茫一舸付姜夔。」

陳蒼虬題：「一霎闌干不盡流，詞人偏占水雲秋。吳山一曲渾愁絕，復有新聲憶舊游。」註：「用南宋汪水雲事。」

李審言（詳）題：「極天煙水晝冥冥，弭棹垂虹忍再經？蜀魄至今殘杜宇，楚招漫與弔湘靈。柏林舊事天難問，吳會詞人夢早醒。賸有杜陵勤枉道，譜將哀怨犯瓏玲。」

蕙風詞人況夔笙題〈長亭怨慢〉一闋：「謾回首、汀煙風絮，一曲紅簫，頓成今古。佇月推篷，忍寒纏被，（白石夜泊垂虹，寒甚，銛朴翁引被自纏。）甚情緒、杜郎詞賦，知早被東風誤。淒絕馬塍花，驀換了松陵煙樹。幾度籲吟邊畫舸，約略柳絲深處。香涇俊賞，渾未冷舊盟鷗鷺。甚此夕，伴我婆娑，祇一霎闌干如故。更素縑明璫，悵觸番陽詞句。」

王壽萱（錫祺）賦〈賀新涼〉云：「忍翦招魂紙？嘆萬門凍、青風咽。再難喚起，藕樣玲瓏荷樣潔。一例沾泥帶水，恁紅豆新詞旖旎。金碧樓台原蜃幻，眼迷離、怕睹垂虹字。橐彩筆，紛紛淚。更休唱、薜蘿山鬼，儘幾許騎鯨賦鵬，下場如是！弔影盧家堂上燕，傷心社散，巢空人異。問酒德琴歌那裡，尚說玉樓長爪蛻。上梁文，起草徵名士。陳濁酒，拚沉醉。」

梁節菴（鼎芬）題：「紹興辛亥除夕，此地曾留白石。詞人曠代相思，今夜心傷頭白。」「問君何處歸航，酒醒猶記明璫。惟有橋邊漁火，人間閱盡興亡。」

冒鶴亭（廣生）題：「孤榜中宵泊水涯，湖山十里綠如揩。自從鑄遍神州鐵，那有聽風病酒懷。」

趙叔雍（尊嶽）賦〈踏莎行〉云：「水驛程遙，松陵夢迓。西風初起人歸乍。古歡芳意認蘭荃，吟情倦思紛姚冶。琢玉鋪箋，盟鷗結社，丹青此際堪陶寫。詞仙舊恨更誰知，相思兩度星橋夜。」

陳彥通（方恪）調〈高陽臺〉云：「茂苑歌殘，清游興嬾，歸裝重麗吳船。想像明璫，湖雲祠樹如煙。斷魂一曲松陵

路，墮瓊簫、喚起詞仙。最情牽，未穩鷗盟，漫趁萍緣。江南自古傷離地，算哀時杜老，猶盼開天。橋上修嵐，年年分恨眉尖。圖成已換滄桑稿，付遺民白首相憐。更淒然、夢醒青林，淚染塵箋。」

丁闇公（傳靖）題：「詞家老杜水雲樓，客感風懷總似秋。落月垂虹亭子上，扁舟一過使人愁。」「絕調蘭陵世共推，君山一席許追陪。短篷細雨吳江路，可有吟魂入夢來。」

藝風既逝，其公子僧保（子純），珍藏此圖（今在臺灣），復遍求題詠，紀其續題者如：

鄧石齋題：「不盡黃壚感，淒涼白石詞。垂虹仍舊泊，疏雨發幽恩。四海傳文字，幾年有別離。披圖新涕淚，無復草玄師。」

曹君直（元忠）題〈木蘭花慢〉：「記松陵舊路，旋回首、冷鷗盟。又雙槳蘋香，一篷柳色，問訊前程。輕盈小舟似葉，怎教伊、重載亂愁行。且傍長橋索夢，詞仙儻款平生。縱橫，才調是虛名。憑弔不勝情。為秋鵑無淚，吳楓幾點，紅得淒清。分明、水深浪闊，寫人間、死別易吞聲。終古離懷，付與夕陽孤塔荒城。」

吉城題：「荒涼三徑臘羊求，絃絕重彈憶舊游。何故竟無天可問，多才例與命相仇。花間尚嗣青蓮響，橋畔空維白石舟。我愛豫公敦獨行，浮蹤偏為隴西留。」

秦更年題：「斫地狂歌有底哀。可憐辛苦賊中來。詞家亦有少陵才。橋下松陵橫一舸，梅邊白石醉千杯。騷魂喚起水雲隈。」「羲隱江東盛一時。遍留書種繫人思。問奇載酒我來遲。感舊淒其詞筆健，傳家珍重畫圖奇。似同先友記穹碑。」

二十七、冒疚齋（廣生）與巢民象贊

　　疚齋老人冒鶴亭廣生，於四十八年夏秋間，病逝滬濱，蓋已八十七矣。氏籍如皋，為水繪園冒辟疆之後，早歲敏慧有聲，以詩詞鳴於大江南北，文筆步趨古人，長而好名特甚。世傳清世祖董鄂妃事，以吳梅村〈清涼山讚佛詩〉，並冒辟疆《影梅菴憶語》及〈寒碧孤吟〉等參看，疑董鄂妃即為董小宛者，二百餘年來，迷離倘怳，學士大夫探清初奇祕者，多務考訂，以實其說，孟心史引據史實，加以翻案，作〈董小宛考〉，疚齋以心史代其先世雪誣，曾以其先世歷代著述之叢書為謝，亦好名之故也。

　　冒辟疆名襄，號巢民，生於明萬曆辛亥，卒於清康熙癸酉。疚齋生於清同治癸酉之三月十五日，其生辰與辟疆同日，冒氏所藏辟疆遺象，出同邑左民手筆，先後題者，琳琅滿目，綿津山人宋犖（字牧仲，康熙時人，詩與王漁洋齊名）題云：「少而結納，裘綺蹁躚，中更世故，渤海飛塵，翳羅高張，冥鴻獨全，跌宕文酒，五十餘年。今乃見其據槁倚梧，深衣幅巾；其翛然也，以為山澤之癯仙；其退然也，以為前代之遺民；而識君之貌者，謂是清流黨錮之三君。」長洲韓菼（字元少，號慕廬，康熙狀元）題：「清淺蓬瀛不盡水，摩挲銅人餘薊子，推排人間憂患多，跌宕縱橫唯文史。諸賢零落誰乙丙，起起樸巢知辰巳，題目生平不勝書，掩泣藜莪百行紀。行刊寸印第二碑，家風潛德今復始。」如皋許嗣隆（字山濤）題：「惟憲副公，念公克肖，耆壽令終，呼孫而告。天生孝子，爾父爾傚，猗嗟公乎，隱德彌劭。天顯友于，不渝至耄，公歸九

原，余旋六詔，鄉人慕私，私謚潛孝，匪鄉人則云，憲副公之遺教也！」憲副公謂辟疆父嵩少山人冒起宗也，崇禎時官湖南寶慶副使。

疚齋於民國初重修水繪園，十六七年間，並出圖象遍求諸詩老題詠，散原老人陳三立題云：「先生嵇阮儔，迹與蟠泰逝。園館寫酒悲，擊樂出憔悴，翛然癯鶴姿，遺嗔振天地。裔胄同所丁，騷辨接獨寐，潦倒歌泣場，海色黯執袂。眾醉不可群，清塵庶云嗣。」樊樊山題：「如皋耆舊孰倚攀，三百年來見玉顏，早預留都商揭稿，晚看方社辟連環。（南雷詩：方社連環何足稱）湘中榜補池灰後，（鶴亭修水繪園，屬補湘中閣扁）水繪圖留硯匣間。（公有遺硯絕佳，蓋即水繪園圖，翁瓶庵相國以重金購去）名並原嘗四公子，豈徒接亦紫芝山。」「忠孝傳家復有文，燕詒世世誦清芬，平生品節羞紅豆，（謂錢牧齋）門館風流贈紫雲，（謂陳其年）託意蔡含女蘿號，（公以女夢字蔡姬，不勝騷怨）大招董白影梅魂，（小宛墓即在影梅庵側）鬚眉奕葉都相似，記否陳朝武帝孫。」（唐時有人發陳武帝陵，其裔孫某酷似其貌，今鶴老亦有圖中人儀型也，此詩用轆轤格）李審言（詳）題：「中朝名士，廣陵先賢，黨人廚顧，學行淵騫。大雅卓爾，靈光巋然，容台奉手，陽羨比肩。松柏凋後，芝蘭蔚前，須眉奕奕，神理綿綿。上溯皕載，小別千年，遠孫風氣，通家蟬嫣，式瞻懿範，肸蠁維虔。甲申甲子，屯蹇相連，虞淵沉矣，沉矣虞淵。」陳蒼虬（曾壽）題：「早識公孫廿載前，晚瞻遺象一潸然，微知憂瘁侵高致，猶有林泉度厄年。鉤黨玉瑛偏並世，生祠委鬼欲彌天。祲氛不隕琨霜烈，皜皜風期若可傳。」夏吷庵（敬觀）云：「我聞魏子一，畫扇意殊俊，峨峨數朵峰，以比人澹峻。又聞樸巢樸，怪狀如幻蜃，徵君自記之，跋者有杜儕。畫象翳

何年，遭世甘肥遯。座旁果何有，冷厲納溫潤，一石一木根，二物固非閏，鼎角睹匿犀，清裁猶利刃，札產嬰向儔，主賓庶乎近。後此三百年，迡遭用六運，在胸別黑白，豈不辨虞口。自惟憋寒蟬，聊免殺身釁，與公遠孫遊，酒肴且堪溷，英魄會鑒茲，倘亦承獎訓。」太平老人于右任先生，亦題〈春光好〉一闋於上，句云：「名公子，老遺民，古詩人。玉軸流傳桑又海，尚如新。作者題詠連軫，清奇貌，酷似雲孫。李杜而還留地位，也欣欣。」

疚齋逝前五年，重宴鹿鳴，其妹婿遵義周季貞亦八十一，重宴恩榮，曾倩鄭慕康、張公威續春秋嘉話圖，並自題〈金縷曲〉其上云：「殘夢隨流水，算匆匆一周甲子，不過彈指。猶記泥金朝報到，曾博衰親顏喜，也曾博旁人稱美。暮四朝三棋局換，笑一錢不值今如此！舊時燕，巢空矣！霓裳畫破憑誰理？數京華紛紛冠蓋，眼前餘幾？白髮蕭疏成二老，相望東南千里，寫一幅丹青遙寄。佛法本來無我相，問故吾，紙上非耶是？是天寶，前頭事。」疚齋入民國後，歷北洋軍閥政府，北伐後居南京，胡展堂、譚組庵常與唱和，汪記政權時，曾被譏「如何雙照樓邊過，又見詩人冒鶴亭。」大陸陷後，以老憊不及避，槁餓於鐮斧陰影下，宜其有巢空之嘆，而猶繪圖題詠，足見其老猶好名之累矣。

二十八、張爾田鄙厭金梁

　　朱彊邨有《滄海遺音集》十三卷，學者奉為寶典，集共收九家，其中「遯庵樂府」一卷，則錢塘張孟劬所著也。孟劬名爾田，又名采田，父上龢，曾從蔣鹿潭受詞學，又與大鶴山人鄭叔問為詞書至交，僑寓吳門，著有《吳漚煙語》，頗為詞家所稱。孟劬淵源家學，濡染甚深，復從大鶴研討，究極幽微，所作亦是瘦碧冷紅神理。又精研史學，著有《史微》，《玉谿生年譜會箋》，《乙庵蒙古源流箋證校補》，及《遯庵文集》等，晚年治《俱舍論》甚勤。於民國三十四年卒，年七十二。

　　孟劬劬於學，清季以候補知府官江蘇，辛亥以後，益勤於撰述，民初預修《清史》，民國三年應徵北上，中丁外艱南返，服闋又復入館，初任纂修地理志江蘇編，刑法志，及后妃傳，再入館，任整理列傳，與夏孫桐同定康熙朝大臣傳目，成《圖海李之芳傳》一卷，並兼任北京大學教授。當時清史館人事復雜，意見分岐，孟劬性和易懇摯，於並輩諸人中，對金息侯（梁）獨致不滿，曾見其致夏孫桐書，謂：「偶取金梁《清史校刻記》一為翻閱，則與僕所見所聞，大有不同。即如地理志，當初本係每人分纂，後始歸秦幼衡師一人。今地理志中，江蘇一卷尚是僕之原稿，后妃傳初稿，亦是僕與吳印臣合纂，吳輯長篇，僕任撰文，金記皆未詳敘，且遺漏印臣之名，此但就僕一人經過者言之，已多不符事實，他人更可想而知。又金係辦理校刻之人，後來私印本竟添入總閱二字，居然以總裁自居，尤為有意欺人。他若所撰《清帝外紀》、《清后外紀》等，殆無一而不妄。聞近日又出筆記多種，無不大吹其修史

之功，新學小生，以其係旗人，熟識滿洲掌故，頗有信其說者。……」其對金息侯厭惡之深，可以概見。

離史館後，蒿目艱屯，益勵士節，其寓思於詩詞也，斗室微吟中，肝肺芳馨，時多傾吐，心痛而文茂，旨隱而義正。其〈南歸雜詩〉十八首，多涉史局之事，錄其數首，如「老去然藜照汗青，歸來深愧草堂靈，江南塞北俱千里，誰識東方是歲星。」「詞賦蘭成未易才，江關蕭瑟總堪哀，可憐又簸觀河面，金水橋邊照影來。」「東馬嚴徐滿帝京，翩翩二陸又承明，佯狂灑盡窮途淚，只有廚頭阮步兵。」「敢誇豪筆到金鑾，依舊花移日八磚，凝碧池頭春草合，別開馳道屬天安。」（原註：清史館在東華門外）「布爾湖連鐵嶺山，新聲曾接御簾前，什幫掇爾都零落，愁聽空山響杜鵑。」（原註：時修樂章，布爾湖及鐵嶺山皆鐃歌樂名）「何處尋春不可憐，江家亭子俯寒烟，新蒲細柳依然綠，野老吞聲又一年。」「白衣宜至白衣還，我比廉夫不汗顏，莫羨騎牛周柱史，蓬萊原在海東山。」於史館諸人皆有微詞也。

後應燕京大學聘，任國學總導師，與黃晦聞時多切劘，晦聞之《蒹葭樓集》序文，即出其手，及晦聞歿於北平，親臨其喪，賦〈水龍吟〉寄哀，詞云：「竟拚與陸俱沉，蒼茫不曉天何意！哀時雙淚，蟠胸萬卷，一棺長閉。如此奇才，忍甘終老，詩人而已！憶當年對策，墨含醇釀。親坐閱，虞淵墜，黯淡神州雲氣。喚沉冥睡獅不起。艱難戎馬，崎嶇關寒，亭林身世。來日荊榛，庸知非福，先驅螻蟻。祇傷心絮酒，荒林楓黑，夜魂徠未。」民國廿五年，日軍寇山海關急，孟劬復有〈滿庭芳詞〉寄嘅尤深，句如：「照野江烽，連天海氣，物華捲地休休！殘陽一霎，怎不為人留？幾點昏鴉噪晚，荒郊外、鬼火星稠。傷高眼，還同王粲，多難強登樓。驚弓如塞雁，林

間失侶，落影沙洲。便青山縱好，何處吾丘？夜還鄉夢裡，分飛阻、重到無由。空城上戍旗紅閃，白日淡幽州。」八一三以後，國都西移，東南半壁，淪於敵騎，孟劬亦歸上海，有「……回首都亭三日哭，國破城空，殘照千山淚點紅」之句，投老枯飄，窈冥莫訴，怏怏遂卒，終不獲見河山之復也。

二十九、趙古泥二三事

　　開國五十年國慶，臺灣藝術館舉辦當代金石家作品展覽，集創作之大成，作綜合之介紹，而於提倡我國固有藝術文化，此舉實有重大之價值與深長之意義，甚盛事也！因憶趙古泥數事，述之。

　　古泥趙姓，名石，字石農，自署坭道人，海虞人。幼居邑之西唐市，家貧，嗜讀書，嘗從其尊人賣藥金村，村中歲有比賽書法之舉，蓋以勉少年子弟研習本國書法，其佳者例有彩獎若干金，或巾扇之屬有差，其殿者，則與以洞油一簍，其用意若勉其焚膏繼晷，繼續勤研，諷勸之婉而居心實佳。然得之者，輒頳然棄不取。古泥初與其賽，竟得油，赧然荷之歸，眾人皆譁笑，不顧也。自是臨池弗輟，寢饋間亦心維手劃，翌年，復與賽，遂冠其曹。

　　時金村有金生者，素狂傲，頗嫻篆刻，古泥以石章，乞鑴名號，備鈐署。金熟視而唾之曰：「窶人子，稍習春蚓秋蛇，乃亦浼干乃公耶？」不顧而去。古泥大慚憤，退自購鐵筆，並求名家印譜與漢印分韻之屬，昕夕窮研，奏刀舂然，技日以進。旋主其鄉人沈石友家，石友與吳缶廬（昌碩）為密友，遂獲接缶廬，益工刻畫，旁及書畫金石瓷銅之藝，浸成一家。嘗曰：「凡百技藝，胸中皆不可無學，學然後可幾於古，……摹印之法，求之金石文字則易得，徒講刀法，則匠人優為之矣。鄧完白作印，白文不越漢人藩籬，故佳，朱文則純以姿媚勝，吳缶廬則非古不學，所以成一家宗匠也！」其評隲並時諸家，亦皆甚確當，不具述。

戊戌變法時，翁叔平（同龢），為榮祿、剛毅所扼，放歸田里，西后再度垂簾，康梁遁海外，翁亦幾遭不測，交地方官嚴加看管，故舊不敢近。古泥以布衣從遊，遂受知於翁，隨侍左右，摹習其書，常為代筆，幾可亂真。及翁病泄，將歿，親以所自用之印石兩方貽之，蓋示傳硯意也。於是古泥所作之翁體屏聯，流遍江南，得者亦未易辨其真贗。晚年書刻益勤，求之者亦益眾，然達官貴人刻者，錙銖必計，馮玉祥耳其名，曾託人求一石章，古泥以其不讀書，謝弗治。

古泥丰髭髯，與三原于先生相彷彿，曾約晤於虞山酒肆，接席論藝，觀者疑神仙中人。與同里楊无恙尤莫逆，同遊姑蘇之西園寺，攜鱠聽鸝，竟日忘言。性頗怪，病拒不服藥，警戒所忌物，又恣意啖食，病遂殆，乃遍招親舊訣別，請人作墓志及輓詩，皆必目睹。其墓在虞山之麓，曰「金石龕」，與其婦合塚，蓋其生前所自營者也。

三十、沈石友（汝瑾）詩刺袁洪憲

常熟布衣沈汝瑾，字公周，號石友，自署鈍居士，振奇人也。與安吉吳昌碩，交最摯，居滬與昌碩柬酬往來，極似祥符周季貺之於桐城蕭敬甫（穆），無愧石交。昌碩曾有「石友介於石，鐫肝淘俗塵，交我尤綢繆，似酒頹其醇」之句，極稱道之。

平居好士，士有一技之長者，皆致禮重，親如家人。與朋友交，則言必信，行必果，遇緩急則千金無吝色。徐硯士銘彝，耿介絕俗，以貧死，生前嘗主石友家，石友厚贍其妻孥，並哭以詩：「徐君落落占介士，自君之亡夭喪予。高懷大可置羲昊，至信直欲孚豚魚。年荒寫字不乞米，家貧典衣常買書。嗚呼斯人卒難得，痛哭愁天翻日車」。昌碩見之，嘆曰：「可當一篇傳贊，徐君為不死矣！」又蔡樸盦鍾瑋，工書善飲，嘗以二千金賑豫饑；妻善妒，有妾生子，為所摧殘，蔡氣憤以卒，沈聞之，輓詩云：「蔡子做事頗不俗，酣飲美酒隨天機。三十年臨漢碑字，二千金救河南饑。愛子猝亡怨耦在，一病竟向黃泉歸，雖非久交亦深痛，海虞人中似此稀。」生平耿直，嫉惡憐才，實出天性。

袁世凱竊位，為鎮壓異己計，向英、德、法、日、俄五國銀行借款二千五百萬鎊，名曰善後借款，國會以用途不明，指為違法，方在審議中，世凱又向奧國洽商借款，於是國會提出彈劾，世凱鉅款在手，遂借武力壓制黨人，舉國譁然。石友有「會開全國議和平，器械精研日治兵，鱗介安知周孔道，船堅炮利即文明。」「蚨飛直過大洋來，善債方稱善理財，不用黃

金更求士，燕昭台作報王台」之作，所以刺諷之者甚刻。

　　二次革命不幸失敗，袁認為權勢盛極，於是予智自雄，廢棄約法，進而帝制自為，洪憲議起，沈憤不可任，集中〈老革〉一首：「老革居然世共欽，坐依斗柄萬方臨，玄黃小試屠龍手，道路咸知司馬心，盡毀綱維思固位，高談仁義豈為霖，禍機未絕長鯨竄，漫道神州免陸沉。」及袁僭號不成，恚憝以殤，沈又有〈五月五日行〉之作，入木三分，措詞則不同於一般遺老譏詬之作，句為：「五月五日聚五毒，當日三閭汨羅哭，古今忠逆死不同，五色絲長命難續，登天不能翻就木，凶骸有愧蘭湯浴，讀離騷飲酒滿樽，俯仰乾坤貴知足」。「位居極高品極賤，龍庭猶作雞肋戀，黃金白刃虎狼心，鬼哭神嚎天地變，五月五日夜五更，天狗星墜天鼓鳴，艾人當戶蒲劍橫，瞠視北極思長征。」陳石遺詩話曾錄之，稱其以嫠婦而憂公室，許之也！

三十一、記東塾先生（陳蘭甫）

　　清代詩家之宗杜韓者，推程春海，其門下如何紹基、鄭珍，皆犖犖頓挫，不主故常，其能自張風雅，才思有餘者，則推番禺陳蘭甫。

　　蘭甫名澧，世所稱東塾先生者是也。汎覽群籍，凡天文、地理、樂律、算術、經史百家，無不深研，工古文、駢體、詩、詞，又擅篆隸真草行書，儒林欽其賅博，而六上春官皆不售，先主講學海堂及菊坡精舍。譚仲修論其詩格，謂「蘭甫先生，文而又儒，粹然大師，不廢藻詠，填詞朗詣，洋洋會於風雅。」推崇備至。蘭甫平生，常以「為學宜先識字，乃可讀三代秦漢之書」為言，蓋秉其師門遺訓，其所為〈感舊〉詩：「先師程春海，雄文兼碩儒，昔於侍坐閒，問我讀何書？我以漢書對：又問讀何如？我言性善忘，讀過幾如無。師言不在記，記誦學乃粗，豈欲摘雋語，以資詞賦歟？漢室之興衰，班史之規模，讀之能識此，乃為握其樞！廿年記師言，書以置座隅。」於其師治學訣竅，詳為道出，鑑古所以衡今，春海固以治史誨人也。

　　張之洞督粵時，於廣州近郊，創廣雅書院，購置群籍，延攬通儒，更廣籌膏火銀，使來學者得以專心致志，實為獎學金制度之嚆矢。蘭甫時在廣州，之洞具衣冠，登門禮謁，聘為掌教。蘭甫深為感動，即允其請，並將所藏之珍本書籍，及其閎偉之屋宇，捐為館用，於是粵桂優秀學子來學者，多至千餘人，梁鼎芬、文廷式、簡朝亮、于式枚等，為其尤著者。

　　晚年著有《東塾讀書記》，於諸經微書大義，及九流諸

子，兩漢以來學術源流正變得失所在，皆能抉其精妙，日有所得，輒即手錄，積數百冊。其手稿如讀周禮、讀春秋左氏傳等，帙中分用朱墨藍筆，三色同下，選摘批錄，斷以己意，有一本僅數條，或一章批至數十紙者，旁搜廣紹，洵足沾溉後學，而賸馥餘香，猶見丹鉛之雅。

東塾圖籍，後為康有為收藏。民國十年間，廣州登雲閣書肆，搜求百數十種，均初印本，紙墨俱精，鈐有萬木草堂藏書印，蓋戊戌時，康氏亡命海外，草堂所藏多有散失，遂入書賈之手。後為北大圖書館所購，將起運時為嶺大所聞，以係粵賢手迹，宜藏粵中，堅請轉讓，北大則以既經價購為言，最後協議各鈔所有以易所無，始息爭議。蘭甫孫公睦，久居北平，東塾遺著多在其手中，今皆佚。

三十二、王廉生（懿榮）發現甲骨文

　　越縵堂日記：「齊人王懿榮者，素附南皮，竊浮譽，後以妹妻南皮，益翕熱。其父以龍州僻小郡守，驟擢成都道，致富鉅萬。懿榮既入翰林，侈然自滿，揮斥萬金，買骨董書畫」云云。懿榮蓋福山王廉生，為張之洞妻兄，李蒓客與張不愜，厥性好罵，而不禮名士，不齒富人，又為其自訂七例之二，因惡南皮，遂併及之也。廉生以進士入翰林，擢侍讀薦至祭酒，初為訓詁金石之學，頗考諸經異同，補正諸經註疏，亦積學之士。所居屋宇閎敞，原為滿人廣壽宅，以萬金得之，素好客，文讌無虛夕，頗為當時一般窮京官側目。癖嗜金石書畫，佳者多金求之，無吝色，翁同龢嘗過其廬，談碑讀畫，讚其「所藏無一不精」。曾得李香君小影畫扇，遍索題詠，至於漢唐石刻，若石經殘字，朱拓華山禮器諸碑，皆海內所詫為奇物者，廉生均得而有之，葉昌熾、端方諸人，時於其家，摩挲讚賞。生平最佩服陳簠齋，嘗言「簠齋所藏三代彝器，固為宇內冠，即其椎拓之精，亦古今無匹，能知某器宜用某紙，厚薄大小，無不得宜。」而殷墟甲骨文字，更為其首先發現，更足以紀。

　　初光緒己亥春，河南安陽西北五里小屯平原，鄉民掘地，得龜甲獸骨甚多，不識其物，以其碎片，售於藥肆，資為藥物，輾轉販運至京。某次，廉生偶沾小恙，醫者列方有龜板一味，及購歸，親為檢點，方將煎煲，忽見上有刻畫，審視之，斷為貞卜文字，急遣人往搜集，復於骨董商范某處，得百片，選其佳者藏之，而售其餘，嗣後收集漸多，積千餘片，均頗完整，秘為存貯，其後劉鶚所刊之《鐵雲藏龜》，及故宮所藏

者，多廉生所得者也。

庚子八國聯軍陷燕都，廉生尚留京，適奉令督內城守，或勸其棄官行，廉生愀然曰：「食人祿者忠於人，況丁此奇厄，地坼天崩，將焉避？」及聞聯軍蹂躪閭閻，焚掠財物外，且有淫污良家婦者，廉生謂其繼妻曰：「義不可辱，死今其時矣」！遂衣冠自投於井，其妻號泣俱下，子婦亦從之以殉，家亦被劫。

樊雲門於拳禍時，聞袁、許諸人之死，極念廉生，有「瑯琊祭酒應無恙，苦念危城老病身」語，及得耗，為詩哭之云：「鄒魯儒家老說經，一門忠烈死猶馨，抱琴鄘露真無憾，投閣揚雲不復生。殉國賢妻榮煒管，從姑少婦亦銀瓶。行人莫認臙脂井，萬朵芙蓉擁曼卿。」宋芸子感舊句亦有：「交讎邦國誤談經，師敗同謀合殉名，便是墮車聞鼓死，石城猶勝褚淵生」。蓋取其知謀人軍國師敗而死之義也。

三十三、黃乃裳開闢新福州

　　吾國僑胞，乘桴浮海，向國外發展，由來已久。遠不具論，明末粵閩沿海先民，或懲於賊氛，或義不帝秦，遠走南洋一帶，竭其智力體力，披荊斬棘，化荒莽為沃饒，衍烟瘴為繁盛，對於當地土著，又能珍葆我中華文化素摵，為而不有，弗取侵凌，故能周遊天下，道無不通。至其關心世局，熱愛國家，民元以前，國父奔走革命，僑胞捐輸尤見踴躍，故國父嘗有「華僑為革命之母」，非偶然也！而六十年前南洋詩巫之開闢，其經過尤有足述。

　　詩巫屬於英管沙撈越，位於拉讓江流域，民稀土衰，菁密林深，人跡罕到。黃乃裳（黻丞）者，籍福建閩清，少習舉業，喜黃黎洲、顧亭林之學。前戊戌時，八上公書，請行新政，皆不報。及康梁失敗，六君子駢戮菜市，黃氏知滿人氣數已盡，終不足與有為，而保皇黨諸人，一方要求改革，一方又欲保全窳敗之王朝，何異與虎謀皮？遂一意傾向革命。

　　其壻林文慶，時在新加坡業醫，招之往，黃乃決心赴南洋，初在《星報》任主筆，傳播革新思潮，從事培養實力。旋國父從澳洲至，黃因文慶之介得謁，國父譖其曾譯《美國史》，與談華盛頓以十三州拒英事，並致贊賞，並勗之曰：「為國家社會謀幸福者，必自任勞怨悲苦，以貫徹始終！」黃敬謹奉持，終身奉為圭臬，自是遂加盟，獻身為革命工作。賞至詩巫，審其水土美沃，與土王立約，領墾移民，為生聚開發計。

　　既訂約，遂名其地為「新福州」，回籍招男婦農民五百餘

人往，忮之者謂為「賣豬仔」，婦孺多疑沮，黃苦心剖示，始釋群疑，遂與偕行。既至，親為之劃地授種，庀屋建宅，眾賴以安。第二批託其同年友力艾生回國續招，力漫遊香港、臺灣，不戒於疾，遂病，舟至廈門而歿。黃既痛摯友，復失臂助，親護力之遺屬歸國，於是又募集千餘人以行。四五年後，墾民無不家給戶足，化疑慮為謳歌矣。

方其始也，與僑眾胼胝於蠻雨瘴烟中，共同操作，治傷療疾，叢怨負詬，痛楚萬分。素有胃疾，至是大作，慮不起，預製自輓句：「平生所事願多違，差幸聞道中年，天若有心，期盡菀躬分內事；故鄉久愁人太滿，遠闢殖民小局，我雖撒手，仍留餘地待來茲。」苦心素抱，可於茲聯見之。今詩巫已成繁區，僑眾普獲成就，懷念前哲，已築紀念堂以示崇報云。

三十四、江杏村（春霖）敢言著直聲

清末台諫以敢言著直聲，而無黨附之嫌者，推莆陽江春霖，時比之康熙時之彭古愚，有「前彭後江」之稱。

春霖字杏村，又字仲默，晚號梅陽山人，少時，有「言志對」之作，名師宿儒，詡其峻偉。通籍後，以翰林檢討，掌新疆道監察御史。光宣之交，親貴弄權，慶王奕劻用事，袁世凱諂事之，奕劻亦相與傾結，貪婪財賄，後袁雖罷職，奕劻專橫如故，江疏劾之，指為「老奸誤國」，更條舉事實，如江蘇巡撫寶棻、陝西巡撫恩壽為奕劻親家，民政部尚書徐世昌，為袁世凱所薦，山西布政使志森為其姪壻，浙江鹽運使衡吉為其邸內舊人，直隸總督陳夔龍則其乾女壻，安徽巡撫朱家寶之子朱綸為劻子載振之乾兒，兩江總督張人駿、江西巡撫馮汝騤皆袁世凱之戚，朋黨相結，盤據要津，實難緘口不言。疏上，廷旨以陳夔龍為奕劻乾女壻，朱綸為載振乾兒，果何所據，飭明白回奏。時監國醇王載灃惡袁甚深，而對奕劻父子劣跡，雖不無所聞，於議親議貴則仍有所迴護也。

江得旨，即將陳夔龍繼妻許氏拜奕劻福晉為義母，陳不赴川任，改調兩湖，實奕劻力，朱綸拜載振為義父，係袁世凱引進，曾購貂掛人參珍珠補服等件送禮，朱家寶不以為諱，且誇子之能，並謂：「臣前劾載振與袁世凱結拜，疏謂語如涉虛，甘坐誣謗，時奕袁同在軍機，竟不敢辯。前之得實，即可證後之不虛，原摺尚存，可取覆按。」詎疏上，竟指為捕風捉影，放回原衙門行走。江遂告歸養，都下寮屬，醵金為贐，江婉謝弗受，林琴南為寫「梅陽歸隱園」，並序其事，海內名流以詩

送行至夥，陳石遺七律一首稱最，句云：「四海爭傳真御史，九重命作老翰林，當誅臣罪非今日，待養親年直萬金，殺馬行藏殊憤激，臂鷹身手任蕭森，他時共領田園興，浮白青山是素心」。張元奇亦有「驚聞朝事若轟雷，屈軼虛生又一回，但惜無人居帝側，空留此疏震全台，茅容有母真歸矣，汲黯平生亦戀哉，五載逐臣頭已白，也曾親持虎鬚來。」末句則張自道其因直諫外放也。

經此次後，台諫諸人無再有繼者，明年辛亥，清社遂屋。林琴南故有詩寄江云：「直諫何曾愧昔賢，偏當危局放歸田，早知破碎難為國，自咽辛酸敢問天，回首翰林官舍在，傷心同德殿門前，可憐四世三公語，果在公歸後數年。」蓋目怵袁世凱竊政，益懷故友也。迨江歿於里，琴南復自都門寄輓云：「八千里外，與子長相憶；二百年來，諫官無此人。」

三十五、趙啟霖強諫持義理

　　言官風聞言事，由來已久。考「風聞」二字，出於漢書，賈逵《國語》註：風、采也，采聽商旅之言，故沈約彈王源奏，有「風聞東海王源」云云。惟司馬光論言官：要以三事為先，一不愛富貴；二重惜名節；三曉知治體。陳黃中之論諫臣，亦云：諫臣之職，本無所不當言，而其要在裨主德，肅紀綱，持大體而已。

　　滿清末造，國事陵夷，上下以頑頓無恥為有度，士夫以模稜兩可為合宜，昏瞀恬嬉，政以賄成。湘潭趙啟霖，時在台諫，抗疏嚴劾，聲震朝野，亦諫垣難得之直臣也。

　　光緒廿九年後，以慶王奕劻為軍機領袖，權勢日盛，其人庸而貪，袁世凱時任直隸總督，奕劻私邸日用，由其供應，遂傾心結納。東三省改設行省時，袁力薦徐世昌充任，由奕劻進言於西后，於是先派載振、徐世昌往東北視察，二人過津時，督署供張甚盛，召女伶楊翠喜演劇助興，載振一見驚為天人。時段芝貴以候補道充北段巡警總辦，窺知其意，急為翠喜脫籍，俟載振公畢返津時獻之，袁復為之揄揚。及三省改制，段以候補道加司銜擢署巡撫，不滿於慶袁者，均大憤激，趙啟霖因抗疏直揭奕劻載振父子、袁世凱、段芝貴勾結為奸。西后派載灃、孫家鼐查辦。袁世凱急命張鎮芳出面，浼天津鹽商王錫鍈擔承，謂實買翠喜為使女，並且親供，載灃等即據以覆奏，趙遂遭革逐。將行，御史江春霖、趙炳麟交輩抗諫，乞收回成命，不報，又抗疏自請黜革，諫垣聞風，亦皆乞退，幾有罷台之舉，清廷始允另旨開復趙之原官。

當趙回籍時，丁惠康贈行句有：「久覺中朝諫革稀，一聞鳴鳳想風期，文章本自驚人事，男子特為天下奇，不耐一官成遠志，即今吾道果何之，百年作計堂堂甚，故國平居淚暗垂。」汪榮贊亦有：「海水群飛白日傾，高邱晚望使心驚，濁醪一石難成醉，雄劍中宵忽有聲，虎豹自依天咫尺，蕙蘭率怯歲崢嶸，長吟徑渡桑乾去，萬樹鳴咽送子行。」皆重惜之也。

宣統初，詔以道員署四川提學使，趙知時事不可為，抵任之明年，即乞歸，民國廿六年卒於家。趙一生學行踵程朱之後，文章在韓歐之間，少慕汲長孺于北溪為人，故能堅持義理，不畏彊禦，晚自號瀞園，於後進猶多所獎掖云。

三十六、李端棻遺事

　　貴筑李端棻（苾園）視學粵中時，得梁啟超，讀其文，詡為未易才，倩王仁堪為蹇修，以妹許之，其愛才重士可見，故李梁份則師生，親則郎舅也。戊戌時，李為禮部尚書，以附於變法革職，與張蔭桓同時遣戍新疆。

　　時交通不便，八千八百餘里，需時兩月餘，端棻年老，行月餘抵蘭州遂病，陝甘總督升允，為請於清廷，暫留蘭州養病，獲准，遂止於蘭州。升允素善端棻，時煦沫及之，供張得以無缺。

　　岑春煊曾執贄於李，時任甘肅布政使，特走謁，執弟子禮甚恭，春煊矜弛不羈，又恃才狂放，旁若無人，李常規之，故師弟之間，不甚洽。某日，岑登門謁敘，復肆口品評時政，端棻以逋臣，懼禍憂讒，因語之曰：「君以貴介登仕服，儀態言語，令人有士別三日之感，而京官與做外官，又復不同，所謂君子豹變也，甚盛甚盛！惟昨督過談，謂君實大聲宏，微惜才華太露，如時惕於滿招損、謙受益之訓，前程豈可限量？至於朝政是非，此時似不宜率爾發言，蕢菲之謗，可懼也！毋貽噬臍。」

　　春煊自大成性，聞而怫然，既而肅然揖而言曰：「師門訓誨諄諄，敬聞命矣，敢不自勉！抑弟子亦願貢一言：朝廷以吾師觸國法，使荷戈西域，原來朝廷之詔命，遣關外者，不能滯留於關內，丈夫可死則死，何能稱病而冀君父垂憐，以紊國法？春煊粗魯無文，罔識忌諱，但心有所思，用敢率直言之，惟吾師有以教之。」端棻默然，拱手謝受教。數日後，即摒擋

行裝，不計病憊，西出玉門，升允苦留不獲，厚贐之而別。

　　端棻既遠戍，不一年拳亂遽作，乘輿播遷，痛國威之墜落，國權之凌夷，發為歌詩，以抒忠憤，辛丑後遂被赦回里，旋掌教貴州書院，猶復以獎勵後進開風氣為己任。黔中鐵路礦產，數國爭欲投資，端棻首倡自辦，以杜外溢。以光緒卅三年十月十二日病逝。逝前數日，猶寄書啟超，曰：「昔人稱有三歲而翁，有百歲而童，吾年雖逾七十，志氣尚如少年，天未死我者，猶將從諸君子之後，有所盡於國家也」！生平制行方正，而和以待人，自奉淡泊，而博施濟眾，服官數十年，嚴絕苞苴，杜絕侵冒，其總督倉場時，睹漕運之極弊，抗疏盡撤漕倉諸官，而自乞退職為之倡，時論賢之。卒後，啟超在日本，馳書述哀，並銘其墓。

三十七、譚嗣同詩文雋永

　　譚復生（嗣同）死於戊戌之變，梁啟超稱之「為中國憲法而流血者，君其第一人也」，蓋指君主立憲而言。復生為譚繼洵子，幼失母，與同母兄嗣襄，均見虐於父妾，故操心危而慮患切，豪放任俠，慷慨而近於褊激。所著《仁學》，衝破禮教藩籬，尤使聞者咋舌。戊戌時，復生最急進，其行事屢見各家記載，茲擷其詩文之雋永處述之。

　　復生書法與文章並有可觀，詩筆尤健。詩體數度演變，其〈報劉松芙書〉有云：「嗣同於韻語，初亦從長吉、飛卿入手，轉而太白，又轉而昌黎，又轉而六朝，近又欲從玉谿，特苦不能豐腴。」其遺詩七古近昌黎，如〈秦嶺〉：「秦山奔放競東流，大氣莽莽青嵯峨，至此一束截然止，狂瀾欲倒迴其波。」凡四十六句，氣魄雄渾。五言近王孟，鍊字則如長吉，如〈道古山〉：「夕陽戀高樹，暮靄入青峰，古寺雲依鶴，空潭月空龍，塵消百尺瀑，心斷一聲鐘，禪音渺何著，啾啾階下蛩。」五古似六朝，如〈湘痕詞〉八首之一：「爾知百年內，此生無久理，猶冀及百年，雖死如不死，豐林秋後凋，嘉卉霜乃萎，孰謂少壯人，一去不可止，哀哀父母心，有子乃如此！」七律矯健悱惻兼而有之，如〈除夕〉：「年華世事兩迷離，敢道中原鹿死誰，自向冰天鍊奇骨，暫教佳句屬通眉，無端歌哭因長夜，婪尾陰陽賸此時，有約聞雞同起舞，燈前轉眼漏聲遲。」

　　其文尤多雋語，如：「見萬年前之僵石，有植物動物痕跡存其中，大要與今異，天地以日新，生物無一瞬不新也，今日

之神奇，明日即已臭腐，奈何自以為有得而不思猛進乎？」又云：「人心難靜而易動者也，結冤甚易，解之甚難，靜之以和平，天下自漸漸帖服。動之以操切，皆將詭詐流轉，以心相戰，由心達於外，而劫運成矣？」又云：「心之力量，雖天地不能比擬，雖天下之大，可以由心成之毀之改造之，無不如意。即如射不入石，此一定之理，理者何，即天也！然而至誠所感，可使飲羽，是理為心所致，亦即天為心所致矣。」又云：「達則兼善天下，不知窮亦能兼善天下，且比達官之力量更大，蓋天下人之腦氣筋皆相連，此發一善念，彼必有應之者，如寄電信然，萬里無阻也。」又云：「見一用機之人，先平去自己機心，重發一慈悲之念，自能不覺人之有機，而人之機為我所忘，亦必能自忘，無召之者自不來也。此可試之一人數人而立效，使道力驟增萬萬倍，則天下之機，皆可泯也。」復生治墨學甚勤，多學道有得語，識梁啟超後，喜其新，漸以俚語新詞見於文字矣。

三十八、王悲菴清狂拔俗

　　王悲菴，原名王同，安徽英山人，以善畫稱，蓋振奇士也。自幼傾心革命，袁世凱竊國時，悲菴於六安等處，宣傳反袁，嘗一夜張貼反袁標語，達數十里。事為安武軍倪嗣沖所聞，嗣沖蓋矢心於袁者也，使人緝捕，弗獲，遂抄沒其家。其父老且病，儼不能即遷，倪軍鳴槍嚇之，驚墜牀下，遽死。悲菴聞喪，不能赴，而捕者益急，乃遠走湘粵間，改名悲菴，以誌終天之憾與不戴天之仇，饑不得食，則鬻藝自活。其畫：人物、花卉、翎毛，皆精工，山水之作較尠，最善寫佛像，興酣落筆，則隨意勾勒，寓感時嘅世傷事惜物之情，其作風或有同於後來之「漫畫」者。立有潤格，自書某件每尺每幅若干，榜於所居，然必視其人與興之所至。不當其人，雖千金難獲片楮，不乘其興，則經月難落一筆。

　　譚組安先生於悲菴，頗為推許，遇以客卿之禮，悲菴亦以組安能下士，事之惟謹。其貌癯而削，鬢眉稀疏，髮髦髦不一理，睛小而紅赤，菲衣敝履，泰然自若。或嘲之，自指其頂曰：「是蓋飄飄若仙也」！嘗言其生活備有天上、地獄、人間三種不同境界，而皆能安之，時或高樓巨廈，飇車往來風塵酒肉中；有時則風餐露宿，終日未嘗舉火；有時委巷窮簷，踽踽人群；而俱悠然自得其樂，非深嘗世味，不能達此渾然大化之境域也，民國十五年，北伐軍興，悲菴隨軍至武漢，從事革命圖畫宣傳，旋任職於安徽《民國日報》，槧鉛之暇，輒聚飲市肆間，壺觴既具，談笑風生，談天下事，每能鞭辟入裡，雜以雅謔，然傷心人別有懷抱，常以諧趣開始，以太息終場。其夫

人黃靜宜，湘中女子，少於悲菴者二十齡，生兩女一男，伉儷之愛甚篤，然無米為炊，則巧婦亦難，灶突無烟，則攜諸兒就悲菴，悲菴一見，口中作「荷荷」聲，於懷中摸索久之，得錢則悉以奉，無亦「荷荷」，命人就麵肆取賒，暫供一飽，及肆主取值，又「荷荷」囑以明日，每有積十餘日始一償，償則盡所取。同人有與通緩急，遇有餘錢，多少隨意，亦從不計較，然貸者知其窮，亦弗忍負。

民十七夏，報社改組，悲菴遂賦閒居，寓安慶城西之王家巷，生事益困，冬遊上海，滬上諸素識為之揄揚，並為籌備畫展，詎以微疴纏綿，扶病返皖，翌年夏，遂一瞑不復視矣。

三十九、記涉江道人

漳浦黃石齋道周,殉明末國難,正氣浩然,其墨迹流傳至今,藝林宗為壞寶。嘗見其楷書孝經卷子,長凡一丈七八尺,黃絹朱絲,小楷全仿鍾法,後有其自跋:「五引詩於五孝之首,先引詩而後釋之,此古人通例,後人不解,遂有庶人章無詩之疑。」等語,極見精卓。卷末題識者甚多,尤愛涉江道人題句:「孔道大無垠,根自孝弟始,不作亂犯上,可以希君子。宗聖繼其傳,孝經因以起,由漢及宋明,作者相逍邐。巍巍黃漳浦,道繼昔賢軌,學足究天人,孝亦悟聖旨。廣川及中壘,千古笑相視,脫乃移作忠,一死成萬足。平生遊藝餘,上追鍾大理,人間傳百本,劫火恐無幾。我生憂患間,饔飧不及旨,布衣不暇暖,更不論紈綺。至寶忽見投,捧手三日喜。裝潢謹什藏,焉敢匣輕啟,如魯之璵璠,如秦之和璽。又如杜林書,一卷同臥起。可以資服膺,可以資禔祝,可以訓子孫,可以銘筵几。舉世方尚奇,孔書等脫屣,棄置匡隅間,誰能尊視此?晴窗聊自玩,古色逾瑚簋。」涉江道人為唐元素(晏),原名震鈞,字在廷,唐式梁(傑)子,曾為京師大學堂教習,辛亥清亡,居滬,改名字,授徒鬻文自給,嘗設麗澤文社及晦鳴學社,從遊者甚眾,潮陽鄭國勳以服賈起家,年逾三十始折節讀書,刻龍谿精舍叢書,禮延唐及王乃徵等為之校訂,於唐尤禮重,北面稱弟子焉。

涉江修髯廣顙,聲若洪鐘,步履輕健,飲啖不下少壯,精鑒賞,好讀書,著述甚富。端方督兩江時,涉江方居揚州,忽得電招赴寧,知好以為將有檄委,涉江不謂然,及趨轅投刺,

端延入其齋，款留數日，以所藏名拓數種，囑為品題，數日而返。生長貴盛，而儒素若寒士，晚歲居上海法租界馨德里小樓中，布袍一襲，終日伏案編摩弗輟，間與諸名士遊讌，好酒，飲輒盡醉，蓋感亂傷時，以自澆魂壘，陳石遺謂：「元素明達事理，雖身際喪亂，有哀痛而無憤激」。……於其集中飲酒諸作，詡為「漸離之筑，雍門之箏」，其〈感興〉云：「誰遣蚩尤造五兵，至今餘禍未能平，哀黎板蕩過三載，怨魄酸辛到九京，天上遊雲幻衣狗，世間側徑鬥貍貁，分明蕩蕩便便路，偏向盤紆險處行。」其時軍閥爭戰頻繁，而倒孔仇孝雜作，涉江傷之，其題黃書孝經，蓋有激而云。某次，甘翰臣招飲，出所藏五十餘年白蘭地酒留飲，大醉一日夜始醒，旋益縱酒，麴蘖雜進，終殞厥年。民十一秋卒，生平節衣縮食所得板本字畫，皆散佚。

四十、譚延闓與江標父子

　　小萬柳堂舊藏有卞玉京畫幀及楹帖，或曰贋也，江建霞題其畫云：「愛讀琴河感舊詩，楓林霜信嘆來遲，秋風紅豆相思種，定為蕭郎寫折枝。」題楹帖二絕：「想見衫舒釧重時，玉窗香繭界烏絲。獨愁一事梅村誤，不譽能書祗譽詩。」「舉舉師師姓氏迷，飛瓊仙迹近無稽，蠶眠小字珊瑚押，莫誤楊家妹子題。」才人吐屬，自是不凡。建霞名標，一字師許，江蘇元和人，光緒己丑翰林，放湖南學政。時在甲午以後，士夫競以新學為倡，署理臬司黃遵憲、巡撫陳寶箴及子三立，皆與之賡同調，復得湘人士譚嗣同、熊希齡、唐才常之協同，有時務學堂、《湘學新報》、南學會等之設。時務學堂聘皮鹿門講學，熊希齡親為搖鈴；皮作醒世歌，有「若把地球來參詳，中國並不在中央，地球本是渾圓物，誰居中央誰四方」之句，為守舊派葉德輝等所激烈反對，葉嘗以「鹿皮講學，熊掌搖鈴」謔之，及見皮子之歌，竟致書謂為「破夷夏之防」，且曰：「甲午之役，中潰而日興，則中國淪於半教，驢鳴犬吠，詎曰知時，蠶食鯨吞，無非肉弱，非我族類，仇視宜然。……人云亦云，問之此心，天良胡在。」江與持論不洽，至於交鬨，然湘之士子則多不滿於葉。迨戊戌政變，江已去位，仍被斥革驅逐回籍之命，並交地方官嚴加管束。次年正月，復遭回祿，盡喪所有，十月憂憤病死，年甫四十。葉昌熾嘆為天生美才，不善用之，摧殘沮抑，至於不永年，良可痛惋。

　　建霞外家華氏，藏書甚豐，少隨母居外氏，得盡讀所藏書，後從葉昌熾遊，學益精進，天分絕人更能潛心樸學，其靈

鶼閣叢書，嘉惠士林靡尠。於金石文字多所闡述，嘗篆說文部首，仿獵碣文尤精絕。子小鶼，建霞逝時方十二三歲，後以所遺藏書十萬餘卷，以五千元讓售於武進盛氏，資小鶼遊學，習雕刻。譚延闓為建霞督學時所得士，辛亥後，開府三湘，每過滬，必至江家謁師母，如師在時。民國七八年間，譚居滬，適江夫人移居白克路白克里，遣人致儀以賀，翌晨並登門申候，詢新居之價，江夫人告以廿金租賃者，並述連年徙宅之苦。譚辭歸後，即命人奉以五萬元支票一紙，請以購所居之屋，聞者無不高其篤於師門之義焉。

建霞美丰標，《孽海花》說部中之姜劍人，即隱射建標，小鶼亦綽有父風，《留東外史》之江清，即述其豔事，後從日赴法深造，回國後任職上海美術專校，陳英士先烈在西湖所鑄銅像，即其手塑，延闓當國欲官之，辭不受，抗戰時歿於昆明。

四十一、青芝亭與癸卯學社

　　嘉義青芝亭，為嘉邑人士紀念故國民政府主席林子超先生留臺事蹟而建，謝冠生撰聯有「英雄落魄困泥塗，念吾黨先賢養晦曾居此地」語，蓋實錄也。林氏再度來臺，為甲午後之第四年，時臺灣新割，後藤新平等以暴力臨臺民，誅戮甚慘，閩臺原屬一省，痛癢最切，以日人在臺勢力尚淺，人心思漢，思策翻重光，以成海外扶餘。先是林曾服務臺北電報局，於臺省原多素識，來臺後，寓臺北幾半年，以日人防伺嚴，乃轉嘉義，以法院通譯為掩護，終感於事無可為，鬱鬱返閩。時林文先烈，以滬上革命團體，宜統一領導，請於國父，召子超赴滬主持。

　　初，旅滬閩人黃綬、黃緗兄弟，及黃紀星、林君漢、涂開渠、朱煥星等百餘人，恫於清政之窳，瓜分禍迫，曾分組達文社、醒社，及崇實中學等，傳播革命思想。子超抵滬後併組福建學生會，被選為會長，林文、林尹民、方聲洞、陳與桑諸氏均以之為聯絡機關，曾刊印《瓜分慘禍預言》，《福建存亡》等書，廣為散發，同盟會成立時，子超遂以全體會員納入組織，然崇實學校，卒以此為上海道所封閉，林亦轉赴九江，另組閱書報社，為革命工作。

　　黃綬兄弟於林離滬後，將會事付於潘訓初，返閩組醒社於莆田，進行革命愈力。迨辛亥光復，黃、林、涂、朱諸人，功成身退，集原創各社諸人，併力講學，樹勵風氣，稱癸卯學社，以閩省革命思潮，實始於癸卯，故以名社，誌弗諼也。並建有紀念塔，以垂久遠。

辛亥冬，張溥泉、居覺生、田梓琴諸先生，偕子超啣命赴閩，組織黨支部，極致贊許，黃氏兄弟並以紀念塔題頌為請，溥泉先生欣然諾之。以為「文人相輕，多存門戶之見，其能降心相從，團結無間，世所罕有。容即有之，亦不過一時利害相結合，事過境遷，又復離析。此無他，私心根於內，榮利歆於外耳，癸卯學社能數十年如一日，至為難得。」……並題頌云：「鄭露造士，養浩然氣。正誼明道，弗計功利，流風薰育，代出俊乂。魚魚雅雅，淵源有自。革命致力，光復克濟。奔殿不伐，謙德抑抑。罔於門戶，方以類集。繼往聖學，為後世礪。高山仰止，閩江無極。」溥泉於辛亥時，為福建代表，子超為九江代表，皆不以本省人為代表者，故與閩籍同志為較接近。

四十二、寒山寺詩碑與唐鐘

　　蘇州楓橋鎮寒山寺，為六朝古剎之一，自唐張繼題「月落烏啼」一詩，垂為勝迹，寺內所鐫石刻，舊為明文徵明所書，洪楊之役，燬於兵燹，僅存四五字而已，其完整者，則為程雪樓所立，字則俞曲園所作，抗戰時復燬。卅六年十二月，吳湖帆等以張溥泉先生，適與唐代詩人同姓名，乃請濮伯欣轉求重書此詩泐石，溥老欣然應之，不意書成翌日，溥老猝病下世，此作遂成絕筆，亦文字因緣之佳話也。寺內另一詩碑，則康有為所書，句為「鐘聲已渡海雲東，冷盡寒山古寺風，勿使豐干再饒古，化人化到不空空。」另有萬繩栻題七絕兩首：「掉首寒巖迹已陳，樺冠木屐去來頻，問他橋畔停船客，省得鐘聲有幾人？」「古剎豐碑劫運銷，摩挲誰與認前朝，山僧不解興亡恨，祇閉禪關拾墮樵。」

　　相傳寺有唐代所鑄紫銅鐘一，民初為日人輦往扶桑，寺中所懸者贗也，故康萬詩中感慨系之。按唐鐘未知燬於何時，葉昌熾寒山寺誌云：「唐鐘鍊冶超精，雲雷奇古，波磔飛動，捫之有稜，余所見寶室寺景龍觀鐘拓本，皆如此。惜此寺筍簴久虛，明重鑄一鐘，又銷為鋒鏑。」……另據百城烟水載稱：明嘉靖間僧本寂鑄鐘建樓，遇倭變銷為礮。唐六如化鐘疏：「木鐸徇於道路，周官所以警其頑愚；銅鐘司其晨昏，釋氏所以覺夫靈性。解魔王之戰鬥，上振天宮；緩眾生之悲酸，下聞地獄。所以提婆尊者現神通而外道無言，本寂禪師悟真筌而古德讚頌。實名法器，厥號大音。本寺額號寒山，建始普明。殿宇粗備，銅鐘未成。月落烏啼，負張繼楓橋之句；雷霆鼓擊，愧

李白化城之銘。今將鼓洪爐以液精金，范土泥而鑄大樂。舉茲盛事，用叩高賢。增壯山門，惟祈樂施。啟千門之曉，潛蟄皆興；夙萬戶之昏，魚龍盡息。莊嚴佛土，利益人天。慧日增明，福田不薄。以茲疏告，仰冀垂明。偈曰：姑蘇城外古禪房，擬鑄銅鐘告四方。試看脫胎成器後，一聲敲下滿天霜。」……即作於其時，惟日久刻石漫漶，已不可讀，六如以點秋香傳於眾口，故其疏以人而傳，而鐘則早已銷燬矣。

太平之役，胡雪巖以商人致鉅富，曾捐贈日本所鑄之鐘一口，聲清越而不洪宏，清末陳夔龍撫吳，修寒山寺並鑄一鐘，即寺中之新鐘也，藩臬以下各官，皆泐名於上。俞曲園〈新修寒山寺記〉，中有「堂之西，尚有隙地，乃構重屋，是曰鐘樓，鑄銅為鐘，懸之其上，以存古蹟。……」之語，可知抗戰時日人取去之鐘，不特非唐物，亦非明嘉靖間所鑄，實為陳夔龍所鑄之新鐘耳。所可怪者，明鐘以倭難銷燬，新鐘亦以倭變被奪，康有為等則未明究竟耳。

四十三、袁世凱與丁未政變

前清光緒卅三年，瞿鴻禨（子玖）以翰林院侍讀學士惲毓鼎奏劾，罷歸田里，世稱為「丁未政潮」。其表面原因謂為「暗通報館，授意言官，陰結外援，分布黨羽」諸情節，實則奕劻與袁世凱與瞿分派，以瞿立赦戊戌黨人，指為意在復翻變法前案，圖謀歸政，媒孽於慈禧之前，適觸老婦之忌也。

鴻禨以才敏負時望，且以其貌酷肖慈禧親子載湻（同治），故深得寵眷。辛丑三月，清廷為敷衍中外人心，聲言變法，創設督辦政務處，為籌辦新政之機關，以鴻禨及奕劻、榮祿、王文韶、鹿傳霖為督辦政務處大臣，李鴻章、張之洞、劉坤一亦遙為參與，實則為軍機處之駢枝機關耳。李鴻章下世後，九月以袁世凱署直督，旋亦參與政務處，翌年實授後，復命兼商務、路政、電報、練兵等大臣，頭銜重疊，成為一時大紅大紫人物，朝有大政，每由廷寄詢於袁，資取決，天下仰望風采，儼以袁為社稷臣矣。迨丁未政潮發生，袁之勾結奕劻，濟惡怙權之惡形畢露，朝野始皆側目。

世凱初附榮祿，榮死於癸卯三月，遂由奕劻繼之為軍機領袖，世凱夙知劻貪黠好貨，陰與援結，並隱為謀主，劻利直隸每月卅萬之賄，亦深引為心腹。瞿鴻幾與奕劻同值樞垣，於袁之遙制朝政，時主裁抑，奕劻袒袁，每與瞿爭持，因不相能。世凱初亦思媚鴻禨，屢以執贄門下為言，鴻禨婉卻之；繼又請為昆季之交，亦不見納；某年鴻禨為子娶婦，世凱致賀儀八百金，復不受。世凱忌憚益深，遂與劻合謀排擠。丁未三月，岑春煊請覲至京，召見後，即面參黨附奕袁之郵傳部侍郎朱寶

奎，並於奏對時屢稱奕劻貪庸，世凱跋扈不可用。慈禧以春煊有扈從功，頗加眷倚，又知其與奕袁柄鑿，欲兩解之，因詢以曾晤奕否？岑曰：「未也」。慈禧曰：「爾等同為朝廷辦事，允宜和衷共濟，何不一謁」？岑曰：「慶邸門包有例，無錢以供婪索，即有之，亦不能作此用也。」慈禧顧而言他始罷。劻與世凱聞之益忌憚，而趙啟霖劾段芝貴獻楊翠喜事繼作，益以趙為瞿門下士，疑鴻禨授意，且與岑相合，後患終不可免，世凱遂獻調虎離山策，以粵省革命風潮澎湃，周馥年老，不勝其任，宜知兵及威望如春煊者，乃足以資鎮撫為詞，授於奕劻，使請獨對。周馥者固袁之姻舊，為擠岑故不得不賣周矣。於是春煊遂奉督兩廣之命，實奕袁計遣之也，繼之鴻禨亦彼劾罷相，其設詞之工，布置之密，用心之狡，設計之辣，即自稱明察如慈禧亦墜其彀中，世論袁不學而好弄術，其僥倖由於此，其失敗亦何嘗不由於此？

四十四、蔣式瑆疏劾奕劻

　　中國國家銀行，始於前清之戶部銀行，為庚子亂後所設政務處之新政之一，於光緒卅年甲辰二月開辦，後戶部及財政處復奏請改組，於卅四年春，易名為大清銀行，資本額為四百萬兩，除撥庫帑二百萬兩作為基金外，餘額則由官民分認。其時戶部尚書為鹿傳霖，首先將廉俸認股示倡，但應者寥寥。御史蔣式瑆以軍機大臣慶王奕劻父子好貨，苞苴日富，皆以貯外國銀行，遂具疏入奏，略云：「臣風聞上年十一月廿二日，俄日宣戰消息已通，奕劻知華俄銀行與日本正金銀行之不足恃，乃將私產一百二十萬金，送往東交民巷英商匯豐銀行存放。該銀行明其來意，多方刁難，數四往返，始允收存月息僅給二釐，鬼鬼祟祟，情殊可憫。……該親王自簡授軍機大臣以來，細大不捐，門庭如市，伊父子起居飲食車馬衣服異常揮霍不計外，尚能儲此鉅款。……應請於召見該親王時，命將此款由外國銀行提出，撥交官立銀行入股，俾成本易集，可迅速開辦。將使商民聞之，必眾口一辭曰慶親王尚肯認此鉅款，吾儕何所疑懼，行見爭先恐後，踴躍從事，可以不日觀成矣。……」奏入，諭鹿傳霖等往查具報，但銀行存款賬目，例不示人，遂以查無實據，而蔣式瑆亦以「毫無根據之詞，牽意陳奏」，飭回原衙門行走示懲矣。

　　此案初疑有主使者，後悉其起因，由於匯豐司事華員即所稱為華買辦者，與載振（奕劻子）遊讌妓寮，以爭昵所歡，為振所辱，因言於式瑆，謂「劻某新貯鉅資，君可疏劾之，行察時，劻若託銷簿籍，則此款爾我朋分，君可富；倘不我託，則

我迺以實告察辦者,則劻必罷樞要,君之直聲且震天下,更必獲大用。」式珵喜,從之,遂有此疏。當時,劻果震駭,託司專者註銷存據,得以查無實,含糊了結,式珵雖失官,竟分三十萬,驟至富裕。先是,式珵續娶王氏,奩貲巨萬,入門後,以蔣貧,用度浩繁,數年後,其貲遂耗,王氏不能安貧,閨幃之內,勃谿時作,式珵頗不能堪,故聞銀行司事之言,大喜過望,夕授計,朝即拜疏以入。

及既朋分得金,乃市新宅,廣庖廚,盛衣飾,以媚其婦,且投資京師電燈公司為股東,擢總理職位,與異之氣概,儼如兩人,世遂皆知其所由來矣。有好事者撰楹句云:「辭卻柏台,身無懈豸;安居華屋,家有牝雞。」夜分以洋漆寫其門牆上,滌之不可去,其事遂遍傳都下。瞿子玖聞之歎謂:「奕劻庸昏務得,宜其有此,而言官參奏事件,竟以自圖,亦大難矣!」

四十五、丁惠康孤子曠邈

　　豐順丁惠康，字叔雅，自號惺庵，丁雨生（日昌）第三子也。雨生以諸生起家至巡撫，歷江蘇福建，有能名，去官後僑寓揭陽，以圖籍自娛，極文酒園林之樂，惠康髫齡侍側，盡識勝流長德，並默識其論學條理。既喪父，頗豪宕不羈，忽翻然有悟，盡洗習染，閉戶力讀，發家藏書盡讀之，諸經外周秦以下百家九流訓詁詞章之學，悉皆涉獵，落筆為文，寄趣幽遠，見者許為魏晉人風格，顧其性情亦如其文，雖為邑諸生，而惡世俗科第，齷齪不屑也。

　　旋北行，將讀書國學，時張百熙領學事，得惠康文，大為稱賞，拔置第一，惠康見學中諸人，多醉心利祿，而潛心奧業，希蹤往哲者絕少，遂無意，百熙必欲得之，使人致殷勤，不得已勉徇其意，卒捨之去日本，返國後嘗參廣州學務，不久亦棄去。

　　庚子拳亂時，惠康居上海，清廷召李鴻章北上議和，至滬時，惠康大集南北志士，銳意欲有所為，並面謁鴻章於行館，勸以延攬人才，速定大計，鴻章不能用。先是報紙騰載，興中會同志致香港總督卜力以「平治章程」，並有勸說李鴻章獨立事；而李亦有「矯詔粵斷不奉」之表示，北上時在滬逗留兩月，頗持觀望，世以為李或將有所為矣，故惠康亦以為勸。實則港督與李所談，重在載湉親政而已，李之不動，則以懲辦禍首之議未定，其心中僅以「認賊作子，則人心未安，……手無一兵一旅，即使奔命赴闕，徒為亂臣賊子作菹醢之資」為惴惴，故遲其行，非能有所為也。

惠康貌瘦削，或告以酷似王介甫，則陰喜自負，百熙曾薦舉經濟特科，不應，自是往來京滬間者十餘年。在京時，一室無塵，圖史插架，古琴張壁，日用瓶爐盆盎杯盤多古磁，而日用常無以自給，隆冬無裘無炭，中寒傷肺，病嗽嘔逆。友人書訊近狀，作詩答云：「因君厚愛翻成愧，而我何能爾許奇，白眼加人來俗子，黑頭虛夢笑癡兒。抗懷敢作千秋想，入世曾無一事宜。常恐後生描畫盡，豈知窮老苦吟詩。」又和何穆□韻：「白髮稍侵感向晨，眉頭久分未能伸。謝公小字名為客，江總驚心本恨人，拼取一生送杯酒，劇憐十丈染緇塵。嗟余此去江南路，寂寞題詩自餞春。」趙啟霖劾慶袁罷官還湘，惠康亦有贈詩：「久覺中朝諫草稀，一聞鳴鳳想風期。文章本自驚人事，男子要為天下奇。不耐一官成遠志，即今吾道果何之。百年作計堂堂甚，故國平居暗淚垂。」皆憂時傷世語，其孤子之懷，曠邈之想，蓋如此！以宣統元年四月卅日卒，年四十一，醫藥殯殮皆曾蟄庵（習經）任之，並歸其喪。

四十六、吳保初抑鬱窮途

　　清季，陳三立譚嗣同、丁惠康、吳保初並稱四公子，皆以文采風概聞於世。保初為吳長慶次子，字彥復，又字君遂，幼文弱穎異，長慶以為非將種，使入都，師事寶竹坡（廷）。時竹坡方以自劾罷官，貧甚，幾無以自存，長慶固雅慕文章氣節，傾結當世知名之士，知其貧也，歲貲助之。竹坡亦喜保初俊發，命與其二子壽伯昆兄弟共讀，春秋佳日，則縱意詩酒山水間。以是，保初濡染之，亦好為清析閎肆之詩，與沈曾植、陳衍諸人，深相結交，詩日以進，然保初事事效法竹坡，所為詩千百言立就，不愜意輒棄去，今所傳《北山樓集》千餘首，僅其十之一二也。

　　旋以蔭生補刑部主事。時剛毅為刑部尚書，自命刑名家，頗專斷，值秋審，保初持律守正，與爭一獄讞稿，反復諮諮持不下，剛斥之，保初亦怒，擲稿於地，自褫公服，出署竟去，遂居上海。時那拉后方臨朝，各方報效麕集，逸樂自耽，朝政日敝，保初電請歸政，既而康梁倡議新法，保初亦以國勢岌岌，非變法無以圖強，則奔走號召，而宮妃適有粵海關、江海關譖價之獄，由宮闈之爭，轉為母子之爭，更激而成戊戌政變，又激而成庚子拳亂，國內鼎沸，唐才常諸人，方謀起事於漢口，上海愚園之會，保初與焉。才常欲邀保初赴漢，將行矣，其兄保德懼遭株累，將告密，又與保初妻謀，以事紿而陷之，保初嗣子炎世，以告保初，遂走日本，辛丑後，始歸國，而袁世凱已繼李鴻章主北洋矣。世凱故為長慶幕下隨員，聞保初歸，月致二百金，使居南京，勿居上海，繼又增百金，約以

三事：不入都，不談時政，不結交新黨，恐其不慎而及於禍也。袁入樞，楊士驤繼，益為五百金，保初與丁惠康、陳瀏、方爾謙諸人，遂各有所娛矣，保初、爾謙收藏古錢，陳瀏玩古磁，惠康以古琴宋槧富，聚則各談其寶。士驤卒，端方繼任，偶相見，忽詢保初：「得爾師季直書札否」？保初曰：「張謇為先君幕下客，非吾師也」！端方故佻儠，戲之曰：「小子，師可背乎？」保初怫然曰：「公亦太不莊重矣！滿洲人之橫肆者，殆無逾剛毅，吾斥之至不能聲，若何人乃敢爾？」拂衣逕出。自是轉徙窮病，猶時典衣留客，嗣子炎世以喉疾前卒，保初傷之甚，抑鬱遂死。時民國二年正月十六日也，年四十五。保初與妻既無伉儷情，其姊買妾與之，名王姹；滬妓金菊仙者，善書通文理，不嫁富人子，委身保初，保初狂喜，字以彭嫣，時有「姹紫嫣紅總是春」之謔，彭嫣嗜鴉片，保初窮時不能供，卒下堂去。

四十七、劉裴村（光第）耿介精嚴

梁啟超為劉光第傳，自言「與裴村未諗，不前詳記其行」。又言「劉於南海未嘗通拜，但於保國會識一面」而已，然劉實坐康黨以死，天下冤之。

光第原字培生，蜀之富順人，家奇貧，而意氣卓犖，不以貧廢讀，未冠應童子試，縣令奇其才，厚其膏火，因得壹志讀書，舉鄉試後，聯捷成進士，授刑部主事，在官十餘年人罕有知者。治事精嚴，為司寇所重，會以讞某獄，司寇受人私謁欲枉法徇之，光第不可，慨夫直道難行，遂絕迹不至署。尋丁憂返蜀，敦授鄉里，提倡實學，蜀人欽之。

性端重敦篤，不苟言笑，志節巉然，又博學能詩文，擅書法，詩宗韓杜，字則學顏平原，氣首森竦嚴整肖其為人，稠人廣坐中，或終日不發一言。又喜遊覽，家居於峨嵋，方山諸勝輒數遊，又嘗乞假入閩武平，謁祖墓，祖某為明末御史，蓋閩人也。歸途出粵東，浮江西上，登匡廬，獨持雨蓋懷餅餌入山，見虎食人血肉狼藉，避宿古寺，明日倩牧豎導之乃歸。居京時，避塵囂僦居西郊廢圃，茅屋數間，躬耕課子，惟老僕守門，其妻隨之入都，十一年未嘗一出門，炊爨洒掃皆躬任之，友至，則沽白酒煮芋麥飴客，所居柳下湧醴泉如珠，太常仙蝶亦翩翩至，或以為奇，光第嘅然曰：天下紛紛，我輩安得侈符瑞自詑哉？

光緒親政，新法議起，康有為聲譽隆赫，頗欲傾結，光第不與識，其入軍機參新政，以陳寶箴之薦，寶箴未嘗與光第相見，光第亦無求於寶箴，華陽喬樹柟者，與寶箴子三立交，時

稱述光第行誼，寶箴愛才，舉以入告，遂有是命。初入樞時，首輔禮親王生日，同僚皆有餽獻，光第不餽亦不往賀，語人曰：「受恩公朝，拜恩私室，吾勿為也」。又語所親者曰：「變法事大，吾終不任，行將急假歸矣。」

　　黨禍發，緹騎到門，其妻方踞地澣衣，以其為僕嫗也，叱曰：「爾主何在，我提督衙門來者。」光第適他去，卒搜其室，告人曰：「劉夫人如老嫗，帳被貧簍，乃不似一官人。」歸聞訊，乃自往刑部報到。張之洞聞光第被逮，電王文韶曰：「光第本即出京，之洞留之，如必見殺，則是之洞殺之也。」文韶不敢奏。八月十三日，獄吏提人，諸人未知將刑，光第故刑部吏，至門詫曰：「未訊而誅何耶」？命跪聽旨，光第復抗言：「獄例即盜賊臨刑呼冤，提牢官亦代陳上官復訊，我輩縱不足惜，如國體何？」皂役捺其跪，崛然不允，楊銳曰：「裴村跪！跪！」乃跪。臨刑嘆曰：「吾屬死，正義盡矣！」斬後，頸中有白氣一道沖出，其子赴市伏屍痛哭百夜，血淚斑斕，聲竭以死。

四十八、楊深秀傷困牝雞

　　楊深秀過韓侯嶺詩：「寄食既不終，南昌一亭長；推食仍不終，泗上一亭長。食人死事縱自期，無那二人各有妻；亭長妻存漂母死，傷哉國士困牝雞。」此為其某年赴省試謁祠之作，深嘆淮陰國士，困於呂雉，有感而作，詎知其自身終亦被困牝雞耶？故或以為詩讖。

　　深秀字漪春，山西聞喜人，十二歲補縣學附生，光緒己丑成進士，官山東道監察御史。坊間印本有戊戌六君子遺詩，諸人中似以深秀為最，蓋其根柢盤深，筆力盪決，而又皆詩人之詩。右述一詩外，尚有〈湯陰夜過，未能瞻禮岳祠，用店壁韻書意〉一首：「直搗黃龍奏凱歌，金牌不受奈君何；太行無限英雄骨，化石猶然望渡河。」「五國城中望眼枯，罪臣歸首竟西湖；他年把臂于忠肅，羨爾功成始受誅」。「又見金陀撰粹編，忠臣子孝更孫賢；頗聞近有湯陰岳，殺馬不馱秦澗泉。」皆其為秀才時所作，於岳子二少保，皆深致崇敬。

　　戊戌維新議起，深秀上書論國是，主張廢科舉，譯日本書，派親貴遊歷外國，遣學生留學日本，所條陳新政最多，而支持康有為亦最力。蓋自光緒辛巳三月，慈安暴殂後，朝政一操於慈禧之手，狂妄姿肆，土木遊宴之風滋盛，赤鳳之謠，揚華之歌，怨口流傳，幾成事實，甲申見逼於法，甲午又敗於倭，外難日迫，國勢阽危，而宮闈恬嬉，朝官惟以粉飾太平為固寵取悅，深秀久在言路，蒿目時變，久思棄官，會以兄喪，已擬請假出都，適其子得拔貢，遂留京待其朝考，錄其〈鞠歌行〉四首之二，足徵其牢騷滿腹，有不自已者，句云：「吾昔

年十二，號為千里駒，常足青雲上，豈有下民敢侮予？大來漸漸更事久，忽復嗒然喪其耦。劍敵一人書記姓，所著只堪覆醬瓿。如此頭顱欲何為？祇應閉戶學雌守！嗚呼當時神駿姿，豈意今成牛馬走。」「久宦減兄產，遠遊廢父書，僕本農家子，何必懷此都？拔刀斫柱誓歸去，求食不爭鵝與鶩，身後名與身外事，蹀躞十年被爾誤。陸沉金馬門，不異蝨處褌，念此世間無窮已，中夜漣洏不能言」。

迨其子朝考不用，遂膺參新政之命，不及出都，終罹於難。被刑後，其子抱屍滾地慟哭，殮後，五人遺柩均停於三官廟，惟深秀柩借民房三日，發喪受弔，士夫輓章詩詞亦最多。遺集《雪廬聲堂詩鈔》，分童心小草，白雲司藁，并垣皋比集。

四十九、豫章藥師院異僧

幼時，隨宦豫章，從陳叔冶學裘先生讀。叔冶先生授書法並工寫竹，又喜遊覽名勝古跡，課誦之暇，輒挈愚兄弟與俱。某次，侍師為詩文之會於北門外七里鋪之藥師院，蓋百餘年之古剎也，禪宇廣袤，後院有亭翼然，曰複亭，亭畔一片竹林，間以桃杏，清幽靜雅，入方丈隨喜，見壁間張一巨幅，為擘窠書，句云：「參來猛虎刀頭血，飛下峨眉雪頂身，今日簸箕聊對坐，草書如斗尚驚人」。下署複亭，讀而壯之，叩為何人所作，寺僧指影像曰：「此永州老和尚也」！視其像癯而黑，眉長數寸，兩目炯然，莊嚴而威，疑為材武之士放下屠刀者，少年好事，堅欲叩其出身，寺僧乃以具告。

老和尚不知其俗姓，亦無名號，為苦行僧，居院五十年，人以其語音近永州，呼永州老和尚，後建亭曰複亭，又稱為複亭師。自云：父為別駕，官四川，幼不喜文，而好擊劍任俠，旋其父以虧欠官項繫獄，和尚徒步走南北，假三千金歸，贖父出，護之歸鄉里。父卒，遂棄家入蜀，轉徙無定，常為人報仇，鋤強猾，恐禍及，匿迹邊塞，挽鐵弓射鳥獸為食，又能徒手搏虎，松潘山中固多虎，為所殺殆盡，一日方剝虎皮，口嚙刀，忽嗅刀頭血，遂有悟，趨峨眉山中伏虎寺，披剃為僧，恒鬱鬱不樂。聞人言峨眉中峰絕頂，有老頭陀，已百餘歲，乃跣足躍深雪，攀天門八十四盤而登，至懸巖果有頭陀趺坐。投地拜之，頭陀睨視笑曰：「來耶！然此山非若安身立命處，東走四千里，遇馬祖即住，可矣」！和尚方欲再叩，而頭陀已入定，乃東下瞿塘，穿九谿洞庭瀟湘，至武功山，問馬祖何所？

或曰南昌北門外有藥師院，人稱馬祖道場，豈其是耶」？和尚
拊掌大笑曰：「知之矣」！乃兼程至其地，則見江岸遼闊，荊
棘荒蕪，破殿半間，法象傾圮，僅殘額「藥師院」三字，於是
治耰鋤，冒風雨，竭身手之力，墾院前荒田三十餘畝，積歲所
入為修葺資，一木一石，均出其手，凡二十餘年，而寺宇一
新，成巨剎矣。

　　和尚垂老之年，仍雜眾操作如故，既而田愈闢，農佃漸
集，更濬塘浦□水，桔槔聲與佛號並宣，自作太平車水歌，若
七言詩，以授踏者，使歌而忘倦。自居斗室中，不設几案，以
簸箕為坐具，數十年如一日。農隙之暇，則種竹十萬本，中搆
一亭，即複亭也，亦不知其命名何義。暑日晡時，則見其兀坐
亭中，啜苦茗，聽竹聲，流連竟日，八十餘歲始卒，或言和尚
有異術，擅治病，居人有疾者，摩其頂即癒，蓋一奇人也。

五十、晚清能吏袁海觀（樹勳）

　　袁海觀樹勳，晚年自號柳戒老人，清季任以蘇松太道駐上海，稱外交能手，論者謂湘人號為通習海國之務，而顯有專長者，郭嵩燾、曾紀澤外，後起者惟海觀差與之埒。

　　海觀原籍壽州，其先有官茶陵衛者，移家湘潭，遂占籍焉。幼而神宇凝重，以貧廢讀，從里中小兒，牧牛採薪。某日，鄉社大集，海觀弛樵擔，駐足以觀，遮老嫗前，嫗呵之，弗覺，嫗起立視之，驚曰：「是兒器宇奇俊，非長貧賤者，勉自為之，毋忘我言」。海觀聆之，頗自負。太平軍犯湘潭，里中父老辦團練，乃往投，以械杖不足，懼弗敵，海觀為畫策，於四山虛張旗鼓，伏精壯要隘，太平軍以為有備，棄不掠。旋從其叔耕於蘭陵，久之，復釋耒去，業鹽於淮浙間，又為釐金司事，皆不得志。時征捻師興，遂佐轉餉，以積功保知縣，留江南候補。於是折節為學，研求史治，歷署高淳、銅山、上海、南匯等縣，所至有名績。權銅山時，巨盜張三百里，橫行江北，與胥吏勾結，久為民害。海觀至，陽置不問。自偵盜巢所在，驟擒之，駢戮其徒黨數十，地方以寧。某總兵之姪，為盜所戕，而莫知盜名，總兵懸購甚急，裨將獲嫌者二人，榜笞誣服，將寘之法。海觀察知其冤，以告總兵，總兵恚曰：若輩文吏亦太繁瑣矣，然真盜何在？期以一月必得，否則將劾汝矣。海觀細心查緝，旬日得之，舉邑稱為神明。

　　後以知府司權江西景德鎮，時值教案發生，法教士橫肆要挾，海觀言於巡撫，遂走上海訴於總主教，列舉司鐸麥立儒所為擾眾怒者，總主教悟，斥麥立儒歸其國，事乃平。庚子拳亂

作，劉坤一方督兩江，檄調為蘇松太道，海觀折衝平允，於賠款折算，與各國爭持詰辯甚烈，他如阻止越界築路，改訂黃浦條約，均能顧全國家利益，威惠頗者。

後授魯撫，遷兩廣總督，皆能勤政恤民，在粵以禁止闈姓賭餉，能持大體，賭商走賂清廷親貴，海觀疏爭不得，遂稱病辭官，不數年而清社遂屋。乃卜居上海，民國四年三月以疾卒。子思亮奉其襯歸，葬於衡山。

海觀以少年失學，在官不廢文史，所為章奏函札，能曲達事理，為時所稱。於新舊學說雜揉以觀其通，不輕為抑揚進退，對外交涉，剛柔並用，而盡其情偽，利權所關，尤多挽救，粵省賭餉，論治者患之久矣，而歷任資以給用，故迭禁無效，海觀獨堅持，故論者稱其能識其大者。

五十一、孫仲容（詒讓）博古斟今

　　瑞安孫仲容詒讓，孫衣言子。衣言以翰林起家，詩古文鴻一時，官國子監時，諸屬國遣人來學京師，衣言並教之，學成歸國，故衣言詩文流播海外，有《遜學齋集》行於世。詒讓幼承家學，博通經傳，少有神童之目，弱冠舉鄉試，為張之洞所取士，五赴春官不第，遂一意古學，研精卅年，著《周禮正義》、《墨子閒詁》等書，為文精遒雅正，其治經說字均淹有諸家之長，為世所稱。

　　當時，吳越間學者，有德清俞蔭甫（樾）、定海黃元同（以周），與詒讓同稱樸學大師，為士子所宗。平陽宋平子（恕）與詒讓為姻親，章太炎與平子交，故獲與詒讓接。平子不務修飾，麻衣垢面，五六月著棉鞋，嫉趨世之士如仇讎，外恭謹，恂恂如鄙人，人多舉為笑，而平子無慍色。及與人談學術，則剛棱四注，談者皆披靡，太炎嘗以詒讓學術問平子，平子不欲言，而又不能非也。會康有為作《新學偽經考》，詆古文為劉歆偽書，太炎素治《左氏春秋》，聞詒讓治《周官》，皆劉氏學，因以為問，詒讓曰：「是當譁世三數年，荀卿有言：狂生者不胥時而落，安用辯難？」旋康以變法失敗，其學亦絕。

　　嘗謂《周官》一書，不越政教二科，政教備，「故四海之大，無不受職之民，無不造學之士，不學而無職者，則有罷民之刑，賢秀挾其才能，愚賤貢其忱悃，咸得以自通於上，以致純太平之治。」又謂，「政教之宏綱微指，實能貫百王而不敝，豈有古今之異？其所為政教者，務博議而廣學，………咸

與此冥符而遙契。蓋政教修明，則以致富強，若操左契，固寰宇之通理，放之四海而皆準也，此又古政教必可行於今之明效大驗也。」又以墨子實篤於政教，引墨子語魏越所云：「國家昏亂則語之尚同，國家貧則語之節用節葬，國家熹音沉湎則語之非樂非命，國家淫僻無禮則語之尊天事鬼，國家務奪侵凌則語之兼愛非攻，今書雖殘缺，然自尚賢至非命二十篇，所論略備，足以盡其旨要。……」詒讓見國勢貧弱，深以「果得賢者採周禮治國家，用墨子書，務節用，講戰守，何患不富強？」皆精賅可取。

太炎被禍時，曾欲從海道避溫州，以捕網密，未果，詒讓謂：「吾雖無能取決於膽，猶勝諸薦紳怯懦者。」將延章居於其家，不果。晚年，曾主溫州師範學校，充浙江教育會長，清廷徵主禮學館，亦不起，光緒三十四年卒。

五十二、沈北山（鵬）冒死劾三凶

　　常熟沈北山（鵬）與孫師鄭（雄）同出翁同龢門下，同年至契且有昆弟之約，其鄉人以孫沈並稱。北山初名棣，字誦棠，少孤，受學於伯兄鴻祥，鴻祥早卒，事嫂氏如母，與仲兄鴻聲尤友愛，脩脯所入，悉以奉其兄嫂，己則敝衣糲食，非人所堪，皆甘之，鴻祥孤同午既長，北山與仲兄共督教之，不稍寬假，蓋至情篤性人也。與同龢同里，肄業南學時，為翁所賞，旋中癸巳順天鄉試舉人，甲午聯捷成進士，改庶吉士，散館援編修。夙慕楊椒山、史可法為人，目擊世艱，常鬱鬱思有建白。戊戌康梁維新運動失敗，北山曾請於兵部侍郎英年力陳不宜多所誅戮。當同龢罷歸時，曾長摺代辯其冤，以翁之去位，實為榮祿、剛毅與內閣李蓮英所媒孽傾陷，目為三凶，擬彈劾疏稿，以示張鴻。鴻亦振奇士也，與北山為總角交，又與同龢有連，閱北山疏稿，擊節嘆為同調，且曰：凡所彈者，皆吾所欲言者，並就稿加以點竄。己亥十月，北山呈乞掌院學士徐桐代奏，疏中大意謂：「三人行事不同，而不利於上者則同，且權勢所在，人爭趨之，旗人漢人之嗜進無恥者，日見隨聲附勢而入於三人之黨，伏願聽曲突徙薪之言？懍滋蔓難圖之義，亟收榮祿之兵權，懲剛毅之苛暴，李蓮英閹豎小人，復何顧恤，除惡務盡，不俟終朝矣」云云。徐怖駭其言，格不上，北山流涕長跪固請，仍不允，遂將摺置案上，拂衣出都，過津門以稿按《國聞報》，次日刊出，遂傳播遠近。徐桐懼為榮、剛所見，遂露章劾之，奉嚴譴奪職監禁，經年始出獄，然已憂悸成心疾。居北郭家祠中，凡三載，見人不言，時或狂笑，惟

喜振筆疾書，不得紙則牆壁几案，墨痕狼藉，其語殊不宜辨，而疾亦愈亟，終以下世。

　　北山與曾孟樸亦屬世交，南下時曾居曾家，及常熟縣令持電指捕，北山挺身而出，蓋蓄必死之志久，參劾三凶，明知為捋虎鬚，即藉此膏虎吻而不恤。原配吳縣劉氏早卒，繼配為武進費屺懷女，相傳帷幃間頗不得意，《孽海花》、《轟天雷》兩說部中，曾隱約言之，與其憤世嫉俗之動機，不無有關。然北山固鍾於情，《轟天雷》外，《清朝軼集》亦載：「沈初通籍，告假歸里，告假歸里，路過上海，曾在薈香里，弋一稚妓，名小紅，沈見之，驚為天人，以英蚨五十，謀一夕歡，歸里後，每託吟咏，以寄拳拳之思。……」又寫其「見女人則追蹤而往，友目之為花癡」。殆其喪偶時而然，及歸里續娶於費，以佯狂之質，偶嬌養之女，失志房幃，遂致橫決，為公為私，求轟烈以死，其遇亦可哀矣。

五十三、《小腆紀年》作者徐鼒

　　六合徐彝舟，名鼒，《小腆紀年》、《紀傳》作者也。甄綜遺聞，發潛闡幽，以彰明末誼士藎臣之風烈於不朽。其書詳贍有法，亦別史之良者。彝舟初以舉人赴禮部試，不售，遂館江都史致儼家，史藏書甚富，書篋高與屋齊，因縱覽坐讀之，學以大進，並與梅伯言、溫明叔、張仲遠、陳卓人、湯海秋、賴子璈諸人交，相與擊摩，思慮益專。初喜為唐四傑駢禮文，至是悉棄去，後舉進士，改庶吉士，充實錄館協修，更獲盡讀中秘書。清初，以福唐桂三王為偽國，乾隆時有御製勝朝殉節諸臣錄序，於史可法、黃道周、劉宗周以及諸生韋布、山樵、市隱忠義之士，襃謚有加，始稍稍易觀。彝舟乃取春秋綱目之義，博採舊聞，並諸家稗史，參互推勘，歷五寒暑，成《小腆紀年》二十卷，《紀傳》六十五卷，卓識苦心，深為士林嘉許。

　　其自序略謂：「世運治亂之大小，人心之邪正分之也。易之占曰坤變乾至二成『遯』，為子弒父，至三成「否」，為臣弒君。洪範五行傳之言天人感應也，曰彝倫攸敘，彝倫攸斁，彝倫敘則人心未死，天理猶存，兵戈水旱之災，人力可施以補救，彝倫斁則晦盲否塞，大亂而不知止。孔子作春秋，以討亂賊，所以明君臣之義，正人心而維世運也，兩漢近古，氣節未盡泯亡，其禍變亦數十年而即定，自魏晉南北朝以及隋唐五代之季，人心波靡，倫紀蕩然，或一人而傳見兩史，或一官而命拜數朝，榮遇自誇，恬不知恥，故其間篡弒相仍，兩千年可驚可愕絕無人理之事，層見迭出，蓋人心之變，世運之窮極矣。

朱子作綱目，踵事春秋，而義例較淺，愚夫婦亦怵於名節之防，故自南宋後七八百年中，有遞嬗之世，無篡立之君，極微賤之人，知節義之重，則聖賢正人心而維世運之明效大驗也。……」其正人心維世運之苦衷，於斯可見，而卓識苦心，又豈淺儒所能夢見？

　　南歸時遊揚州，與劉孟瞻、劉楚楨、羅茗香、梅蘊生、薛介伯諸人訂交，問難既多，箚記日富，有讀書雜識之作，其《小腆紀傳》，亦始於其時，蓋紀年以年為經，紀傳以人為緯耳。太平軍興，彝舟在籍辦團練，旋授福建福寧府知府。福寧與浙之溫處接壤，四郊多壘，登陴盡瘁，遂殞厥年。疾革時以《小腆紀傳》稿一大簏，囑其子曰：「吾非談彪，不敢望汝曹為遷固，雖然小子勉之！脫是書而擲諸灰燼，則余拳拳之意與軀殼同忽然沒，為不瞑矣！」逝於福寧府署，年五十三。今《小腆紀年》尚存，《紀傳》則未見。

五十四、張裕釗譽隆遇困

　　張廉卿裕釗，從曾國藩遊，篤志古文，又精書法，有聲於咸同間。父善準，嗜學敦行義，好王伯厚《困學紀聞》，顧亭林《日知錄》。廉卿少染家學，精勤不怠。中舉後，淡於仕進，舉生平所學，發之於文，其文假途韓、歐、曾、王以上，推之晚周、先秦、盛漢，故其義粹以精，其詞深以厚。晚歲讀《易》、《中庸》、《孟子》、及《莊子》、《離騷》、《史記》，遂益恢奇訣蕩，旁薄萬類。曾湘鄉推為當代作者，非私言也。

　　平日與人論文，洞見本原，與黎蒓齋（庶昌）書，謂：「古之能文者，若司馬遷、韓愈、歐陽修之徒，其始設心措意，亦無過存乎以文自見，卒其所至，世不得徒以文人目之。是故深於文者，其能事既足以自娛，及其所詣益邃以博，乃以知乎聖人之道，而達乎天地萬物之原，獨居謳吟一室之中，而傲然睥睨乎塵壒之外，雖天下不與易也。」又與吳摯甫（汝綸）書：「……欲學古人之文，其始在因聲以求氣，得其氣則意與辭往往因之而並顯，而法不外，是故必諷誦之既久，使吾與古人訢合無間，然後能深契其自然之妙，而究極其能事。」又嘗言：「讀書考據詞章必擇一而專精，更取一以為輔，人生祗此精力，祗此歲月，行岐路者不至，懷二心者無成！致力程功之始，熟讀深思四字足以盡之！」又謂：「宋賢有言：學者學為仁義也，孟子七篇，壹以仁義曉人，人若能即無欲害人無穿窬二語，深繹而內省之，則為人之大本立矣。」持論平實正大，足資考鏡。

其書法，至今坊間仍多印為範本，導源晉魏，突過唐人，而彌自珍貴，語吳摯甫曰：「近世金石刻稀少，吾書雖工，世不求，無所託以久，恐身死而跡滅。吾將歸於黃鶴樓下，選堅石良工書而刻之，鑿懸崖石壁，使中空如篋，陷吾所書石其中，別用他石，錮篋口四週，不使隙也。千百世後，必有剖此石壁得吾書者。……」

　　餘事為詩，多隨意之作，而自饒風韻。如〈雨後〉：「薄雨初收滿院秋，移床樹下儘句留。閒持一卷看雲起，墜葉時時一打頭。」〈咏史〉：「功名富貴盡危機，烹狗藏弓劇可悲。范蠡浮家子胥死，可憐吳越兩鴟夷。」〈無題〉：「引商刻羽誰為聽？出戶看春信所經。伯樂無人牙曠死，獨餘柳眼向人青。」皆有所寓託，廉卿一生崇仰湘鄉，在鄂修通志，與當事者不合，辭不就，中年歷主金陵保定諸書院，望日隆而遇益困，入關中依西安將軍幕，鬱鬱久居，遂阨窮而死。生前，自營生壙於宋張耒墓側，亦可悲也。

五十五、記徐雪村（壽）父子

　　十八世紀末葉，世界帝國主義方積極發展，中國模仿西法時代，亦於是乎始，李鴻章諸人主張之「師夷長技，以成中國之長技」，雖不能迎頭趕上，要其眼光較之當時墨守成法之士大夫，高出一等。於時，研究譯述之風大盛，製器化工之士亦輩出，在派赴出國留學生未返以前，由積學凝思而精研博涉以成名者，亦有足述。

　　無錫徐雪村，少習舉業，既以為無裨實用棄去，講求經世有用之學，蘄之於實事實證，尤惡五行讖緯巫覡等等，自銘於座右曰：「毋談不經之語，毋談無稽之談。」手製儀器甚多，指南針、象限儀等皆自製。時西人開墨海書館於上海，李壬叔、管小異翻譯重學博物諸書，雪村訪之，互為質證，更於電氣諸品，多所發明。又嘗仿製銀幣，精鏤銅板為模，校準分兩，鎔銀納其中，自高樓懸石椎下壓，以資試驗，居然可以亂真。曾國藩聞其能，奏請徵赴江南軍次，專辦製造，同治五年，造小輪船數艘，國藩極賞之。後委辦上海製造局，雪村條陳四事，一翻譯西書，二開煉煤鐵，三自造大炮，四操練輪船水師。在局時譯有汽機化學電各書百數十卷，日本派柳原前光等，來華考察，載雪村譯本以歸。今日本所譯化學名詞，猶多雪村當日所譯擬者，人以此服其精審。自是風氣漸開，國人皆知製器尚象，雪村實啟之。

　　生平以嘉惠後學為務，與西士傅蘭雅創格致書院，俾廣造機械人才。其次子建寅，年十八，隨侍左右，尤能出其奇思巧技，佐父建造，成就甚著。丁日昌任蘇撫，命建寅籌論時局，

建寅上書萬言，總署以為異才，以出使大臣記名，光緒間，丁寶楨調建寅總辦山東機器局，建寅躬自營度，未嘗延用外人。三年有成，丁以入告，遂授駐德參贊，於是建寅更周遊英法諸國者十年，見聞學識，益見精進。

曾國荃任兩江總督時，檄調會辦金陵機器局，遂因局中設備，煉鐵鑄鋼，並自製槍炮多種。此後，遂不次游擢，被任農工商商務大臣。張之洞聞其能，奏調湖北總辦全省營務，並課吏館、武備學堂總教習，成造船全書十冊，繪測航線二冊。旋督辦保安火藥局，時外國火藥不准入口，謀國者慮無以濟，建寅引為己任，仿製三月，其效猛於舶來。漢陽故有鋼藥廠之設，製造棉花火藥，西籍技工去職後，命建寅兼辦，建寅親自研練，數月而成，方用自喜，某次正配藥，弗慎藥，發遂殉。

五十六、陳止庵高逸夷澹

曩於石遺室見所藏山水箑面，秋江浩渺，岸楓作丹，叢蘆中艤一小舟，舟子科頭酣臥，極盡蕭閒之致。上題二絕云：「得錢買醉已微酡，泛宅浮家涉歷多。鷗鳥同眠江上穩，轉疑朝市有風波。」「蘆花風起水天寬，午倦垂頭正早餐。得受箇中涼意味，此兒曾未夢長安」。含情綿邈，言短意長，胸中直無塵滓，風概峻絕，蓋陳止菴所作也。

止菴老人陳豪，字藍洲，號邁庵，晚年稱止庵，浙之仁和人。少端重嗜讀，十九補諸生，甚著文譽，太平軍陷杭州，舉家走蕭山，命止菴依婦翁海門，既至，念二親垂老，復子身歸，則其父已死於亂軍中，蹎步艱阻，覓骨歸，又奉母避慈谿。亂定後，授讀養母，時曾湘鄉鎮東南，崇獎文學，諸老宿咸器異之，旋舉優貢，朝考以知縣用，分發湖北。大吏知其能，欲檄筦釐稅，辭曰：「權務貴重，不飭則污，某終身不欲以此自效也。」光緒改元後，攝房縣。每出勘案，攜食具自隨，假祠廟與隸役同處，里閭不驚，奸猾斂跡。旋權應城、蘄水，補漢川，以公明廉勤自矢，治獄防堤，常數月不得眠，又病眩咯血，則命人舁出勘之，屢引疾請辭，紳民堅挽，不得去。陳寶箴、黃彭年均獎重之，彭年嘗以胥吏舞弊受賕，宜重法嚴繩為言，止庵曰：「胥吏亦民耳，贍其身家，獎勗以廉恥，自不貪矣！」彭年嘆服。在鄂二十年，以循良卓異薦，以母病辭歸奉母，不復出。

素多藝能，嫻吟咏，工書畫，好山水，春秋佳日，輒杖策孤往，與田父樵子酬接為樂，嘗駕舟游富春桐江，徜徉自樂，

成詩數十章，嘯歌而還。庚子拳亂，江鄂訂東南自保，浙撫某頗持異同，止菴與布政惲祖翼厚，時在幕中，促惲力持始附約。平日論學論治，皆洞貫古今，頗與時流異趣。庚戌夏疾甚，自為挽章，其友走視之，自言胸中灑然無所苦，徇兒輩意姑進藥，行將怛化，引古誼相敦勖而已。

遺著有《冬暄草堂集》，其詩高逸夷澹，類其為人。如〈去房縣留別士民〉之一：「苦心了卻一抨棋，著子偏逢打劫時，拔□祇教除禍首，發棠曾已濟燃眉，政無他術唯防擾。吏竟如傭亦自嗤。但得清勤民便樂，買絲我欲繡袁絲。」〈早起〉五古：「世短心尚長，俯仰何時已，一念截眾流，湛然止所止，拂衣歸去來，昨非今未是。飛鳥受人憐，寥天阻尺咫。修鱗蓄之池，洋洋局涯涘。蹉跎蹢十年，慚悔乃如此。牆頭花亂開，惜春方早起，新晴風露香，皓潔洗塵滓。陋室頗欲銘，供養紛蘭芷。諸孫戲我側，言笑皆可喜，範家有餘歡，雕肅劑情理，方寸即桃源，神境非虛擬。喧寂兩相忘，兀坐獨憑几。」盎和澹雅，散原老人為序其詩。

五十七、文博川（祥）精詳謀國

同安蔡毅若（錫勇）言：幼年選送京師同文館肄業，自粵抵燕，偕同學至館，甫卸裝下車，見一皓首長髯老者立階前，歡喜迎入，慰勞備至，即引入館舍遍觀之。每至一處，輒指示曰：此齋舍，此講堂，此饍廳。貌溫而言藹，諸生但知為長者而弗識其人也。旋復詢諸生：飯未？眾答以未餐，老者即傳呼提調官，則見一翎頂冠服者入，語極恭，始知老者即大學士文祥，深嘆前輩溫恭慈愷，為不可及。

文祥，宇博川，瓜爾佳氏，滿洲正紅旗人，以進士薦躋樞輔，咸同之交，直軍機最久，總理各國事務衙門始設，文與恭王奕訢主之，尤能力任鉅艱，風度固不可及，遠略亦高人一等，辜鴻銘極稱詡之，翁同龢松禪日記，亦稱「其人忠懇，於中外事，維持不少。」足知其立朝風概。

於時，內憂外患，岌岌不可終日，文祥所陳，皆關百年大計，憂深慮遠，有古大臣風，實為當時朝列諸王大臣所勿逮。其主持對外交涉，亦能不屈不撓，一以忠信主之。恭王數遭罷黜，氣懾志挫，任事不能如初，文祥撐柱其間，為中外所敬憚。日本窺臺灣，密疏陳大計，以固結人心為言，謂「國之有外患，猶人身之有疾病，病者必相證下藥，而培元氣為尤要。……凡用人行政，一舉一動，揆之至理，度之民情，非人心所共愜，則急止勿為，事係人心所共快，則務期於成。……總期人心永結，大本永固，使之無一間可乘，而在我亦堪自立。此為目前猶可及之計，亦為此時不能稍緩之圖。」極中肯綮。所惜上下習於翫泄，臨事又舉棋不定，又復門戶自區，每

遇和戰大事，勝負未見則立異逞能，成敗既分，復搪詞諉過，國勢凌夷，未可盡責之宮闈也。

臺事議結之後，文祥已老病，自知且不起，復具疏懇陳：「馭外之端，為國家第一要務，現籌自強之計，為安危全局一大關鍵。」並以「敵國外患，未有如今日之局之奇、患之深、為我敵者之多且狡，果因此而衡慮困心，自立不敗，原足作我精神，惺我心志，厲我志氣。若至此而復因循泄沓，而莫之籌，即偶一籌念，而移時輒忘，或有名無實，大局將不堪設想」為言，認為萬萬不可再誤。疏上旋卒，朝旨溫卹，稱其精詳謀國，忠純諒直，洵屬不虛！《清史》文與文慶、寶鋆合傳，三人同稱賢相，文祥獨有社稷臣之譽。

五十八、湯海秋（鵬）負才佯放

　　《浮邱子》一書，益陽湯海秋（鵬）所著。於軍國利病，吏治要最，人事情偽，開張形勢，每篇立一意為幹，一幹而分數支，支之中又有支焉，葦蕞要眇，凡四十餘萬言，海秋所引為得意之作也，每遇人輒曰：「能過我一閱《浮邱子》乎？」其自憙如此，其自負亦如此。

　　海秋道光進士，少喜為詩，目上古歌謠，至三百篇，以迄漢魏六朝唐諸家，無不形規而神繫之，有詩三千首。龔定菴詩：「航航益陽風骨奇，少年自定千首詩。勇於自信故英絕，勝彼優孟俯仰為」，即贈湯之作。既官禮部主事，兼軍機章京，旋補戶部主事，轉員外郎，晉御史，意氣踔厲，尤勇於言事。時當有清中葉，政敝俗窳，貪黷更甚，海秋以貪污為禍國之源，痛心於「政府以賣官鬻爵，培植貪污；以薄俸陋規，驅使貪污；社會上又以書中自有黃金屋以獎勵貪污，於是操臨民之業者，皆大贏。」更以滿籍官吏，最為驕縱，工部尚書宗室載銓，簠簋不飭，海秋擴拾其事，具疏劾之，疏上，為時相穆彰阿所沮。最後，以言宗室尚書叱辱滿司官為失國體，在已奉旨處分後，罷歸戶部轉郎中，而狂放如故。是時，英人擾海疆，求通商，海秋已黜，例不得言事，猶條陳三十事上於尚書轉奏，蓋自負才識，而無可發舒，又不甘緘默者。一日，偶得疾，飲大黃升許，遂暴卒。

　　海秋亦長於古文，《浮邱子》外，尚有平夷策等若干篇，才名藉甚，一時各士多從之遊。其死之日，湘中五子之一李壽蓉哭之慟，並聯輓之云：「洞庭八百里，衡嶽五百峰，虎踞龍

蟠，屈指天下奇才，曷勝痛哭？平夷三十策，浮邱九十篇，雲驅濤捲，試問名山事業，自有傳書！」深悼之亦紀實也。

湘鄉曾文正公與海秋屬文字交，亦常為曾之棋友。文正嘗謂：「海秋才氣勝人，文思敏發，自是高人一著。惟性狂而行弗檢，觀其形相，察其所為，終非厚相。」曾氏一生主持慎謹厚，與湯素性極不相侔，且頗精鑑人，故為是言。相傳，海秋某次過曾所居，曾方握管，見其來，匆匆將所書便箋，納於扁中，湯異之，固索一觀，則「著書纍數十萬言，才未盡也！得謗遍九州四海，名亦隨之」一聯，旁註「輓海秋」，海秋色變，繼以惡聲，拂袖遽去，幾於絕交，李壽蓉述曾湯交誼，亦有「細故失和，參商長訣」者，即指此也。迨海秋卒，曾即以前所擬句輓之，並為文以祭，詞極哀惋。

五十九、黃漢鏞（仲則）清才斬壽

　　黃漢鏞景仁，字仲則，所著《兩當軒詩詞》，風行乾嘉間，論詩者以其宗法杜、韓，後又稍變其體，為王、李、高、岑，卒其所詣，與李白最近，其弔太白墓，有「我所師者非公誰」之句，已自言寄慕之深矣。生於乾隆十四年（一七四九）己巳正月，死於乾隆四十八年（一七八三）癸卯四月，計年卅四歲有餘，卅五歲不足，而在此短暫之歲月中，讀萬卷書，行萬里路，九州歷其八，五岳登其一、望其三，遺詩二千餘首，詞二百餘闋，駢文上窺六朝，又工書，擅山水畫，皆極古質，固一代清才也，而獨潦倒終生，復斬於壽，在清代詩人中，其遭遇殆為最不幸者。

　　仲則武進人，生四歲而孤，母屠督之讀，所業倍常童，八歲能為制舉文，而家運蹇屯，十二喪祖父，十三喪祖母，十六喪伯兄，家益困。常熟邵齊燾主常州龍城書院，仲則與洪稚存，偕受業焉，而愛仲則最篤，不數年邵卒，時仲則方二十也，貧病煎迫，頭白如雪。聞秀水鄭虎文賢，謁之於杭州，備受愛異，居月餘，泫然辭去，曰：「景仁無兄弟，母老家貧，居無聊賴，將遊四方，覓升斗為養耳」。乃為浪遊，攬九華，陟匡廬，泛彭蠡，歷洞庭，登衡嶽觀日出，過湘潭醑酒招魂，以弔屈賈，作〈浮湘賦〉以寄意，悲慨傷懷，自嘆「雲浮萬里傷心色，風送千秋變徵聲，我自欲歌歌未得，好尋驥卒話生平。」而其廿四歲生日〈沁園春〉自壽詞：「蒼蒼者生，生我何為⋯⋯」之句，尤極淒愴，不可卒讀。

　　時定興王太岳按湖南，故名士自負，及見仲則，輒心折不

已，每有作必持質仲則，定可否焉。自湘歸後，詩益奇肆，旋應朱笥河招入幕，三月上巳，為會於采石磯之太白樓，賦詩者數十人，仲則年最少，著白袷立日影中，頃刻成數百言，眾為擱筆。時八府士子方就試當塗，聞學使高會，畢集樓下，至是咸乞白袷少年詩，競相傳寫。

仲則於功名不甚置念，嘗憾其詩乏幽并豪士氣，乃蓄意北遊。乾隆四十一年東巡，召試二等，例得主簿，以〈都門秋思詩〉，有「全家都在風聲裡，九月衣裳未剪裁」句，為陝撫畢秋帆所激賞，速其西遊，旋貲其入京候銓選，乃為債家所迫，抱病逾太行，出雁門，將復遊陝，途次解州，病殆，卒於河東鹺署，洪稚存持其喪以歸。

性高邁，落落寡所合，獨好遊，每遇名山，輒流連巖壑間，經日不出，值大風雨，或瞑坐崖石或大樹間，樵牧見之，驚為異人。其詩於洪楊之亂，版幾毀失，清末民初，經其後人搜求重印，乃復行於世。

六十、蔡壽祺忮忌湘軍

　　清代自乾隆以來，對任何戰役，皆不欲使漢人專閫寄。即以鴉片戰爭而言，奮志卻敵者皆漢臣，怯懦辱國者皆滿籍；然林則徐、鄧廷楨等則被嚴譴，琦善、耆英等則不惜曲與優容。太平軍興，以反抗胡清為號召，與愛親覺羅皇朝無兩立之勢，曾國藩以在籍侍郎，呼號三湘子弟，領軍興討，雖謂維護名教，而撐拄危局，蕩平巨艱，使滿運幾絕而復續者五十餘年，其勳不謂不偉，然滿將旗員之嫉能忌功者，比比皆是。

　　咸豐四年九月，武昌收復，文宗奕詝聞訊喜曰：「不意曾國藩以一書生，乃能建此奇功！」軍機大臣某進曰：「曾國藩以侍郎在籍，猶匹夫耳；一時崛起，從之者萬人，恐非國家之福。」文宗默然色變。當時使無肅順，絕無能知「不用漢臣無可收拾」者，慈禧當政之後，雖能用而不前無疑，非曾氏之翼翼小心，處處忍讓，雖膚功克奏，亦將無以免於咎戾矣，此所以閻敬銘深歎為長白王氣將盡之徵也。

　　金陵既克，大難敉平，樞廷諸人，即授意御史朱鎮，疏請裁撤湘軍，曾氏兄弟亦見幾自請裁撤矣，而蔡壽祺復繼朱而上封奏，「請振紀綱以尊朝廷，正人心以端風化」，於曾氏兄弟以及駱秉章、胡林翼、劉蓉、蔣益澧、李鴻章諸人，非指為冒功掩過，即認為欺國梯榮，責論煩苛，忮刻特甚。故曾氏致沈幼丹（葆楨）中丞書，有：「自古大亂之世，必先變亂是非，而後政治顛倒，……屈原之所以憤激沉身而不悔者，亦以當日是非淆亂為至痛」之言，以及「小人得志，君子則皇皇無依」之嘅，以曾氏學養功深，竟有此語，足見當時夔菲之盈於殿

陛矣。

　　壽祺本名夢齊，字梅菴，贛之德化人，官翰林時，濡滯不遷，客遊干乞，後入勝保幕，與旗員多友好。勝字克齋，蘇完瓜爾佳氏，以欽差大臣幫辦軍防，忮刻貪詐，當時有「專意磨折好人，收拾良將」之輿評，胡林翼曾譏其「每戰必敗，每敗必以勝聞」，徒以辛酉政變，有寵於慈禧，後以剿捻無功，以淫貪被劾得實，賜自盡。蔡於勝保敗後，復官京師，及見湘軍立功，冀掀起波瀾，譁眾取寵，乃有此劾。慈禧下其議，命廷臣核復，終以曾氏平亂功高，置不論，而蔡亦坐降，於是流寓燕郊，跡弛無聊，日為狹邪遊，年未六十，目已失明，猶復刻人詩文以贈達官貴人，博微貲以為坊曲纏頭之費，知者無不鄙之。

六十一、洪琴西（汝奎）與江寧冤獄

　　漢陽洪汝奎，字琴西，其先客安徽涇縣，遂家焉。中道光廿四年舉人，以學行負海內清望，曾國藩引為畏友，禮延幕下。同治初，薦保至江南道員，綜理糧儀，綜覈名實，不避嫌忌。光緒中，沈葆楨開府兩江，辟為營務處。江南自軍事定後，已踰十年，疆吏習為寬大，葆楨治尚威猛，尤嚴治盜，後因疾在告，輒疏請以琴西代治事，聲望益起。會清廷詔舉人才，大臣交章論薦，擢廣東鹽運使，調兩淮，裁冗費，建義倉，濬揚州城河，方欲以次因革，而江寧三牌樓之獄起。

　　先是江寧三牌樓竹園旁，發現無名男屍，身有傷痕多處，而地上無血跡。據眼線方小庚稟報：「死者謝姓，又名薛春芳，安徽和州人，販豬為業，係妙耳山庵僧紹宗，及張克友曲學如三人，串同謀殺，移屍滅跡」等語。經上元縣蹣拿兇手，解送督轅。葆楨發交營務處，琴西令參將胡金傳傳訊，即據眼線所報，時僧紹宗等，嚴刑取供，以會匪相殘定讞，紹宗及曲學如斬立決，張克友因初訊首先供認，貸其一死，割去右耳，遞解回籍，交地方官嚴加管束。當時之營務處類同近代之軍法處，屬於軍事審判也，琴西請覆訊，葆楨以琴西持重，遂如其議，旋請王命斬紹宗曲學如於市。無何，葆楨去任，琴西亦擢任兩淮，事隔三年，案又重翻。

　　緣江寧保甲局，拿獲兇犯李大鳳，據供：「三牌樓命案屍首，係伊表兄朱彪，為周五沈鮑洪所仇殺。」事聞於江督，命提原報之眼線方小庚到案嚴鞫，自承所報不實，係出於上元縣捕役胡奎主使，唆令誣指。因復提審張克友，則亦極口呼冤，

謂前供實刑求所致。揆之時地悉合,真相既已大白,死者已不可復生,乃置胡奎於法,而重懲方小庚結案,原審各員分別譴革有差,葆楨以前卒免議,琴西被褫職遣戍軍台,廷旨並申誡各省,慎重刑獄,禁嗣後以武員會鞫。

琴西至戍所,翌年張之洞奏調赴粵差委,琴西欣然往,甫抵穗垣,未效一日之用,遽以病歿旅次,之洞經記其喪,遣弁護其喪歸皖。李鴻章與琴西交篤,致書謝張,謂「琴西半世孤貞,晚途屯蹇,台上放歸,重被彈射,方謂永沉錮閉,更無見用之期,而執事出之幽霾,加以拂拭,上迴天聽,下儷群言,真所謂噓枯使生,能無感激!所以長途暮齒,力疾馳驅,雖以夭其天年,終當瞑目而不悔者也。」此函出李之幕客于晦若手筆。

六十二、李審言蒿臥黃歇浦

「巷陌斜陽戰馬屯，喧喧笳鼓易黃昏。舊人零落無尋處，只剩揚州李審言。」此三十年前如皋冒廣生過秣陵絕句之一。李審言名詳，江蘇揚州興化人，詩文皆有根柢，尤精於文選學，又工駢儷文，揭櫫阮芸台、汪容甫以自標置。有聲於清末民初間，巍然一大名家。其自序《拭觚集》，謂「初嗜文選，繼宗杜韓，又復流連義山。」侯官陳石遺，論列近代詩人，少所稱許，於審言則稱：「詳使事雅切，非近日詩人妙手空空者可比；顧詳之所自憙者，尤在文章，詩則偶一為之而已。」尚非溢美之詞。

舊在蒯禮卿（光典）家課讀。禮卿盛文名，精六書，尤熟於目錄掌故，所師友，多當代名儒，嘗言「本朝通儒不談經濟，不談掌故，錢竹汀有觖望，《潛揅堂集》為謗史」。聞者駭怪。審言久主其家，於金石碑版之屬，見聞既多，搜考亦博，曾有《媿生叢錄》之作，自詡樸學，時彥亦禮重之。

端方督兩江時，久耳審言名，延居幕中，有「余生一日，李審言絕不至餓死」之語，其《陶齋藏石記》，即審言與況蕙風（周頤）所共纂者。及端方移督直隸，審言衣冠往送，盛暑拱立道旁；端至，周旋眾文武間，意得志滿，以審言為幕客，不及握敘，微頷而已，審言以為傲慢侮士，因大恚恨。及端在川被殺，其《陶齋藏石記》印本，已傳於世，詳題詩云：「槐影拱疏紅紙廊，冶城東畔又滄桑，摩挲石墨人空老，憶到金陵便斷腸。」「脫略曾非禮數苛，上宮有女妬修蛾，濮陽金集儒書客，那得揚雄手載多。」「觥觥含憲出重闈，傳命居然奉敕

尊。輕薄子玄猶並世，可憐不返蜀川魂。」蓋猶不忘道旁前恨也。辛亥春，審言館安慶存古學堂，應沈子培、吳棣軒之約，光復時，存書數簏，頗遭佚異，審言避滬後，寓書皖省都督，請賠償損失，有「毋令牧齋揮已竭之淚，清常作生存之哭」語，綜此兩事以觀，蓋亦不匱之甚矣。

青豁劉張侯（師蒼）、申叔（師培）兄弟，於審言為世交，審言尤愛重申叔，洪憲帝制議起，審言作二劉詩，傷張侯墮江之死，申叔附袁自瀆，詩中痛言：「伯松不免巧為奏，子雲劇美猶窮玄，安生沖遠甘北面，儒生歷此真堪憐」……自註：「余愛申叔故重傷之，而是非之公，不能由余而諱」云云，蓋絕之也。晚年潦倒，時患臂痛，戚戚憂生，益不自聊，民國廿年五月窮餓以終，年七十二。死前尚喃喃吟：「家國都無人養老」，足見悲愴。審言在國史有傳，出尹炎武手，見國史館館刊第三期。

六十三、馮蒿庵（煦）愴賦精忠柏

　　金壇蒿盦老人馮煦，字夢華，誕時，其母夢拈花人入室而生，故以為字。少工詩文詞，有江南才子之目，久寓江滸；與上元顧石公齊名，為全椒薛慰農（時雨）侯官林歐齋（壽圖）得意弟子。光緒丙戌以一甲第三人及第，出翁同龢、張之萬門下，蓋已四十餘矣。官編修時，疊上疏代奏，請圖自強、敦大本，行實政，德宗嘉納之。旋授安徽鳳陽知府，鳳屬常患水潦，夢華單騎按部，逐一履勘，以被災之重輕，定給賑之多寡，民沾實惠，又屢平反疑獄，有神君之稱。退食之餘，官齋談藝，不減名士風流。劉坤一督兩江，以「心存利濟，政切先勞」力保，以道員遷按察使，調四川廣安州，時有聚眾謀毀學堂者，大府獲四人，擬照盜匪例論斬，夢華以去就爭，至免冠抵几，不得請不止。既復調安徽布政使，徐錫麟刺恩銘，夢華繼任巡撫，不株連一人；安慶之役，亦主寬大，並疏言：「今民生不聊，內外大臣，不思引咎自責，乃粉飾因循，苟安旦夕，貽誤將來，大局阽危，日甚一日，挽救之方，惟以覈名實，明賞罰為第一義，而其要則在民為邦本一言。」疏入，為忌者所嫉，明年遂罷官歸。其後起為查賑大臣，出入江皖災區，放款至三百餘萬，復立義賑會，廣至京、直、魯、豫、湘、浙，廉而好施，眾稱善人。鼎革後，居滬上鬻詩文自給，八十餘猶能繕蠅頭小楷。民國十五年始卒，年八十五。

　　夢畢生平講學，以行己有恥為主，提倡篤實踐履，詩文爾雅，歷經喪亂，輒多淒咽之音，如「相逢意氣莫摧殘，秋盡江湖雁影單。老屋疏燈霜力緊，暗潮孤艇雨聲酸。百年有酒難為

醉，九月無衣漸覺寒，更向城南望城北，何時共飽腐儒餐。」
又篤於友子之愛，詩多寄兄妹之作，如「冷雨淒淒夜欲闌，荒
雞破夢太無端，百年易盡何堪別，十日相逢竟未歡，衰帽單車
殘驛暗，孤篷短燭暮潮寒。只今兩地同羈旅，莫更歸雲獨自
看。」詞佳者最多，風格在白石、玉田之間，與況蕙風各張旗
鼓，憶有〈滿江紅〉一闋，賦岳忠武精忠柏：「蕭艾披昌，邈
今世眾芳衰歇！留一木孤撐天宇，寸心尤烈！七百餘年陵谷
變，英靈猶戀西湖月，算亭陰雄鬼雨怒飛，身悲切！離九節，
凌冰雪，傳海外，何生滅，恁撫柯舒嘯、唾壺敲缺！古殿苔封
蟲食篆，空枝春盡鵑啼血！問南朝遺孽檜分尸，屠王闕！」悲
壯之音，躍然紙上，亦名作也。

六十四、楊心如蹇滯臺灣

　　楊心如，字帝鏡，與國父同里閈，少讀書有大志，及國父揭櫫革命大義，心如與陸皓東、陳少白諸人皆加盟。後興中會創立，抱毀家救國宏願，家業十九皆以襄助革命。嘗奉國父命，奔走香山澳門香港各處，策劃響應，備嘗艱阻，故其後中山縣城改稱，心如之名亦與皓東諸先烈並列為街路名稱，所以紀有功也。

　　當民前十二年（一八九九）第一次廣州之役失利，心如隨國父來臺灣，計劃近海革命根據地，時臺島初受統治於日，監防甚嚴。心如隨護國父，不離左右，共寢處飲食者凡數閱月。旋國父赴日本，留心如部署台事，乃挈其眷屬居焉，以避耳目。

　　辛亥廣州三二九之役，奉召赴港策應，事敗，復返臺。民國肇建，國父自海外歸，心如密函請示行止，國父以國事未大定，袁世凱又居心叵測，台地為海外聯絡據點，囑仍留勿動，心如遂賃肆操沽，佯為市隱，而聲氣互通，未嘗少懈。迨後軍閥橫暴，革命勢力蹙於西南一隅。國父戡亂討逆，迄無寧歲，貞疾邅攠，中道以歿，梁木悲深，四海遏密，心如撫膺北嚮，為位以祭。及聞北伐功成，革命大業，繩武有人，則又瞿然以喜。國父陵寢成，猶積戀軒之意，欲返國參加奉安典禮，而日本警務當局尼其行，遂不果。

　　廿六年日本入寇中國，國人之留居台島者，每被指為間諜，羈拘囚禁備受荼毒，心如乃盡室徙居山僻，閉戶自守，蓋寄身虎口，朝不保夕，垂老一命，心期許國矣。

三十五年秋，日本無條件投降，血戰八年，武成用告，臺灣亦復我版圖，心如幸區夏之再造，喜故物之重光，掀髯狂喜，深以老眼滄桑，不圖猶及見此日也。於是，挈婦將雛，重歸台北，而所居則於兵燹中半成灰燼，猶能庀材鳩工，精修舊廬，以蔽風雨。孫哲生時任立法院院長，聞心如健在，特致函通候，並撥款賙濟，聞者莫不高哲生之義而欽心如之節也。翌年十月十日，方欲參加國慶會典，出戶一蹶遽逝，年七十九。

　　各界以心如為國父總角交遊，一生盡瘁革命，集會追悼，會中輓章記有：「抗日告成功，萬劫潛消，志節無忘黃帝胄；興中思往事，一瞑不視，英靈笑詣翠亨村。」蓋紀實也。

六十五、鄧鐵香人稱鐵漢

辜湯生評晚清之清流黨，謂「濟濟清流，猶似賈長沙、董江都一流人物，於當時行政用人，論功利而不論氣節，論材能而不論人品，故大聲疾呼，以挽回風化為己任。」其言故自不偏。清流以二張（之洞、佩綸）為之魁，然惠陽鄧鐵香，亦錚錚有聲當時者。

鐵香名承修，以舉人入貲為郎，分刑部轉御史，光緒初與二張等主持清議，多彈擊，眾目為鐵漢，方三十五歲。粵省闈姓賭捐，為粵省陋規之一，鐵香疏陳，以為大乖政體，關稅侵蝕，嬰害庫帑；又以考場積弊，陳七事糾之，吏治積弊，陳八事肅澄之。戶部右侍郎長敘女，嫁山西布政使尚葆子，於忌辰日結褵，鐵香素服往賀，座客疑且詫，俄而彈章上，參大臣婚嫁違制，兩親家皆罷職矣。會邊警，糾彈舉朝慢弛，請召左宗棠還柄政，逾歲，又言宗棠蒞事久，未見設施，推及寶鋆、王文韶之昏眊，請罷斥，皆侃侃不避。其鄉人劉雲生，劾李鴻章挾外自重，疏上，被斥，鐵香憤不平，屢疏彈擊，復請詔百官廷議，皆不執。其後，越事益壞，首劾唐炯、徐延旭失地喪師，趙沃、黃桂蘭擁兵償事，宜肅國憲。迨法人因英人請和，鐵香又聯合諫上書，極言和議不可恃，並劾李鴻章定和之疏，更致憤懣，疏辭鴻臚寺卿及總理衙門行走之命，請改武職，不平之氣見於詞色。不許，使赴桂定邊界，鐵香怏怏行，返京復命後，即乞歸，樞廷頗慰勉之，終謝去。李越縵稱其「知難知止，潔身而退，年甫強仕，歸奉老親，朝廷眷留，天下想望風采。」並有「如余者，汩沒冗郎，頭童齒豁，孑然一身，雞棲

不歸，真非人類矣」之嘆，然亦有譏其「認事不真，務以搏擊為能」者，然讀其疏稿與所作勘界日記，蓋猶讀書人也。

　　鐵香善書，能詩文，皆蕭遠有塵外之致，返里奉母之餘，築亭於鄉之清醒泉，自為聯曰：「休論坡老升沉事；來試人間清醒泉」。又撰湖心亭聯：「去日苦追思，廿載浮名，祇染得京洛緇塵，邊關炎瘴；餘年須愛惜，扁舟老我，且莫負山間明月，波上清風。」紅棉水樹云「祇須爛醉何妨俗；為愛看山且繫舟。」鎮南關於中法和議定後，新築石城，鐵香擬「南疆鎖鑰；漢將旌旗」八字，莊重闊大，後所泐者即其所書句也。旋在鄉設崇雅書院，並開尚志堂講學，然終以幽憤成疾，光緒十七年卒於家，梁節庵哭之以詩，語多悲慨，句長不具錄，節庵蓋亦嘗劾鴻章者，故引為同調也。

六十六、姚永概昆弟之敬愛

　　古來詩人兄弟，以友愛著稱者，前有入洛之陸機、陸雲，後則有謝家靈運、惠連，再數之又有隋之王通、王勣，唐之王勃、王維，至蘇子瞻、子由而後來居上，一門父子兄弟為學互相師友，子由之「逍遙堂後千尋木，長記中宵聽雨聲；誤喜對床尋故約，豈知溧泊在彭城」句，成為詩家鶺鴒故事之絕唱。於今世則於桐城姚氏兄弟見之。

　　清末民初間，宇內以古文大家稱者，吳摯甫外，推桐城姚永樸、永概兄弟，蓋惜抱先生之裔也。其所為文、澹宕坦迤，為能守惜抱之教，而嬗桐城一系者。其五世祖範，世稱薑塢先生，以經學授惜抱，祖瑩字石甫，又受業於惜抱，曾署臺灣噶瑪蘭通判，後擢臺灣道，以與臺灣鎮總兵達洪阿，擊退英人犯臺之輪有功；父濬昌亦能一秉家法，屬詞比事，遠紹薑塢宗風；姊壻馬通伯其昶，范肯堂當世，皆以詩文鳴於時。其家學淵源如此，朋輩切劘又如彼，耳目濡染，神與古會，宜其成就之卓犖矣。

　　昆季家居怡怡，敬愛又極真摯，然永樸聲華寂寞，矻矻窮經，罨覆不肯暴。永概字叔節，光緒戊子以第一人領解，議論風生，交遊滿海內，聲華甚茂，嘗參安徽學幕，以興才育學為己任，復能竭殫心力以赴之。永樸較保守，慮興辦學校將無以善其後，置弗與論，同懷各異其趨者，僅此一端而已。

　　迨民國建元，袁世凱成立清史館，聘趙次珊（爾巽）領館事，永樸、永概兄弟並為協修。永樸短視，目茫茫而行趑趄，每適館，永概輒膺隨而扶掖之。一日，次珊入館，遇二人於

門，迎之笑曰：「吾年八十矣，倘與君競走，未知孰為後先？他日君逮吾年，欲無顛躓，將終若弟是賴歟？」相與粲然。

姚氏風規，每值年節令辰，弟於兄，當四拜，兄揖之而已，永概既老，永樸止勿拜，曰：「白頭昆弟，何尚乃爾」！永概率禮如故。兄弟怡之，老而彌摯，尤足以風末俗。

永概特與肯堂功力悉敵，並多抑鬱牢愁之音，有惜宜軒之輯。其酬肯堂句：「生於吳楚愛幽并，五嶽填胸不可平。少壯漸過添老態，江湖行遍滅山情。高吟斗室春回座，臘雨連宵冷入城。彭蠡樅陽二千里，茫茫帆檣又東征。」梁節菴（鼎芬）清末劾慶袁有聲臺諫，退隱焦山，永概懷之云：「上書不報拂衣去，絕類西京梅子真，最痛篇終陳昔語，異時逆耳更無人。」在北大時，曾題某畫人秋景句：「柳老西風作意驕，孤蟬獨自抱疏條，不知更有春來否，到眼秋光太寂寥。」皆有作意可誦也。

六十七、閻丹初（敬銘）矯厲儉節

　　晚清司農以善理財稱者，推閻朝邑，蓋閻丹初敬銘也。史稱其「質樸，以潔廉自矯厲，雖貴，望之若老儒。」傳敬銘貌醜，初以舉人應大挑，求致仕。大挑重品貌，傳其挑選方法，以同、田、貫、日、氣、甲、由、申為形體標準，同字面方體正而長，田字端凝方正而短，貫字體貌頎大頭巨身長，日字骨格精幹，肥瘦長短適中，凡此四類字形體貌，多獲中選；氣字形體形相偏曲不正，甲字頭大身小上寬下削，由字上窄下寬，頭小身大，申字上下銳而中粗，凡此類字體貌，則每歸淘汰。選之日，先經吏部堂官驗看，編定二十人為一班，請旨欽派王大臣屆期在內閣決定，於形貌之外，並察其應對儀表。舉行時依名冊姓氏先後按次序立，先唱三人姓名，內定以知縣請用者，應名出列班後，繼唱八人，為內定不用者，俗稱為「八仙」，八仙應名退出後，其餘九人，則毋須呼唱，例俱以教職選派。即唱次班，亦挑選如前。敬銘矮小，足又微跛，貌復不揚，醇親王見之，笑謂同列曰：「此人乃亦應大挑？」隨而以列八仙而退出矣，敬銘大憤，讀益盛，卒中道光廿五年進士，選庶吉士，散館後改戶部主事，浮沉郎署，抑鬱殊甚。

　　太平軍興，胡林翼奏調敬銘赴鄂，綜糧台營務，賢能大著，胡屢薦其才，遂陳臬開藩擢署巡撫，光緒初山西大飢，奉命視賑，八年起戶部尚書，精校財賦，國庫以裕。入樞之後，頗欲得君，而為勢所限，終不能行其志，世皆惜之。

　　敬銘性長厚，惟稍闇大體，傳其赴晉時，語所親曰：「宜多帶搭連布」。其布粗且厚，閻以製袍掛，屬員有服綢緞者，

輒斥曰：「今軍書旁午，汝輩何尚崇奢？審如此者，必多財，可捐以充餉！」屬僚憚之，一時搭連布之值陡增。知縣王錫襄以進士發山西即用，聞其事，乃遍假華服，服以進見，閣責其奢，王曰：「某需次此間久，實無多金購搭連布，故服故衣以見，雖遭參處，亦無所避。」閣知其諷，慚不語，自後即服綢緞者亦不復致詰矣。故李越縵詆其「纖嗇好利，執拗不學」，至謂：「聞朝邑疏請各省進固本銀，專解內務府，是以貨財為迎合也，鄙夫不可與事君，聖人之言信哉」！大約用人理財，過於自信，治事操覈過切，不免流於儉刻耳，然王湘綺稱其「清節冠一時」，翁松禪亦有「學術正而閱歷多」，「及真讀書談道君子人也」之嘆！似又譽多於毀矣。在樞時，新年約定九卿翰詹同集團拜，彼此不再投刺，以省繁文，七十賜壽，客皆个見，同官從其儉素之志，亦相約不敢送禮，光緒十五年引疾去，率其子成叔（名迺竹）野服乘騾出京，皆能一糾當時習趨者也。

六十八、李用清清操貽譏

晚清光緒初政，各省重吏治，監司牧令，多能勇於奉公，嚴於操守，其有矯枉過正，流於悋嗇，不免貽譏矣，時有稱為天下絕與一國儉者，則指李用清與李嘉樂也。

用清字澄齋，一字菊圃，山西平定州人，同治進士，出倭艮峰（仁）門下，安貧厲節，於物力豐瘠，尤所留意，平日惡衣食，捷足善走，不御輿馬，蓋生長鄉僻，世為農甿，初不識人世甘美之奉也。李鴻藻、崇綺、張之洞諸人，皆為延譽。光緒三年，山西奇荒，巡撫曾國荃，欽差閻敬銘奏調贊襄賑務，用清騎一驢周遊全境，無間寒暑，一僕荷裝從。張樹聲任桂撫時，聞其賢且廉，奏請差委，李不樂赴廣西，既奉旨發往，過津時乞李鴻章疏留，弗得，乃南行，而樹聲已移撫廣東，旋督兩廣，皆招之幕中，任以海防釐榷，尚能洗手奉職，故薦剡日至，遂擢守惠州，不二年，薦至貴州布政使，署巡撫，所至惟禁酒食宴會，以敝衣菲食率僚友。旋以禁種鴉片，操持過切，吏緣為奸，激成民變，大懼，復示准開禁。曾劼剛時任布政使，勸阻無效，於是黔人大譁，御史汪鑑列款糾之，且言其「實熱中，清操不足取，猶之馬不食脂，生性然也。」有旨來京候簡，徒步三千里，未雇一車騎，都下以為笑柄，李蒓客知之，誚為「尺八腿捷足鬼之流，在宣和遺事中亦為劣騶，本非聖門所尚。」旋命署陝西布政使，日坐堂皇理事，其妻即居其旁小室中，將產，不雇接生媪，產後流血不止，遂斃，其僕憐之，為市櫬以歛，櫬稍美，李以為費，令易薄者，已而，所生子亦殤，僕更為市小棺，李叱曰：「焉用是？」命啟其妻棺，

納以入。旋以疾引歸，主講晉陽書院者凡十年。

　　一國儉為李嘉樂，與李用清同時，翁松禪日記：「陝藩李用清、贛藩李嘉樂，皆一時賢者，而不容於時者，何耶？然二人固皆奇恠者也。」

　　在贛時，常呼匠人理髮，薙畢與以制錢二十文。已而，呼其僕問曰：「吾與之二十文，其人亦得意否？」僕謂：「外間每薙一次，皆四十文，今為大人薙，乃祇二十文，已墊付三十文使去矣。」用清怒曰：「吾鄉中才十二文，二十文已太過，汝乃私增之耶？今後吾不需彼矣！」遂使其妻自薙，不再假手於他人矣。

　　其早食與夫人共油條數段，庖人入內，悉須搜檢，不准夾帶魚肉。某日，值其生辰，僚屬趨賀，延至客座，亟令庖人洽具，諸人以為當可大嚼，已而，僕從捧兩大木盤出，則纍纍者悉油條也。

六十九、新疆之林公井

　　鴉片之役，清廷怵於英人之強橫，從琦善屈辱之主張，道光辛丑，斥林則徐在粵不能德威並用，褫職與鄧廷楨並遣戍伊犁。旋以王鼎之請，留佐治河。明年壬寅工竣，奉旨仍遣戍，群議為謀贖鍰，林峻卻之，荷戈就道。至則以伊犁將軍布彥泰奏，准飭則徐綜辦開墾，遂周歷天山南北，以坎井法，濬水源，大漠廣野，頓成沃衍，疆人稱為林公井。

　　新疆多沙漠，缺乏水源，且居大陸核心，海洋季風不易到達，氣候乾燥，雨量絕少，高山峻嶺外，每年平均降雨不及一百糎，故疆民農作，祇賴人工灌溉。然以高寒亢旱之區，河流絕少，其惟一之水源，厥為高山之積雪，東風吹凍時，高山雪解，從高而下，頓成無數溪流，或匯而成河，或流經戈壁沒入流沙，至其他地區，復出而為泉，雪峰冰嶺，無殊一自然之蓄水庫。惟以氣候關係，水量與農作物不能配合需要，農作物需水時，積雪尚未盡溶，夏秋泛濫，又常成水患，故利少而每成害。

　　則徐既奉辦理開墾之命，認水利為第一要著，躬赴南疆之托克遜，審察形勢，研究土質。以托克遜居天山之麓，群峰周匝，左環右抱，境內雖經常不雪不雨，氣候奇燥，惟四週重山，積雪甚厚，山麓地多沙質，每當冰雪溶化，出口不遠，即潛入地為伏泉，故地下蘊藏水量極富，如掘地成井，隨處可獲水源。乃倡鑿井之議，並授以鑿井之法，使托克遜人，於山陽之麓，雪水流湛之處，穿地成泉，徑五尺許，深十餘丈，以鑿至見水為度，鋪以羊氈，以止滲漏。每隔五六丈，又如法開一

井，井井相連，中通之以渠，其在山麓之井，稱第一井，井位較深，其他各井，則依次遞減，俾第一井之水，可流入第二井，第二井之水，再順流其他各井。順泉開掘：或數十井，或百餘井，直至低地可耕之處，資灌溉焉。疆人名之曰「坎拉井」，又以此種鑿法，為林公所自倡，並稱為「林公井」。井成，以數十井或百餘井相連為一道，每道之井，可資以灌溉者，為二三百畝，至四五百畝不等，取之不竭，農民沾其利，農作物賴以豐收，計墾田三萬七千餘頃，又給予種籽，疆人仰其遺澤，稱道弗衰。

自托克遜境內之林公井，開鑿成功，於是土魯番、哈密、善善各地，亦相率景從，紛紛鑿井，灌溉田畝。各地富人更有鑿井供水以牟利者，田畝需水，視其所灌溉田地多寡，以定其租值，獲利甚豐，因之新疆各地鑿井業，乃風靡一時。

七十、陳石遺與蕭道管

　　侯官陳石遺，名衍，字叔伊，以詩壇名宿，垂譽六十年，早歲受聘兩湖督幕，與樊雲門、梁星海諸人，昕夕共事，入民國後，選主北大清華講席，所著有「石遺室叢書」廿餘種，尤以所編《詩話》，及《近代詩鈔》，最為膾炙人口。晚年卜居吳門胭脂橋，與章太炎時多過從，錫山唐茹經，延為國專特約講師，主講《通鑑》、《宋詩》等課，七十七歲時尚應趙香宋之招，暢遊峨嵋諸勝，後歸福州，時與里中勝流遊讌自若，素健飲啖，易簀前數日，尚謂家人曰：「閻羅怕我。」越數日遽逝，蓋已逾八十矣。

　　石遺元配蕭夫人，名道管，字君佩，號道安，耆宿蕭凌皋女。凌皋棄儒而商，致多金，年且七十，始生道管。幼就傅，讀未成誦，講解未明，輒廢寢食，書法學虞永興能得神似，年二十，嬪與石遺。素性嫻雅有容止，長身頎立，得姑嬋歡，石遺家世寒素，賴其兄木庵（石書）以養以教，既娶，始析爨，鄉試屢罷，束脩膏火之入，不足供事畜，道管連歲產子，又輒頻於危，故皆不能自乳，乳嫗雁列，奩貲以罄。光緒癸未，石遺赴禮部試，夫人又將產，乃挈與偕行，於是得以並攬名勝，履迹所經，西上黯淡灘，東望赤崁山色，泛西湖，憩靈隱天竺，探韜光，入雲樓，立吳山，俯錢塘江，金焦北固石鐘大別諸山，皆緩步造絕頂，又登黃鶴樓，上琴台，達武勝關，走許鄭魯衛燕趙之郊，臨廣武，渡大河，蹦蘆溝，復入都，遂臥病不起。嘗取真誥語，以蕭閒堂，名其讀書之室，曾著〈言愁〉、〈說樂〉兩文，寓輕世肆志之意，亦頗貝哲理，年五

十，素面青裙，猶清雅迴俗，自言五旬外即當死，兒女婚嫁願了，趁頭未白，面未皺，一瞑不視，以自藏醜也。寓武昌時，所居必求在花木蓊翳，曉窗筆硯，兼課諸子讀書寫作，佳日則出遊，若蕭散自放者，至是以血疾卒於燕都，年五十三。石遺作蕭閒堂五言排律三百韻哭之，抒衷述往，情詞悱惻。侯疑始（毅）讀之題其後云：「才福不兩全，由來有偏缺，賢哉陳君妻，恂恂被儒術，不徒著靜好，智蘊周萬物。宋元稱李管，詞曲與畫筆，斯人擅雄文，浩汗富作述，鬚眉謝精詣，論議徵遠識，伏女曹家後，千載應寡匹。堂堂陳夫子，聲華炳日月，嗜古陋湖州，論藝卑松雪，唱酬諧比肩，鸞鳳鳴一室，才福信無雙，髦壽宜可必？豈期霜菊枝，歲寒遽凋歇！可憐五十翁，垂老傷折翼，哀逝無窮期，長吟動泉穴，嬋媛三千言，鉅製真獨絕，世增伉儷重，詩凝波瀾闊，萬古蕭閒堂，情文同不滅。」道管歿後八年，石遺倩陳師曾刻印，並為圖誌悼，師曾亦題句：「閱盡人間世，獨有蕭閒堂，至情深刻骨，萬事莫與償，山含夕陽古，葉落空階涼。抱此垂老，哀歌天地荒」。皆盛讚之也。

七十一、梅柏言暮年蕭瑟

梅伯言曾亮，自署柏梘山人，為姚姬傳嫡傳弟子，與管異之友善，為晚清古文大家，卒於咸豐六年，吳南屏詞誄之，以名高為嘲，以卒於顛倒為詬。南屏與伯言為並時名宿，且同宗桐城法派，湘鄉曾國藩於伯言極為推重，贈詩有「文章昌黎百世師，桐城諸老實宗之，方姚以後無孤詣，嘉道之間又一奇，碧海鼇呿鯨掣候，青山花放水流時，兩般妙境知音寡，它日曹溪付與誰」之句，南屏宜不應如此。且伯言暮年依河督楊以增，亦非顛沛之極，其言當亦有故。

伯言以道光壬午進士，籤分知縣，援例改戶部郎中，在戶部凡廿餘年，以沖淡自得，旋以資久不遷，乞歸鄉里，其出都時有詩云：「不須松桂悵巖阿，屈指橫江一月過，歸去交親耆舊少，近來文字墓銘多，但期筆札傳通子，莫話功名嘆阿婆，一笑窮愁原故物，幾人黃壤更如何？」不無嘆窮傷晚之意，及歸，主金陵書院講席，迨太平軍陷南京，伯言遂陷其中。

聞故老言：太平軍入金陵，定名天京，收羅文士，以伯言為文學名宿，尊禮為三老五更，伯言始以秀全漢族，揭竿驅胡，謂可集大事，亦與委蛇，後見諸王用事，舉措乖張，遂避地鹽城，託於楊以增，以訖於死。

民初，章太炎遇馬相伯於京師，談伯言事，相伯老人謂：「洪軍破金陵時，伯言不及走，為太平軍所掠，令擔水，老年力弱不勝，則厲聲誦詩，以代邪許，見者怪之，事聞於洪，知為金陵尊宿，乃免其役，其後有無仕於天國，則言者弗詳也。」其言似若為伯言諱者。

後太炎於金陵圖書館中，詳覽金陵儒舊著述，得《柏梘山房集》讀之，館長鍾某，南京大族也，章與談，並叩以伯言事，鍾亦以「金陵人積口相傳，伯言嘗被迫應洪朝鄉試，中式舉人，其後始薦晉為三老五更」。其所云與相伯所云略同，但梅既以名宿邀洪延進，鄉試中式事似不可信，當以弛擔後為三老五更為近理。伯言於政事頗留意，滿清中葉政敝民嫚，亦所痛心，陷身後受洪尊禮，以漢族立場言，亦無損於大節，惜秀全無大略，虛致尊養，故伯言終去之也。

《柏梘山房集》，癸丑無文辭。續集乃錄詩多首，其中詠蛛詠蚊之作，以「口挂」「網布」及「大患在有身」為言，言外之意略可揣見，其移家詩：「庚桑俎豆非吾願，好伴魚樵作幸民」句，伯言於清不過一退老之司官耳，何故以庚桑俎豆為言？意者以洪朝之敝，重以縈心家族，乃以移家為詞，以謀脫身，至甲寅七月王墅有警，始挈家鹽城耳。

七十二、王補帆清節惠政

　　曲園老人俞樾，有〈與王補帆南下窪子散步〉句：「酒座歌場處處豪，偏將野興寄林皋，亂墳多鬼人稀到，古寺無僧犬獨嗥，自覺閒身宜此地，天教冷趣屬吾曹，明朝吏部門前去，又染緇塵到敝袍。」曲園與補帆為道光庚戌同年，時同居京，蓋江蘇寶應王凱泰也。凱泰原名敦敏。字幼恂，又字幼軒，同治間，參李鴻章軍幕，馬新貽撫浙時，以功擢浙江按察使，多善政，又重水利，其濬三江閘漲沙，洩山陰、會稽、蕭山三縣之水入江，極為浙民稱頌。旋開藩廣東，裁陋規，省差徭，覈釐捐，丈沙田，濬城中六脈渠等，多善政。同治七年，任福建巡撫，課吏興學，於福州西湖書院，築「十三本梅花書屋」，政事之暇，常集閩士於此，論文賦詩，後西湖書院廢，陳寶琛主全閩師範學堂時，始移其所書匾於烏石山，知者尠矣。

　　補帆遇事綜覈名實，吏民多畏而懷之，嘗應詔陳言，請停捐例，以杜倖進，勿以涓滴之微，而害吏治；並請裁汰冗員，限制保舉，編立練營，減兵加餉，就餉練兵，皆救時良策。生平以崇廉尚節自勵，一介不苟取亦不苟與。素精制藝，自詡善衡文，於詩古文詞，亦靡無不擅。林穎叔壽圖，謝枚如章鋌，皆閩紳之負時望者，補帆迭互與酬唱，嘗以蕃薯幼苗，作羹餉客，穎叔名之曰「中丞菜」，補帆即以之命題徵詩，謝枚如即席為五律二首：「斯民無菜色，大府善和羹，速客飽初菜，加餐菊有英，屢思前箸借，敢以宿根輕，校藝曾推食，甘棠記頌聲。」「出山非小草，配食得高名，長抱風雲意，未忘藜藿情，濟飢留厚實，選味摘新萌，庾韭張蒓外，官庖此大烹。」

衙齋韻事，類如此。

蕃薯為薯蕷類，為民間雜糧之一，缺糧縣份，鄉農多種之以佐餐，金門、福清等縣多產之，以福清所產為優，或鉋絲切片，販售他縣者，故有蕃薯米、蕃薯片、蕃薯錢等稱，味甘而潤，其葉則烹以餵豬而已。補帆係取其嫩苗和羹，時與伊秉綬之伊府麵並稱，十餘年前，閩市惠如鱸菜館，亦有中丞湯之製，以雞絲火腿羹濃湯，以蕃薯幼苗入之，風味清絕，較之蒓羹尤過之無不及，獨不知補帆之製亦如此否？然數十年猶存其名，閩人談者，猶能舉補帆之名而稱其惠政也。同治末，補帆入京覲見，行至蘇州，疾作乞罷，特予假治疾，及日本窺臺灣，廷旨命其力疾回任，光緒初，移駐臺灣，終以年老血衰，疾復作，還卒福州。

七十三、孫萊山（毓汶）譭稱齊天大聖

南通張謇嘗謂：「滿清袁敝，實始於甲申，自恭王去位，醇王執政，孫毓汶擅權，賕賂公行，風氣日壞，朝政益不可問，由是而有甲午政局之變，……而有戊戌政局之變，而有庚子拳匪之變，而有辛亥革命，宗社以屋，因果相乘，昭然明白。」按甲申時，奕訢與李鴻藻秉樞政，法越事起，廷議和戰不決，言路紛爭，門戶漸啟，慈禧方嚮用醇王奕譞，樞臣五人悉遭罷黜，為當時一大事件。奕訢自庚申和議後，位望日崇，洞悉中外強弱殊勢，對外則力避啟釁，對內辦洋務以求自強，雖施措未必悉當，奕譞不察，以奕訢為懦弱，時讒於慈禧，慈禧亦以奕訢諫修園囿，抑閹寺等等而不滿，至是以盛昱等之糾彈，責以因應失宜，壅閉諱飾，以奕譞代領軍機，引用孫毓汶等，朝政益不如前。

毓汶字萊山，山東濟寧人。祖玉庭，字寄圃，道光時任大學士，以持重稱，伯善寶官浙江巡撫，父瑞珍官至戶部尚書，兄毓溎道光廿四年狀元，毓汶咸豐六年榜眼，一門鼎盛。旋以丁憂在籍辦團練，奕訢惡其抗捐，僧格林沁參其不遵調遣，請革職枷示發戍，詞臣居鄉，乃被斯議，交惡之因實基於此。同治元年輸餉，始復原官，五年大考一等一名，擢侍講，值南齋，督皖閩學政，除侍郎，其人固權奇，饒智計，初頗勵操行，守家學，自經沮挫，頓改所守，值南書房時即結識權璫，賂使於慈禧前道其能，又善於奕譞，故獲入樞，奕譞以尊親參機務，不常入直，毓汶遂掌大權，自以闈寵日盛，孳孳營財賄，士林深薄之。孫與翁同龢最不洽，然恭醇之爭，實清季政

治一大變局，僅次於母子之爭，季直之言，尚非不慊其人，而故甚其詞也。

孫之諢號，曰：齊天大聖。蓋孫書法本甚佳，每奉敕題書畫，遇有佳者，輒摹贗本以進，而自留其真，家故蓄畫師書手多人，久之漸洩於外，人以其巧於變化，乃以比之《西遊記》中偷桃竊丹之孫猴子也。閩臬黃毓恩，原守夔州，引見時，餽冰敬二百，孫以其少，卻之，慍曰：「八年廡仕，僅乃辦此歟？」乃將其調黔，命將下，毓恩懼，改餽萬金，不俟赴任，即晉閩藩司。黔藩王德榜入覲，投刺謁孫，閽者索門包千金，德榜起於兵間，隸左宗棠麾下，性魯直，又負氣善罵，怒曰：「我朝廷命官，非孫家奴也，不見何害？安用賄！」索刺，罵而去。毓汶聞之，銜之甚。迨王返任，適黔撫出缺，例由藩司攝任，毓汶言於后前：「德榜魯莽不通文理，不可任」。遂以臬司黃槐森權撫篆，王恚憤以死，其弄權多類此。

七十四、章厥生（嶔）與《中華通史》

　　天行草堂主人章嶔，字厥生，杭州人，光緒癸卯舉於鄉。家素清苦，奉寡母以居，又喪偶無出，以文名噪，為杭紳邵伯棠所器，妻以幼女，邵女能食貧，奉姑相夫，而章遂益劬於學。光緒癸卯，主浙江高等學堂歷史教席，邵元沖、陳布雷均出其門下。旅赴日，當時遊學者，盛習軍事政治，章獨攻史學、文學，有《東京讀書記》之作，並著手編纂《中華通史》，徵引古籍凡數千種，參考圖書達五萬冊。

　　清末返國，任北京大學及北京高等師範史學系教授，凡十餘年，課餘輒勤搜古籍，薪入多以易書，不足，則嗟嘆至不成眠，其婦嘗出奩金益之，以是所積乙部之書，稱東南巨擘，丁氏八千卷樓之後，言史籍者，以章為著。又喜楹句，楹帖亦搜存至多，有《百聯樓詩紀》，詳誌聯語名款圖章大小用紙裝裱等，各繫七絕一首，載《東方雜誌》美術專號。又擅作隸，精治印，為藝林推重。

　　後返杭養疴，東南諸學府，聞其南歸，爭欲致聘，以不欲離家，皆辭不就，浙大校長邵裴之力挽出任史學系主任，並許其自由講授，章以為不便，仍力疾赴校，講解不衰。原居海獅溝老宅，為族人所貨，遂置宅井字樓，其鄰為魯師廟，木作業所供奉公輸子為祖師者，乃自隸書「友班」二字，鑿石以顏其廬。宅中樹木佈石，悉出己意，有樓可眺螺山，乃號其樓曰「對螺山館」，以庋圖籍，其讀書處則曰「容膝閣」，總其名曰「天行草堂」。章治學至勤，老而不倦，黎明即起，據案丹黃，親友誚其怪僻，不顧也。嘗以有秦一代為風會一大變遷，

而秦史獨略，欲追補之，乃刺取古籍，貫穿追羅，鉤沉拾闕，作《秦事通徵》，書成二章，餘僅存目，凡所徵引處，均就原書以紙片夾出。惜晚年困於病，未能勒定，疾革時，猶以未能成書為憾也。

章氏體度中人，方面微髭，目光炯朗，惟久患腸胃疾，以民國二十年五月逝於杭州，年五十八。綜其一生，盡瘁史學，不入仕途，其學迢近接章實齋，沿浙東學派，以史為主。然實齋揭六經皆史之旨，由史識史學史法而進論史意，厥生則逕以典籍為史料，鑄鎔而成通史，至其好藏書而重目錄，亦深於實齋校讎之義。卒後，《中華通史》早付商務印書館印行，列入大學叢書，由門人宋念慈為之校刊，其《史論》、《秦事通徵》未完稿，《天行草堂詩文集》等，亦一一付梓。書五萬餘冊，遺命捐贈浙江省立圖書館，闢有「章氏遺書室」藏焉。

七十五、端老四（方）結怨岑三（春煊）

　　清季，北京旗下三才子，「大榮，小那，端老四」。大榮者為學部尚書榮慶，字華卿，鄂卓爾氏，蒙古正黃旗人。以進士迴翔台閣，頗汲汲於厲人才，厚風俗，嘗疏陳取才應滿漢並重。小那者，大學士那桐，字琴軒，葉赫那拉氏，內務府滿洲鑲黃旗人，庚子義和拳亂後，命充日本謝罪專使，北平有名之那家花園，即其宅第也。端老四則為端方，三才子中，亦以端為有才幹，然《清史》稱榮謹慎持躬，那桐和敏解事，於端則比於殷頑焉。

　　端方，字午橋，別字匋齋，托忒克氏滿洲正白旗人。以廩生中光緒八年壬午科舉人，入貲為員外郎，旋受郎中，出掌都察院霸昌道，累遷陝西按察使，布政使，護理巡撫，湖北巡撫，湖廣、兩江、閩浙總督，派赴東西各國考察憲政，歸國後，成歐美政治要義，以議行君主立憲著於時。嗣又授兩江總督，調直隸總督，於慈禧太后梓宮奉安時，乘輿橫衝神道，及沿途拍攝奉安情景照片，為農工商部左丞李國杰劾大不敬，革職。辛亥川漢路案發生，命以侍郎督辦川粵漢鐵路，自鄂率兵入川鎮壓。武昌革命軍起，端方方抵資州，其所部已受黨人策動反正。軍官劉怡鳳率眾入室，勸順從革命，端語不遜，遂被殺。

　　端方素性通脫，不拘小節，篤嗜風雅，尤好客，建節江鄂，燕集無虛日，一時幾上希畢秋帆、阮芸台。與袁世凱交厚，且為兒女親，同黨於慶王奕劻。奕劻為遠支宗親，機巧貪婪，為世叢詬，庚子聯軍之役，李鴻章奉旨議和，奏請以親王

加入為全權代表，及總理衙門改外務部，授為總理大臣，榮祿死後，遂值軍機，權勢可炙手，與袁端結成一系，以排斥瞿鴻禨、岑春煊等。端岑結恨，起因於慈禧西奔，時端方以實缺陝西布政使護理巡撫，堵防山西拳民入境，陝境得以寧謐，而岑春煊率師勤王，乃以扈從，授陝撫，端遂飭回布政原任。岑三少年得志，盛氣凌人，時與端以難堪，遂結深怨。後端附袁，而岑黨於瞿。李國杰妻父為楊崇伊，在籍時以爭妾事涉訟，端嚴懲之，恚死，逝時命以書達國杰，誓必報，其踉哭於隆裕后前，舉發端方大不敬，蓋報怨也。及四川國有鐵路案起，奕劻主起用端方，載澤則請用岑春煊，監國醇王載灃，兩許之，以岑為川督，端上疏力詆，卒至互相觀望，事權不一，遂至倉皇無措，方入川未幾即被殺。

七十六、壽伯莆（富）死殉拳亂

清光緒庚子都門紀變百詠之一：「馬路新開四達衢，太平時節帝王都。無端三月咸陽火，燒破塗山玉帛圖」。曩聞故都耆老言：聯軍入都，各國部隊，劃界分駐，美兵尚能嚴守紀律，不擾民居；日兵次之。德兵以憤於克林德公使之被戕，淫掠殊甚，其他軍隊亦多事擄奪。城內外民居遭洋兵恣意騷擾者，不可勝紀，達官貴族，每被驅使負屍清道，不順則鞭撻隨之。其入民家搜括，傾箱倒篋之外，並婦女褻衣亦不免，謂防其藏匿也，既蒐所得，則大箱小筐，奪大軍以載，牲口不足，則執途人以代驟馬。陳璧方官御史，曾被執使負縛，而辛亥武昌革命時之清督瑞澂，亦當時洋兵之順民也。

寶竹坡（廷）子壽伯莆（富），以進士官編修尚氣節、重新學，治經不局漢宋，論治政以泯除滿漢畛域為亟，有深通時務之目，嘗遊歷日本，深羨彼邦維新致富強，歸後，於丁酉歲上書八旗諸王公，痛陳當世利害，極中肯綮，蓋旗人之愛國者。頑固者以竹坡清流見惡於宸闈，其子復務維新好言事，皆避之若浼。伯莆以不見重，頗憤懣，遂杜門藝菊，與其弟仲福唱酬為樂。

拳亂起，其婦翁聯元被殺，伯莆為紀其喪，哀痛之極。及聯軍破城，伯莆恨曰：「吾固知有今日也！」切齒握拳，憤不欲生，迨聞洋兵搜掠各處，即親自調藥，將舉家共飲，聯元子序東，不忍睹此慘劇，垂淚話之曰：「兄殉國變，吾不敢阻，惟諸甥俱幼，乞保留其小生命如何？」伯莆悽然頷首，揮令攜兒去，顧仲福曰：「弟有何意見？能相從於地下，以見先

人否？」仲福黯然曰：「地坼天昏，生亦無謂，兄死弟何獨活！」正言間，其妹婉如淑如坌息入告：「洋兵至西院，行且及矣！」伯弅曰：「此其時矣！吾輩不能受辱，速飲藥！」舉盞一飲而盡，仲福及兩妹亦各自動盡一器。侍婢珍兒見主人從容盡節，拜曰：「爺輩死國，亦容奴輩追隨否？」伯弅含笑可之，遂各盡餘瀝。時諸人皆集東院，洋兵窮搜西院無所得，悻去，伯弅等未之知也，而藥力發作殊緩，久不得死，則草函致某太吏，託保存先人遺稿，並附絕命詩云：「袞袞諸王膽氣粗，輕然一擲喪鴻圖，試看國亡家破後，到底書生是丈夫。」「曾蒙殊寵對承明，報國無能愧此生，惟有孤魂凝不散，九泉夜夜視中興。」「薰猶相雜恨東林，黨禍牽邅竟陸沉，今日海枯白石現，兩年重謗不傷心。」書畢，仍無異狀，曰：「藥不能死，當取繩來！」遂相偕至西廂，兄弟姐妹依次自經死。

七十七、皮鹿門（錫瑞）詩悼譚嗣同

清季以經學著一時者，有善化皮鹿門，學者尊為師伏先生。章太炎「衡經師」文中，曾及之。

鹿門名錫瑞，又字麓雲，光緒壬午舉人，三上禮闈，均報罷，乃絕意科試，潛心講學著書，先後主講桂陽龍潭書院，南昌經訓書院，以「治經當守家法，詞章必宗家數」詔後進，顏其居曰師伏堂，人以是稱之。

與文芸閣（廷式）陳伯嚴（三立）為鄉試同年。文為德宗珍瑾二妃師，宸眷初頗隆，聲采既盛，時肆糾彈，甲午時曾主聯英德拒日，並劾孫毓汶，詆訾過當，次日，慈禧語樞臣：「言者雜遝，如昨論孫某，語涉狂誕，事定當將此輩整頓」。已決去之矣，果而楊崇伊希闚旨，參文廷式，遂遭永革驅逐，葉鞠裳所記：「道希為楊莘伯所糾，牽涉松筠庵公摺反內監文姓事，革逐回籍，鉤黨之禍起矣」。即指此。牽連所及，珍妃被黜，宮廷之變，母子之爭，胥肇於此。鹿門聞之，曾譜〈雙藥怨〉一詞，寄道希云：「悵幾番蕭條風雨，春殘愁見花落。鳳城桃李凋零盡，一點又飄紅萼。天漠漠。空夜奏綠章，無奈芳枝弱。封姨太虐。任巧囀鶯簧，苦啼鵑淚，有酒更須酌。銷魂處，回首五雲樓閣。衣香猶染京洛。蛾眉見嫉尋常事，泉水漫分清濁。情不薄。恁潛處太陰，尚盼微波託。承恩似昨。待買賦長門，迴心舊院，莫遽怨謠諑。」

既而朝野盛倡新學，陳寶箴任湖南巡撫，思以一隅致富強，為東南倡，黃公度任湘臬，江建霞、徐研甫相繼為學政，皆主維新，寶箴三立父子與熊希齡、譚嗣同諸人，尤激進，戊

戌二月，南學會創於長沙，延鹿門講學會宗旨，念亂傷時，持論侃侃，嗣同尤致傾服。後嗣同被薦入京，擢為京卿，參新政，變法百日，而慈禧再度垂簾，譚等六人被逮。是年中秋前一夕，鹿門方居湘垣，天陰風颯，忽而心緒瞀亂，徬徨繞室，莫明其故，倚枕曹騰，久不成寐，夜五鼓，方矇矓間，忽夢見嗣同，訝其何以至此？嗣同慘目搖首，曰：「誤於鬼蜮耳！」大驚而醒，越兩日，京報至，譚已遭戮矣。鹿門有詩哭之，句云：「竟洒萇弘血，難完孟博軀。南冠已共惜，西市更何辜？濁世才為累，高堂淚定枯。榮華前日事，緩事入朝樞。」「同歸首未白，相見看誰青。訪我來南學，看君上大廷。楓林忽魂夢，天道有神靈。一自沉冤後，朝朝風雨冥。」魂魄入夢之說，本屬無稽，大抵鹿門聞變法事敗，積思之極，乃有此幻覺耳。鹿門卒於光緒戊申，年五十九，遺著有《師伏堂叢書》十八種。

七十八、蔡乃煌結怨岑三（春煊）

清末，黨人方經營東南，上海道蔡乃煌，為清庭鷹犬，摧殘革命勢力最兇，其人不特為漢族之罪人，且亦誤臺之逃吏，蓋傾險譎詐之小人也。乃煌廣東番禺人，原名金湘，字雪橋，為秀才時，即魚肉鄉曲，因與邑紳爭妓案，被褫革衣頂，遂挾其兄子乃煌監照，赴京師，冒應順天試，竟登乙科，於是遂以乃煌為名，而字伯浩矣。旋以大挑，補知縣，分發臺灣，客居藩幕，時署布政使為李體乾，為署理巡撫唐景崧之鄉人，質直樸拙，以乃煌便給，信任不疑，乃煌亦屈意媚之。甲午戰敗，清廷屈於日本，允割臺還遼之約，臺人痛憤，舉唐拒日以圖自保，事未集，而景崧內渡，乃煌遂乘隙乾沒藩庫部餉二十六萬餘兩，竊以偷渡廈門，復變名轉走四川，出貲捐納為道員。旋入京，夤緣慶王奕劻與袁世凱二人門路，當時賄賂公行，一經請託，雞犬亦可飛昇，故不數年竟授蘇松太兵備道，其最大任務，則為慶袁陰偵岑春煊。

初岑以慈禧寵眷，命署郵傳部尚書，到職不數日，即屢劾奕劻父子貪庸諸狀，為慶袁所切齒，陰以百五十萬金，賂大公主，使伺間進言慈禧，將岑外放。會廣東請兵，袁犧牲其親家周玉山（馥），請簡春煊為粵督。廷旨下，岑大感意外，乃赴滬，引疾辭，不得請，將赴粵矣，忽奉旨開缺，悟為慶袁中傷所致，意態消極，頗以遊讌自遣，且有狎優之傳，而岑與梁啟超合影亦達深宮，於是終慈禧之世，春煊遂遭廢置。

戊申十月，慈禧母子相繼逝，國喪之期，春煊居租界，仍不廢醇酒婦人，乃煌書責之，有身在江湖，心依像闕，必效陶

公之運覽，忍師謝傅之圍碁？況國恤方新，人言可畏云云，春煊為之愕咍。後岑於所著《樂齋漫筆》中曾記：「蔡乃煌初宦蜀中，丁未歲，余將西上，乃煌在滬，數來求見，余知其非佳士，峻拒之，遂夤緣內調，為世凱效奔走，得任蘇松太道，實使伺余過失，既無所得，則布散流言，偽造余手書，致浙撫增韞，勸舉大事，所言狂悖，增知其詐，封以視余，言猶在耳謀卒未得逞。會乃煌自以他罪亡命去，世凱亦罷黜家居，群喙始息。當乃煌得勢時，氣燄矜張，發言狂謬，聞者皆不平，余澹然置之，不以經意，彼亦終無如何也。」足見怨惡之甚。所指「乃煌以他罪亡命去」者，蓋乃煌於宣統二年庚戌八月，以營私罔職，為張人駿所劾罷。其後袁曲凱稱帝，以乃煌赴廣東禁烟，實則謀開烟禁，討龍（濟光）之役，岑與乃煌遇於粵，卒脅龍使死之。

七十九、朱銘盤狂傲嫉俗

　　泰興朱銘盤，字曼君，九歲入泮，而青衫一領，屢躓秋闈，光緒壬午，始舉於鄉，而會試又復不售，抱大有為之才，處無展布之地，抑鬱牢騷，發為憤時嫉世，遂成傲上憫下，重賤輕貴之癖。居常使酒罵座，面折人非，人訝其怪且狂，而莫敢與近。

　　與周彥昇、張謇諸人，從軍朝鮮，居吳長慶幕中。素工駢六儷四文字，沉博絕麗，詩則天骨開張，風格遒上，所著《桂之華軒詩集》中朝鮮雜句，足為詩史讀，與周彥昇《朝鮮樂府》，有異曲同工之妙。

　　回國後，嘗依曾國藩兩江督幕，時金陵平定未久，某次，曾氏昆季宴諸僚將，銘盤以箸指席間之蜜餞山楂果，謂九帥（國荃）曰：「此物何似？」國荃未答，銘盤徐徐曰：「此紅頂也！血紅血紅！今遽集於此，高聳甚矣，不虞下跌耶？」國荃色變，諸將亦怒目狠視，銘盤依然高論，飲啖如故，大有夷視群倫之概。國藩愛才，恐狂生召大侮，適楊石泉（昌濬）在側，亟以目示意，楊悟，急起邀銘盤入別室，自是與趄趄者成冰炭矣。

　　旋楊拜命撫閩，國藩以銘盤託之，以避群啄。銘盤隨居撫幕，不通世故猶昔，於事必盡言，石泉初欲博愛士之名，容之。既久，則浸潤之言漸入，遂稍疏。適福寧鎮總兵楊在和，以艷某民婦姿色，強奪之，迫奸致死，閩省紳民聯名上控，石泉按查屬實，將具摺嚴參。在和得訊，大懼，急以重賂，賄石泉妻弟胡球生，球生慫恿甚姊，使泯其事，石泉迫於閫威，欲

竄易摺稿，銘盤執不可。石泉復浼陳碧城諷勿堅持，銘盤斥之，且於楊有微詞。復以石泉之妻黨諸古棻，與胡球生分賕不勻，為人告發，廷諭丁日昌密查劣幕，以諸朱同音被混認，竟傳銘盤環質，雖安然歸來，而無妄之禍，泥塗之辱，怨忿可知，更悟石泉之有心修怨，不可一日居，拂袖竟行。或有勸銘盤使往大營申辯者，銘盤仰天大笑曰：「士待辯以求明，難乎其為士矣！」遂趁船赴滬，李供奉落花時節，重到江南，庚子山枯樹江關，自傷歲晚，雖故態依然，而旅懷大惡矣。嘗有〈生日〉一首云：「窮海春回未似春，不成愁思細如塵。年過秦氏氄鬢增，詩寫湘靈渺渺人。鵲有東南求好樹，樓無西北接重闉。懷仁輔義何人事，卻怪桐江只釣綸。」旋浪遊江陰，以中酒受寒不起，同舍汪宏謀，搜其行篋，始知姓氏，以告永嘉縣令張某，乃為之料量身後，並歸其喪。

八十、高鈍劍（旭）自隳聲名

　　明末張傅建立復社，挖揚風雅，主持清議，聲氣之盛，朝野側目。自茲以後，清代以屢興文字大獄，騷人墨客結社之風稍寂。降及清末，南社崛起，以尚氣節、辨夷夏、正人心、揚國粹為主旨，幾復遺緒，於焉又振。

　　南社創於清光緒三十四年戊甲之春，由陳去病等發起，聞風陸續加入者達千餘人，其中有革命志士，有清流，有畸人，有政治家與政客，有高僧，有閨秀，有伶官，有詩詞書畫名家，清末民初東南名雋，多為南社社友，人才之盛，將未曾見。曾刊行社集二十餘冊，胡樸安撰《南社社話》詳述之。社友初皆志同道合之士，日久，則涇渭漸分，有精華亦有渣滓。如柳亞子即為自隳志節之一人，當抗戰時，亞子輯《南社紀略》，曾於序中斥汪精衛媚敵，幾欲削其名籍，乃曾幾何時，亞子亦另搭上賊船，自叛黨國，其投匪醜行，言者已多；另一人亦以自隳志節，而為同社所詬病不齒者，即高鈍劍也。

　　鈍劍名高旭，字天梅，又號哀蟬，江蘇金山人，留日時曾廁名黨籍，回國後任江蘇支部長，創辦《醒獅復報》，指斥清政窳敗，為兩江總督端方指名通緝。光緒末南社結立，鈍劍實為發起人之一，以詩文有聲東南壇坫，詩初近仲則、船山，稍變而為定菴，再變而為仲瞿、瓶水，及與易實甫友，稍倣為哀感頑艷之什，復交鄭太夷，則又為清苦淒咽之音。又善書法，初好柳誠懸，稍變而為黃山谷，最後參以北碑，居然成家，求者踵接。

　　辛亥秋冬間，滬蘇杭等地，相繼光復，黃克強、宋遯初、

陳英士諸氏，同屬南社社友，鈍劍均與素諗，初任故鄉金山之司法長，後被舉為眾議院議員。袁世凱毀棄臨時約法，國父命陳英士再起義師，鈍劍從之，不久病歸，閉門戢影，以詩詞自遣。迨黎元洪繼任總統，鈍劍再赴北平，仍任眾議員。民國十二年，曹錕賄選竊位，鈍劍竟為金錢所屈，南社舊人，聞其賣身軍閥，馳電詰責，並示割席，當時南社另一社友之議員邵次公（瑞彭），以揭發賄選內幕，報紙騰載，著聲內外，於是鈍劍更為同社所齒冷，從此負愧旋里，頹然自放，終日借酒澆愁，蓋過後思量，內心亦愧怍無及矣。旋於民國十四年潦倒死於家，年甫四十九，以視亞子固猶略勝一籌也。

八十一、張亨甫落拓風塵

松寥山人張際亮，字亨甫，閩建寧人，少孤，長兄業賈，亨甫從而習焉，而間輒讀書弗倦。兄以其才也，資其讀，學遂猛進。補諸生，肄業福州鰲峰書院。時院為陳恭甫（壽祺），閎識博通，課士不一格。遊其門者，如仙遊王捷南之詩禮春秋諸史，晉江杜彥士之小學，惠安陳金城之漢易，將樂梁文之性理，惠安孫經世之韻學，建安丁汝恭，德化賴其瑛之漢學，皆有名於時，亨甫則以詩古文詞名家，極為恭甫器重。尋試拔貢，入京師，朝考報罷，而時皆嘖嘖稱其詩，遂留寓都門。

亨甫才氣磊落，於時政蒿目□心，雖觸忌諱，無所隱，尤惡夫盜名欺世者。鹾使曾燠，以事入都，招之飲。燠以名輩自居，據席高談，縱意品評當世，同座者贊服，亨甫薄之。燠且啖且食瓜子，忽粘鬚際，客有起為拈去者，亨甫見狀大笑，聲震屋瓦，託故辭去。既歸，修書致曾，責不能教後進，徒以財利，徠寒士奔走門下。曾燠慚怒，讒亨甫於諸貴勢，於是世遂以狂生目亨甫矣。

某年順天鄉試，主試者約張際亮狂士，宜勿中。亨甫風聞之，易名為亨輔，中式，拆卷者疑欲去之，副考官申解，乃止，及來謁則果亨甫也，主試者恚然，會試遂復報罷。遂絕意仕進，遍遊天下山川，窮探奇勝，所至輒厚遇之，尤為並時勝流所重。戴存莊（鈞衡）《蓉洲集》，有得張亨甫書句：「張衡已入陳留道，尚想河梁祖帳開，漠漠白雲人遠去，蕭蕭紅樹雁初來，發書驚喜翻垂淚，冀我飛騰愧不才，三十飄搖無一事，況逢時難甲兵催。」孫琴西（衣言）與亨甫神交久，而未

相見，其《遜學齋集》中，亦有寄答亨甫武昌之作，句云「先生隻帆黃鶴津，懷人卻向長安塵，長安六月熱炙骨，日讀君詩涼欲雪。平生不識元紫芝，懷中喜有清風詩。白雲千里未得報，長安木落風飄飄，君也風塵東西走，我亦土牛落人後，今君合返黃華峰，我尚異鄉愁飄蓬，寄書答君秋復冬，到時已有南來鴻。」謝枚如（章鋌）寄知守齋詩亦有「奔波誰與念松寥」之言，足覘為時所重，亨甫與桐城姚石甫（瑩）交最摯，石甫任臺灣道時，與臺灣鎮總兵達洪阿，擊敗犯臺之英艦，並獲其人，及和議成，英人訴臺灣文武冒功欺罔，石甫與達均逮問，下刑部獄，且不測，亨甫聞之，入都急難，舊疾突發，及石甫事白，而亨甫已疾篤，石甫執手欷歔，亨甫以所著《思伯子堂詩集》屬之，遂瞑。

八十二、龍芝生義庇黃克強

　　湖南龍湛霖，字芝生，攸縣人。晚清同治進士，授編修，光緒中典試滇閩，督學蘇贛，所至輒著名績，內調內閣學士，薦升刑部侍郎。戊戌政變後，慈禧后再垂簾，權貴用事，朝政益非，遂乞歸。芝生生性忠謇，達治體，論議皆中機要，翁松禪相國亟稱之，謂「其人偉而厲，學有重名」，蓋清季明達士也。其義庇黃克強事，知者蓋尠，特傳之。

　　光緒癸卯間，湘省明德學校始創，胡子靖（元倓）赴杭，約華紫翔授英文，抵滬時，適黃克強自日歸，因並約其赴湘任教。其秋，第一期速成師範班，即推克強主持，張溥泉（繼）與綏卿（祿貞）時亦在校，因印行陳天華所著《猛回頭》等書，長沙府知府顏鍾驥，得其書，欲藉此興大獄。時湘撫為趙次珊（爾巽）將去位，張筱浦（鶴齡）、俞壽臣（明頤）、金仍珠（還）皆在湘任要職，與胡子靖交善，相與維護。然克強等華與會，決志革命，方實行祕密活動，遂辭明德教員，而顏守與王益吾（先謙）祭酒等，竟發書向湘撫告密，指胡黃為革黨首魁，有「務祈速即拿問，分別審訊，明正典刑」之語。湘撫將函交臬司，俞壽臣密以告胡，並請譚組庵（延闓）、龍萸溪（紱瑞）謁龍芝生陳請，致書湘撫，力稱克強、子靖之賢，蓋芝生向重二人，而龍位望之崇，湘撫不能不從也。旋又於龍宅，約張筱浦與黃相見，談論甚洽。張返撫署，因言適從龍家，晤黃某，粹然儒者，職可以身家生命保之。事漸獲解。

　　一日，子靖方在校，忽克強持手槍悉息入，猝然謂胡曰：「事又鬧大矣！」胡乃送黃至龍宅暫避。龍命人持刺邀胡往，

睹面即曰：「撫署已得真據，已發兵拘人矣。」並言頗受撫軍責備。胡曰：「諸事我均與聞，公欲升官，吾之頸血，可以染公之頂，惟吾是問可也！」筱浦頓足曰：「此芝麻綠豆官，誰願為者？此時惟看如何保護渠輩耳」。旋與俞壽臣商由萸溪、組庵商，儘一夕之力，將憑據毀棄。翌晨，俞命著名緝捕武官楊明達，往明德學校搜查，諭以「無據不許拏人」。既而芝生以長沙弗可久居，囑金封三、李廉方護送克強入黃吉亭收師之聖公會，金仍珠語胡曰：「登輪船，即租界矣。」胡悟。時克強頗艱澀，張筱浦假以三百金，克強、溥泉等遂乘日船日清丸下駛，不久，赴東京，晤興中會領袖孫中山先生，遂組同盟會，以進行革命。

八十三、惲子居（敬）與陽湖派

　　有清一代之文，得體之正者，推方理溪；得氣之奇者，推魏叔子；而介乎正奇之間者，則惲子居耳。方苞為文，上規馬班，仿韓歐，雖變化少，而大體雅潔，即世所稱為桐城派者；魏禧所作，則凌厲雄邁，得力於左氏傳及眉山蘇氏之文，學者尊為勺庭先生。惲子居名敬，號簡堂，陽湖人，少時好為齊梁駢儷之作，及長棄去，治古文，中年，益精研經訓，深討史傳興亡治亂得失之故，其文得力於韓非李斯，敘事仿班固陳壽，而自謂其文自司馬遷以下，無北面。官京師時，與同郡莊述祖、莊獻可、張惠言，海鹽陳石麟，桐城王灼為友，商榷文史，而於惠言，尤互為欽重。惠言字皋文，詞賦儗司馬相如、揚子雲，文宗退之、永叔，尤長於詞，沉鬱疏快，悱惻纏綿，為常州詞派之開山，學行皆第一。時稱惲張為陽湖派，以示別於桐城，實則皆源於劉大櫆，特桐城拘謹，陽湖則較開展耳。

　　子居為人，負氣矜名節，初授富陽縣令，政銳，欲以能自效，矯然不肯隨群輩俯仰，大吏憚其風節，欲裁抑之，令轉解黔省餉，子居曰：「王事也！」怡然就道。

　　返後，以外艱，遂歸奔喪，服闋，選平陰縣，改授新喻。新喻吏葺士橫，子居至，有犯者輒懲創之。人疑其為治過猛，子居乃選士之秀異者，與之講論文藝，斷訟處事，必得其實，縣之人懷德畏威，翕然稱之。旋調瑞金，其地僻而民頑梗，素稱難治，子居張弛合宜，吏民咸就約束。有諸生某，以富凌人，成鉅案，懼，欲進千金，求脫縲紲，子居峻拒之；復浼人關說，屢增至萬金以啗，子居曰：「吾服官以來，惟廉謹自

矢，苞苴未嘗至門，今乃有此，豈吾有遺行耶」？卒論如律。
後以卓異，擢南昌府同知，然自負才識，輒與上官為忤，上官
欽其人，每優容之，而忌之者或銜恨之極，迨署吳城同知時，
奸民誣告子居家人得賕，遂為仇者所傾，以失察被劾，罷歸，
賢士大夫知者無不歎惋，未幾怏怏卒。涇縣包世臣相與投契，
嘗言：「……古文之道，絕於人也，且五六百年，近人惟惲子
居，卓然有以自立，經其點染，足可信今傳後，惜以外吏，不
受眾望，有傳文而無傳人，為可憾耳。」蓋惜之深也。

八十四、楊篤生（毓麟）憂國自沉

　　利物浦在英格蘭西海岸麥爾西河口，為英國第二巨港，革命先進張溥泉先生，某年過其地，駐足海岸間，語同行者曰：「此先烈楊篤生殉國處也。嗚呼篤生，乃死於此！」深致歎惋。溥老所作日記中，似亦涉筆於此，並紀以詩。

　　篤生名毓麟，湘人也，少讀書有大志，嘗舉孝廉，憤於晚清朝野昏瞶，而列強方耽逐以瓜分中國，絕意仕進，於是旋與黃克強、張溥泉諸人，創華興會。清泉王芍棠之春，於光緒間奉派使俄，樽俎折衝，輒多屈辱，返國後膺桂撫之命，華興會諸人，誓撲此獠，狙擊未成，而緹騎索之急，乃避往日本，華興會與興中會、光復會合組中國同盟會，篤生慷慨加盟，旋留學英倫，與國父暨胡展堂、吳稚暉諸先生，輒有往還。辛亥廣州三二九之役，革命黨起義事敗，篤生在英聞耗大慟，以排滿革命，屢受挫折，黨中英華，摧毀幾盡，懊咿瀏慄，無可自己，遂投利物浦，懷沙自沉，遺書有：「不忍見中國之危狀，及人民不能協力以推翻滿清政府；似此衰弱之國民，實無顏與異國人相見。」之痛語，盡憂愁幽思之極。

　　楊與章士釗素友善，在英國僦一屋，相與痛論時事，而士釗固持兩端，為所覺，自是每於國是意見，所持輒相左。篤生賦性剛烈，嫉惡如仇，章則行跡卑污，又善為詭言，自稱為有理致，其實早具「為機變之巧者」之小人心腸也。楊之死，士釗實有以激之者華興會諸舊人多有知者，士釗不自安，曾與篤生弟德鄰書云：「篤生留英之年，神經亢不可階，往往以小故，在他人可不經意者，而篤生視與天崩地坼無異，……卒至

親其所疏，疏其所親。」……於死友身後，猶多微詞，視為神經不正常；親疏云云，尤有所隱指，蓋有類於章太炎，陶成章等自擾革命陳腳之所為者，觀過知仁，小人常失之薄，士釗一生徒以機會求顯於當世，蓋無賴之尤者。

篤生詩文、書法均有可觀，惜已遺佚，憶其弔拜倫詩人墓云：「碧紅衫服最少年，寧馨風度特翩翩，等閒花月成長恨，祇與蘭因曲曲傳。」巴拉特山行云：「入山雲物特廉纖，雨態晴容一例兼，細馬軟馱烟靄進，萬松飛翠入眉尖。」俱清新可誦。

德鄰亦長於詩文，翁鞏、鄭憲成在長沙實業學堂任監督及教務時，德鄰與張溥泉、秦效魯、蘇曼殊、趙伯先諸氏同時膺聘，德鄰主講國文，亦革命同志，入民國後，任湖南財政廳長，討袁軍興，密謀響應，為湯屠戶鄉銘誘殺。

八十五、譚畏公（延闓）國楨人望

茶陵譚組庵延闓先生，以貴介子弟，翰苑清才，毅然參與順天應人之舉，遂總戎機，高標漢幟，而輕裘緩帶，指揮若定，國府定鼎金陵，薦躋樞衡，周旋出納，執簡馭繁，尤能休休有容，真太平宰輔才也！

先生晚號旡畏，眾尊之曰畏公。為雲覲公之第三子，生於杭州藩署，誕降之辰，父夢道州何文安（何紹基尊人）至，倏然一揖，遽入內衙，驚愕遂醒而啼聲聞於帷幃，知有異稟，故字以祖安。髫年秀發，十三畢五經四子，所為制義，泉流風發，奇橫可喜，翁松禪見之，詡為「非常才」。王湘綺亦翕稱之，其光緒三十年三月十五日記，有「看京報，文卿兒得會元，補湘人三百年缺憾。」及「譚會元談收心法，以寫字為日課」之語。於以知先生之雍容閒雅，氣度沖穆，半出於宿稟，半亦得力於飛毫拂素間也。

民國十二年癸亥秋，先生奉國父命，膺湘軍總司令，奮劍麾軍，節次衡陽，與敵軍隔江而陣，沈鴻英之桂軍邇自全州出軍躡其後，先生從容談笑，方注筆巨盃中，將為人書楹句，其整暇類如此。

其在廣州時，週旋髦俊豪雄間，散口長裾，不激不隨，器局軒期，飄然無滯，人皆仰之。嘗自書一紙條，字如核桃大，曰：「遇剛強人須耐他戾氣；遇俊逸人須耐他妄氣；遇樸厚人須耐他呆氣；遇佻達人須耐他浮氣；祗可略取人之長，莫過於求全責備。」寥寥數語。藹若春融。胡展堂先生蹇直清剛，於人少所許可，對譚獨交摯，贈詩有「太傅沖和」語，北伐以

後，國家多故，先生調停其間，每能恰到好處，自亦具有苦心，國楨人望，益為世所稱重。

其書宗平原，旁參海嶽，更運錢翁二家於腕底，剛勁婀娜與介弟瓶齋（澤闓）並稱為大家。所書因人因事而異其詞，觸類旁通，俛拾即是。曾為上海天祿飯莊題「推譚僕遠」，得者寶之，而莫知其出處，先生曰：「此語出漢書西南夷傳中，意為旨酒佳肴也，諸城劉石庵似亦寫過，偶憶及適書以付之耳。」又謂「擺夷語：上好酒菜音為Taetonga，美酒為Boyo，細予尋繹，則知漢書為音譯也。」閎博多聞之通人也。民國十九年薨於位，春秋五十有二，生平事功，彪炳一代，世多能言之，不復贅。蓄有一印，為齊白石所製，文為「生為南人，不能乘船、食稻，而喜餐麥跨鞍」，曾見於《玉照山房集印》中，蓋先生食量宏，又精於飲饌，好騎又善相馬，廄中多名駒，有大小白龍，風雲飛，四類珠諸名種，玉蹄銀額，錦韀繡鞍，晨光曦微中，攬轡之思，蓋可知矣。

八十六、記吳樾與焦隱

　　清季興學，以北洋為最急進，其發源地則為保定，速成武備在東郊，師範在北郊，高等學堂在西郊；高等學堂亦稱保定，課程則重科學，用英文原本教授，思想亦最活潑。光緒末，學生中以激烈手段震駭一時者，曰吳樾；以不滿教育行政致苦悶厭世而自殺者，曰焦隱；吳則婦孺皆知，成為開國烈士，焦則姓氏翳如矣。

　　吳安徽人，平時靜默寡言笑，與人亦無忤，光緒卅一年五大臣出洋考察憲政，於前門車站登車之際，有少年冠紅纓帽裝束若侍役，欲先登，材官阻之，不聽，疾趨而入，腹格於柱，遽轟然有物炸發，聲震遠近，少年右腸灰燼，腹破腸委於地，立死，材官亦殪，軍警大索，不獲主名，乃以藥浸其屍，懸賞以求識者。吳原以回籍完婚乞假一月，離校久未返，或見死者照片，則面目無損，赫然吳也，當政亦漸聞其為保定學生，袁世凱方為北洋大臣，教育事業為其所轄，派倪嗣衝至保定徹查，至則知吳實以請婚假離校，且逾期未返而開除，袁主推行新政，亦不欲窮究而生阻礙，乃不深究，僅監督以失察記過，齋務長（等於今之訓導主任）撤職了事。逾年後有焦隱之事。

　　焦隱直隸人，體健碩，居恒嬉笑無戚容，性敏慧，每試輒冠其曹，時知府羅正鈞，為奕劻之西席，繼任為保定學堂監督，顢頇而無所知，任職後，對課程多所更易，為多數學生所不滿。焦讀半年餘，一夕忽失蹤，校中懲於吳樾之事，乃大加尋覓，期得蹤跡。校外有大河，上駕長橋，次日，焦屍忽迴停河面，以為失足墜水也，檢其遺物，則有絕命書在，大意略

謂：「就學初衷，期於學成致用，今則課程屢更，歲月易盡，體貌不居，即使畢業，所得亦復無幾，失望之餘，故憤而自沉」云云。其時，外患初平，餘痛未定，學生求知情緒，倍極激昂，以官僚人物主持校政，惟嚴束學生，勿使滋事，綜教育者，迄不知程序規模，一味諉之西人，該校有總教習，由美籍嘉立氏主持其事，職權凌駕監督，嘉立又頗頑固，一惟以教授外文原本課程，為填鴨式之灌輸，繼又直抄襲日本，其科學知識，又每以文字語言之障，學生所獲無多，且科目駁雜繁複，降班除名，時有所遭，怨苦者實繁有人，焦特其中之甚者焉耳。

八十七、王之春辱命誤國

　　一九○四年（清光緒甲辰）革命志士萬福華、張繼等狙擊王爵棠之春於一品香，懲其媚俄誤國也。當甲午十月，王方以湖北布政使奉召到京，清廷突派之為唁賀俄主逝世、俄儲嗣位之專使，據王自著《使俄草》所記：

　　「十月十八日，上召見勤政殿，問：爾熟習洋務，曾與俄主識晤否？對以辛亥春，俄主尼古拉第二時為世子，遊歷廣東，巡撫劉瑞芬，因病請假，臣代辦其事，曾與之三次晤話，並設讌款接，彼此均微有贈答。上復諭：甲申年間，朝鮮巨文一島，英人曾泊兵船於此，俄人恐其佔據，屢來問訊，嗣詰英人，英恐為俄佔具復，俄遂與中國定約：日後俄斷不佔奪朝鮮地土。今倭人無故召□，佔據朝鮮，俄得視若無睹？對以俟到彼國從容與其議及，彼縱不助我，將來亦免為其佔據朝鮮境土地步」……

　　「十九日，午正謁孫萊山（毓汶）司寇云：前洪文卿（鈞）星使，自俄回，談及渠覲見俄前主時，稱與中華素稱和好，近因界務事件，外人每欲離間我兩國，冀收漁人之利，其實不爭此尺寸疆土，致失和好，……今嗣主嗣位，循三年無改之義，其當有勝於前王者」，蓋唁賀其名，聯俄其實，主張最力者那拉后與孫毓汶也。

　　之春放洋過港，與人倡和，有：「敢云乘槎追張騫，漢之蘇武宋富弼，或能反經或行權，國體當尊不辱命，茲行豈但邦交聯，夾谷音曾歸汶田，非曰能之願學焉。」之句，足見其負有使命。

乙未王抵俄都，時中日戰爭，已見分曉，清廷派李鴻章赴日媾和，王於覲見俄皇時，致頌詞畢，尼古拉二世即謂：「現中日正待言和，凡事以和為貴，貴我兩國邦交二百餘年，自無不竭力相助之理，煩為轉致貴國大皇帝。」並與之春握手稱舊交，之春受寵若驚，即席呈俄主兩律：

　　「累朝修好固同盟，特遣行人數萬程，如日重瞻雙鳳闕，前星回首左羊城，膺符誕命新承運，當璧徵祥舊著名，上館緇衣榮使節，更蒙握手慰駈征。」

　　「東華世胄溯銀潢，帝錫休齡應壽昌，雨雪來斯人樂崴，卿雲紅縵史書祥，珠盤好合衣裳會，環海澄清日月長，中夏使臣勞念舊，客星何敢比嚴光。」

　　翁松禪亦記「王爵棠使俄，以頭等欽差優待，並有肺腑語」……蓋壬被渥待後，中彼麻醉，所謂「協助」者即俄約法德三國干涉還遼，並以借款為餌，脅誘中國一面倒之張本也，而前於王者，即毓汶口中所述洪文卿。

八十八、趙百先（聲）哭陵倡革命

　　趙百先（聲）先生，江蘇丹徒人。民國肇建，丹徒廢改為鎮江縣，百先世居丹徒大港鎮，清末以諸生投筆，畢業於南京陸師學堂。旋赴日入士官，並參加同盟會，與黃興、胡漢民等結合，返國後執教於保定軍校。馬關條約後，清廷銳意圖強，改革軍政，百先命袁世凱抽調武衛前軍左軍之精壯，編併豫軍、毅軍、甘軍之雜部，在小站馬廠一帶，改用西法訓練，初僅五千，不數年擴充至六萬，此即所謂北洋軍也。小站為同光間淮軍之屯田區，築隄岸，建溝流，以自海水資灌溉，鹵地化為良田，年產稻穀百萬石。光緒二十七年辛丑，李鴻章病逝於京師之賢良祠，淮軍遂盡隸於袁。其時除直隸外，各行省尚仍綠營舊制，中興耆舊，先後物化，湘軍尤凋敝，東南雖猶隱然屬湘軍防區，而其勢則屬弩末，迨劉坤一、魏光燾相繼逝世後，湘楚宿將，更無足與淮軍頡頏者矣。清廷遂以淮軍糧臺起家上周馥督兩江，兼南洋大臣。

　　周馥字玉山，安徽建德人，貌粗疏而才頗幹練，極為李鴻章所重。陛辭出都，過津時訪袁密談，袁力主兩江仿小站練軍，並以陸軍營制餉章經已釐訂、朝議已決廢招募，試辦徵兵事相告。周憬然，首肯者再，遂向袁借調將弁為佐。袁略躊躇，曰：「玉老亦知彼都為湘人治理近四十年之地域歟？靡特段芝泉（祺瑞）不宜，即穩練如王聘卿（士珍）者，恐亦非所宜；此不僅將為兩江轄境之湘人所不憚，即遠在上游湖廣等處非湘籍者，亦將造作蜚語，以圖中傷也！無已，惟有引用粵籍知兵大員徐紹楨者，以為公助。」周立表同意。周於淮軍年

輩，為袁父執，故袁對之執禮甚恭，而周亦唯袁馬首是瞻，時袁宸眷方隆，盡欲結以自固也。

徐紹楨字固卿，粵之番禺人，以舉人捐歷道員，有知兵名，為時所重。周馥抵任後，即奏准創建第九鎮，並保徐紹楨為統制官。其時新軍編制為鎮、協、標、營、隊、排，即後之師、旅、團、營、連、排，統制官同今之師長。其番號則以袁世凱所統，由練兵處定為近畿六鎮，由一至六；而張之洞亦先在鄂成立第八鎮，以張彪為統制官。九鎮規模，均取法直鄂，徐素器重趙聲，遂特擢為三十三標統帶官，後赴各縣徵兵。趙所至，輒在明倫堂聚眾講演，風氣大開，材壯應徵者極踴躍，三月限期，甄選得八千人焉。

百先還報於徐，謂「江東子弟可用。」徐急報之以目，密諭司書，加造花名冊一本，共為八千五百名，招趙與語曰：「地屬江東，八千數，懼遭忌者口實，弟語宜慎，督練公所舒清阿多疑者也。……」

時清廷在各省設有精練公所，以總參議領之，下設參謀、兵備、訓練三處總辦，以輔佐疆臣，蓋即督撫之幕僚長也，舒清阿則為滿人，思想頑固，故徐以為言。九鎮既成立，軍容壯甚，徵兵中頗有舉貢生員，三十四五六標及馬炮工輜，則以湘淮防營之壯健者，與徵兵併編，蓋當時餉糈責各省自籌，其原則為汰舊軍而移用於新軍也。獨三十三標，純為徵兵，為百先所建議者。不數月，新軍聲譽鵲起，江南人民鄙視兵勇心理，為之改觀。百先銳意訓練，晨夕為官兵講述國內外局勢，及歐美民族革命，與夫中國歷代被北胡侵凌痛史。時俄國新敗於日本，《樸資茅斯條約》甫訂，趙每舉林則徐「為中國患者，其唯俄羅斯乎」一語，徵引史實，指點輿圖，諄諄講解，聽者振奮。

一日，星期例假，百先率全標旅行明孝陵，並預約所相認識之各學堂學生，在陵會合。陵固在朝陽門外，趙令出太平門遶道行，既至陵，率眾恭謁畢，即出朱洪武畫像，與眾同觀，述明祖舉兵驅除胡元，恢復河山甚詳。繼曰：「今日遶道太平門，以由朝陽門必經旗營也，汝曹知今日江寧旗營即洪武故宮乎？」言至此，聲隨淚下，官兵無不感泣，三十三標民族革命意識，遂深種於此輩官兵矣。其後，在安慶起義之熊成基、倪映典、洪承點等，即係由三十三標轉炮九標，而後再入皖者。民初，皖軍者宿柏文蔚、管鵬、龔振鵬，皆當時之隊官排長，而辛亥攻下南京逐走張勳之蘇浙聯軍總參謀長後任留守轄下之十六師師長顧忠琛，即當時三十三標教練官也。而百先慷慨激昂之舉，成為革命史上「哭陵」之一幕。

光緒三十二年，清廷以端方代周馥，抵任後首詢舒清阿、徐紹楨以新軍思想，而及趙聲，以風聞趙有哭陵之舉，欲究其事，徐曲為解說，乃免，然不久卒去職。旋赴廣州，依郭人漳，為第二標標統，灌輸革命思想於新軍及防營，廉州之役，趙與劉恩裕密晤，正計劃部署中，有詗報於粵督張安圃（人駿）者，端方亦電張謂趙萬不可用，郭密示百先速離，或言郭恐牽累，故洩於張督者。百先怏怏返滬，聞鎮江奉有「嚴拿趙聲」之令，遂避地於杭州某寺，無何，黃克強促赴滬，廣州之役，趙實為謀主，殉難諸烈中江淮籍者，多屬趙舊部，由趙招之而來者。失敗後，避居九龍，悲痛欲絕，嘗又赴順德謀再舉，不成，舉槍欲自戕，為同志所救阻，返港以酒澆愁，未及月遂病，吐黑血而亡，彌留時猶微吟「出師未捷身先死」之句，年三十一。民元，歸葬於鎮江南門外之竹林寺。

八十九、吳又陵（虞）狂誕詼奇

　　五四運動前後，以打倒傳統文化自張一軍，與陳獨秀、胡適等分峙鼎足者，為成都吳虞。虞字又陵，少從井研廖季平遊，盡得其詼奇博變之學，逮光緒丙午，偕梓潼謝无量留學日本，讀日譯西儒民治之論，見獵心喜，歸國後，肆其精力，以六經五禮通考唐律疏義滿清律例，及諸史中議禮議律之文，與老莊、孟德斯鳩、甄克思、盧騷等譯著，比較對勘，輯成《吳虞文錄》，驚新奇而標榜以譁世取名者，稱之為「中國思想界的一個清道夫」，「四川省隻手打孔家店的老英雄」焉。

　　然又陵之文，固深密雅健，根柢諸子，復邃於詩，所著《秋水集》，梁任公曾有「古今多少學杜甫，誰能得其皮與骨」之嘆，見《飲冰室詩話》。所為詩，如「叩角悲長夜，迷陽發短吟，英雄欺世慣，聖佛誤人深，地獄誰深入，神州竟陸沉，始知稱盜跖，微意費推尋。」絕句如「河伯猶能歎望洋，蟪蛄全不解炎涼，廣從世界求知識，理數何須限一方。」「不使民知劇可場，冷如行路暗無光，始皇政策愚黔首，黔首愚時國亦亡」。皆悱憤世局而發，命意遣詞，尚無可議。

　　又陵有兩妻，嫡曾蘭，字香祖，工小篆，吳之《秋水集》，香祖為之書耑，謝无量極稱道之，「衛女故應請到此，斯翁猶自愧弗如」句，即贈香祖者。次妻席侃，字紉秋，亦擅文翰，吳詩之「小婦溫柔大婦賢，既成眷屬且隨緣；醉中時露英雄氣，莫被人呼作地仙」。「杜甫雲寶句尚新，秦嘉明鏡欲生塵，天涯怕對團圓月，辜負深閨共命人」。皆寄內之作，左拍右挹，蓋自得齊人之樂者。

然又陵素以風流自喜，不矜細行，寓燕都日，常涉足花柳，於韓家潭妓家，眷一雛妓，曰嬌寓，馬纓化下，常繫遊驄，曾贈絕句十首，豔膩非常，《晨報副刊》曾為採錄，時論大譁，詆為無行。又陵則自謂；「生平無食兩廡冷肉之想」。且言「與嬌寓實為心理上之賞翫，無生理上之要求」。其狂誕而肆無忌憚類如此。

　　民初承清末思想蕪雜之弊，一二人復為炫新駭俗之論，以取世譽，相盪相激，遂成洪流而莫之遏，其流弊則莫可追補矣。又陵早逝，獨秀晚年頗深悔孟浪，韋端己云：「長年方悟少年非」，誠哉立言之不可以苟也！

九十、今代大儒陳漢章

陳漢章字伯弢，號倬雲，象山世家子，其尊人紹堯先生，道咸間舉茂才，未能捷兩闈，而課子益嚴。漢章與其弟畬字宇香者，幼承庭訓，於經史百家，靡不涉目成誦。宇香少年成進士，入吏部，亦擅詞章，有聲於時，漢章則澹泊自甘，敝屣功名，於領鄉薦後，復執贄於德清俞曲園之門，與章太炎同時並稱俞門高足，博覽群籍，尤長於經史考據之學，太炎傲兀不群，獨善漢章，過從甚密。其後，太炎倡革命排滿，漢章篤志於學，漫遊京師，湯壽潛於漢章為鄉榜同年，屢勸其出仕，均辭謝，惟孜孜於學。

京師大學堂成立時，總監督劉幼雲廷琛，慕漢章學行，聘為教習，漢章為撝挹不就，自欲入學為學生，幼雲嘉之，特予禮重，每唱名及漢章，迭起而頷首，互為禮，不敢以北面受之也。時桐城姚永樸、永概兄弟，吳縣胡玉縉等，均執教職，講解畢，每詢漢章然否？一時傳為黌府佳話。

漢章於書無不讀，記憶力又特強，人所弗及，有「兩腳書樹」之稱。卒業時已改制，校長何遹時之父，與漢章亦鄉試同年，深佩其淹博，命遹時禮羅之，為經史教授，自此遂在北大任教凡十六年。授課時，從不攜抄本，以堊墨寫於版，洋洋灑灑，均出諸記憶，諸生退而查對原本，固隻字不漏。蔡元培校長，對之尤器重，外國漢學家之來華訪問者，必邀漢章與俱，藉備諮詢，漢章隨問即答，不假思索；他如有關經史考據之校撰，亦多請其評定。黃季剛稱漢章為老師，每相見，執禮至恭；姚永樸每於教員室中，以說文音韻之疑義求教，漢章即席

命筆，草〈文字學概要〉七千言與之，其學問之賅博與精力之充沛如此。唐春卿景崇，清末學部尚書，每有著述，必向請益，王葵園先謙著《漢書補註》，柯鳳蓀劭忞著《新元史》，馬通伯其昶著《大學中庸論孟註解》，亦均向之辯析疑義，漢章一一應之，眾皆嘆服。

嗣以年老辭職南旋，在里小住，張曉峰其昀聞之，代表中央大學，造廬邀請，固辭弗獲，又應聘主史學系者六稔。一生精力，萃於文教，桃李滿國中，今自由中國文教界中，多有氏之授業弟子。民國廿七年夏，病逝象山故居，中樞明令褒揚，誠今代之大儒也。著述凡百二十餘種，綴學堂初稿及綴學叢書，均木刻本，經親自點校，未刊者詳張壽鏞之四明叢書中。生平藏書甚富，疾革時，囑盡捐其書，建藏書樓於象山東陳村。

九十一、吳觀岱苦學成名

　　無錫老畫師吳觀岱，工臨摹，人物山水靡不精妙，清末，以藝事遊公卿士夫之門，與梁溪廉南湖最相得。

　　觀岱早孤，十二三時，值洪楊之亂，干戈擾攘，親友離喪，貧乏不能自存，嘗為農家傭，使牧牛，牛逸，懼遭斥辱，投鄰村族叔家，叔命從丁潔庵讀，潔庵即丁雲軒之尊人也。叔固行賈，以折閱罄其貲，因命觀岱棄書，入邑中酒肆，習酒傭。操作之餘，喜肆壁所懸醉八仙畫，濡筆學為之，肆主以妨所業，叱之歸，觀岱襆被返，叔詢費之曰：「貧乞兒，東不成西不就，乃欲畫餅充饑耶？家中日食不繼，無閒飯供汝哺啜也！」逐之出。

　　時潘衣雲，以丹青得世譽，觀岱登門叩請為廝養，侍丹硯，衣雲憐而許之，遂日夕從學，藝事大進。會歲暮，觀岱以銀圓二為贄敬，衣雲視之，其一則鉛質，贗也，返之，觀岱大愧作，不敢再履潘門，潘屢招之，亦不應。自此每習苦數日，稍敷饘粥，便作一日暇，以精研畫理。二十歲，欲變畫求自給，而識音者稀，鮮有顧門，牢騷偃蹇，鬱抑不堪。

　　某年，有以十金求畫堂幅者，但須先畫而後潤，觀岱大喜過望，而筆墨丹鉛，乏錢以購，告貸又不遂，耽延兼旬，計無所出，而飢寒交迫，愁苦憤懣，思一了視息，乃裂敝袴作結，引頸投繯，詎袴腐壞久，不任載，口騰遂墜，其鄰聞聲入，解救之得不死。

　　南湖時方以骨董字畫，結交卿相，適自京師歸，聞其事而賞其藝，乃邀其北行，盡出所收藏者供其臨摹，並攜之入大內

遍覽珍秘，復為之延譽諸交識間，觀岱畫名遂播，嘗曰：「生我者父母，成我者廉郎中也！」相傳廉得明末馬湘蘭畫，命觀岱另作三畫，署董小宛、顧橫波、薛素素之名以配，稱「四美」。裝池既竟，貯以錦囊檀匣，觀者嘆為難得，竟獲高價以售。後又得漸江和尚畫卷，復命配以八大、石濤、苦瓜三幀，成「四禪」；另有宋馬遠所繪灞橋餞別圖，楊柳五百株，淡烟濛雨，接水搖雲，極盡宣和標格，亦情觀岱臨寫一卷，得者竟莫辨真贋，其精妙如此，故廉禮遇之甚至。辛亥南還，賃廡無錫北禪寺巷，求者踵接，筆墨生涯居然鼎盛，然亦高自標置，非善價不輕予人，有劣紳某索畫，靳不與，某揚言觀岱有惡嗜，將首之官，觀岱懼，毀烟具書戒除，以年老體羸不任溏泄，病遂卒，年未七十也。

九十二、劉坤一深識遠見

　　劉坤一於庚子之變，不奉矯詔亂命，實行東南自保，與各國駐滬領事訂約，身際艱危，力維大局，為世所稱，而其獨惡俄人，則知者尚尠。

　　先是俄於清廷，百端要挾，坤一上疏謂：「東三省無久經戰陣之勁旅，急宜綢繆西北，……日本琉球之事，亦宜早為結束，勿使與俄人合以謀我，英德諸國與俄猜忌日深，應如何結為聲援，以伺俄之後，凡此皆有賴廟謨廣運，神而明之。」蓋早燭俄人兇狠無賴，終必凌我也。

　　迨聯軍蹂躪燕都，慈禧母子蒙塵西北，獨東南劉坤一定謀，賴以保全，朝野翕稱，慈禧則以「內輕外重」為虞，因而當時紛傳江鄂易督之說，庚子九月初三日，李鴻章電奏：「各使云，據註滬領事電：聞中國欲將江鄂督更換，有此事否？鴻章答以倚畀方殷，此必訛傳，伊云：如果易此二督，則和議難望有成。」奉旨：「劉坤一、張之洞均奉便宜行事，外間言不足為據。」可知劉之東南自保，鴻章贊助頗力。

　　惟坤一於鴻章迷信俄國，在《辛丑和約》之外，另商東三省交收辦法，始終反對最力。曾與張之洞聯電軍機處，建議將俄方要求公布，以求各國公斷。其言云：「接全國權函：欲將俄約允許，此約一成，禍不旋踵，大局不堪設想。」原函又謂：「英日美但有阻緩之言，並無切實相助之法，兩國定約，不應他國干預，能自定為上策，請各國調停為下策等語。查英日等國忌俄甚深，俄得志於東三省，日固有唇齒之寒，英商務亦大受損，英已屢勸中國堅持，……近日英日同盟，專為東三

省事，揆之現時情勢如彼，證之事實又如此，不能自持定見，乃專以不切實相助責人乎？自行定約為上，係指尋常而言，此次俄約，本與《北京公約》，事屬一案，既有各國牽制，毅然許俄，開罪各國，實為下策，激怒之後，咸相詰問，何以應之？況英日同盟，互保權利，我能從彼力持，即為東三省有益，若墜俄計，日英權利受損，必取償於找，利害顯然！……坤一、之洞反覆思維，此約萬不可許，仍請各國公斷為要。」蓋當時俄人強迫我駐俄公使楊儒一面對李鴻章橫加壓迫，坤一得英日方面所供情報，故不憚詞費，連電軍機處，揭露俄人陰謀，語摯情切，要求約稿公布，以求各國公斷，合力遏阻俄之野心，雖其外交方向，主張有所不同，但就當時而論，得坤一始終極力反對，清廷乃有廷寄，決定「不輕許俄約」之言，李鴻章未能簽字，否則，俄約一簽，則東三省六十年前即已非我有矣。翁同龢謂「坤一樸訥有道氣，深識遠見，迥非時流所能及」，信然！

九十三、陳大廉謀劫載湉紀聞

　　戊戌變政失敗，慈禧后那拉氏再度垂簾，六卿引頸就戮，譚瀏陽獄壁題詩「去留肝膽兩崑崙」之句，世以為指南海與王五，另傳為王五與胡七曾謀劫取德宗載湉者，皆齊東語，近人曾辯之矣。惟圖劫載湉一事，確有其人，事雖無成，而知者尚尠，因摭所聞紀之。

　　粵人陳大廉，字介叔，為萬木草堂門人之矯矯者，故南海世家子，幼讀書家塾，傭一僮曰區升者伴讀，區短小精悍而孔武有力，好弄拳棒，於筆硯無緣，介叔誡之不聽，遂辭去，後十餘年，介叔遊澳門，遇區於途，則赳赳作短裝，因詢所業，區邀至其家，再拜曰：「奴不肖，以好鬥又嗜賭，遂濫交匪類，復以窮困從而入夥，積案如山，居然盜矣！官府懸花紅緝捕，遂避居於此，不圖得見主人也！」介叔始而驚，終而凝思，忽執區手曰：「毋懼！當為爾謀一出路，成則可以立功名，不成亦可耀史乘，不猶愈於盜乎？」區叩其詳，介叔期以三日後再告，遂別出，即走訪何瑞田。

　　何為粵人之商於日本者，富而好義，戊戌後康南海居日，瑞田常賙濟之。及期，復至區處，區請其詳，介叔曰：「茲事體大，倘不足任，則言之無益。茲我先問爾：爾之勇猛忠誠我所知也，但靡一人可勝；必有如爾者三兩人乃濟。」區乃舉其儕曰李海北、潘祝、潘新貴三人，皆綠林之傑者，招與介叔晤，談至洽，遂約為兄弟，共謀潛入瀛台劫取載湉南下，與唐才常起義勤王之舉相呼應。

　　介叔於康門有子路之稱，才常故與之�途，於是相偕北上，

過滬時與才常約，先赴津候消息，抵津寓英租界之粵鉅商黃頌口之商棧內，俟機行動，不久拳亂作，那拉母子西奔，唐才常漢口起義，亦僅二十四小時為張之洞撲滅，介叔劫駕之圖，終無從措手。

保皇會分子，自經唐才常自立軍一役之失敗，精銳盡失，一蹶不復能振作矣。不僅與革命黨凶終隙末，衝突更為激烈；即康梁師弟之間，亦因啟超與中山先生合作，而生歧見，思想上亦分途揚鑣。素與保皇會密切之洪門，因自立軍之敗，秦鼎彝、陳猷龍等，咸歸咎於保皇會捐款用途不明，以致阻誤，攻擊甚力。大廉後與人談及，猶恨劫駕之舉不成，致保皇會聲光日歛也。

九十四、記黃體芳父子

　　瑞安黃漱蘭體芳，於光緒初年居言路，棱棱具風骨，與南皮豐潤二張，寶竹坡、陳弢菴等言論風采，傾動朝野，所謂清流黨者也。漱蘭子仲弢（紹箕），號鮮菴，光緒庚辰進士，少承家學，於詩文詞以及金石碑版之學，無所不精，李越縵於清流諸人少所許可，獨於黃氏喬梓，則翕稱之，其光緒十年二月初一日記：「仲弢才質之美，庚辰同榜中第一，文章學問，俱卓然有老成風。近甚厚予，以予與其仲父匋香比部有交誼，持後生禮甚謹，其尊人漱蘭侍郎，亦甚致禮敬。念近日都門自北人二張，以諫書為捷徑，故煽浮薄，漸成門戶，仲弢喪耦後，南皮兩以兄女妻之。而皖人張某者，粵督張樹聲子也，為二張效奔走，招搖聲氣世以火逼鼓上蚤目之。近與仲弢同居，故作書勸其閉戶自守，勿為人所牽引，以自立於學，所以效忠告也」。

　　樹聲子靄青（華奎）當時在京，專意結納清流，為乃父博聲譽，詎以奏調張佩綸幫辦北洋軍務事，為言官所劾，佩綸因而怨樹聲之調為多事，樹聲甚恐，靄青為草一疏底，以佩綸曾保法越僨事之唐徐，為所舉非人，因王旭莊（仁東）可莊（仁堪）以達盛伯希（昱），盛乃更其詞，嚴劾全樞，仲弢與旭莊兄弟善，亦不直佩綸，斯時清流黨蓋已分道揚鑣矣。

　　漱蘭後典學福建，陳弢菴在籍曾感賦一律：「別夢江南逐去潮，卻從烏石話金焦，戰場極目濤猶怒，時事填胸酒易消，三徑蓬蒿容仲蔚，滿山藜藿待寬饒，日華轉眼開春殿，天上風珂想早朝」。然自甲申後，朝政日非，漱蘭亦決休退，辛卯六

十，遂引疾開缺，翁松禪書：「抗疏不矜，乞身非隱；傳經多壽，命酒長生」十六字為聯祝壽，上言其直諫，下言其善飲，並羨其勇退也。

戊戌德宗欲復古賓師之禮，開懋勤殿，擇康有為、梁啟超等八人待制，仲弢亦與其列，以政變未開而罷，以湖北提學使依南皮，終於任。其詩淵源家學，惟不多作，又散佚殆盡，冒鶴亭輯有《鮮庵遺稿》，其中多題詠碑拓之作，仲弢蓋精於此道也。

九十五、張爾田艱屯投老

「照野江烽，連天海氣，物華捲地休休，殘陽一霎，怎不為人留？幾點昏鴉噪晚，荒郊外鬼火星稠，傷高眼，還同王粲，多難強登樓。驚弓如塞雁，林間失侶，落影沙洲，便青山縱好，何處吾丘？夜夜還鄉夢裡，分飛阻，重到無由。空城上，戍旗紅閃，白日淡幽州」。此燕京大學國學總導師錢塘張孟劬爾田丁丑九月客燕都書感所填之〈滿庭芳〉詞也，時為民國廿六年七七抗日軍興之後，燕薊胡塵遍地，鴕棘興悲，故有此作。

孟劬一名采田，父上龢，曾從蔣鹿潭受詞學，又與大鶴山人鄭叔問為詞畫至交，橋寓吳門，著有《吳謳烟語》，孟劬淵源家學，濡染甚深，治史學及俱舍論甚深，清季官候補知府。民國建元，預修《清史》，成清后妃傳，旋膺北京大學之聘，任文科教授，後為燕大國學導師。生平與黃晦聞朱彊尹、陳三立等交好，遘世蹇屯，益勵節概，勤於撰著。

廿四年一月，晦聞卒，孟劬深念正國危民困禍變無日之時，怒焉益傷，其序《蒹葭樓詩》云：「金之亡也，驅縉紳如群羊，木佛編鐘，括宮排市，而元遺山之詩作；明之亡也，白骨如麻，赤地千里，至奴僕呼家主以兄弟，擅索文書，結桀焚殺，而屈翁山、顧亭林諸君子之詩作。嗚呼！今乃得君而三矣」……其〈鷓鴣天〉六十自述：「六十明朝過眼新，鏡中吟鬢老於真。寄生槐國原無夢！避地桃源豈有津？蒼狗幻，白鷗馴，安排歌泣了閒身。百年垂死今何日。曾是開天樂世人」。

倭寇陷燕之日，填〈木蘭花〉小令云：「繁華催送，人世

恍然真一夢，何處笙歌，水殿風來散敗荷。饑鳥啄肉，回首都亭三日哭！國破城空，殘照千山淚點紅」。皆滄懷萬端，無限沉痛！夏映庵敬觀評其詞謂：「……其寓思於詞也，時一傾吐肝肺芳馨，微吟斗室間，叩於窈冥；訴於真宰，心癯而文茂，旨隱而義正，非餘子所能及」……

迨國都西遷，孟劬以邁途梗阻，遂僦園郊坰，閉門蒔花，著《史微》、《玉谿生年譜》、《遯盫文集》、《樂府》等書，頗有終焉之志，其〈移家詞〉之後半闋有：「無聊，牆東遺世，塞北為家，任旁人一笑，休更驚羌邨烽火，投老安巢……」語，可見其晚年心境。三十四年二月卒，年七十二，距王師北定，僅半年，惜不及見也。

九十六、丁日昌長才幹濟

　　光緒壬午丁日昌卒，翁同龢輓之云：「政績張乖厓，學術陳龍川，在吾輩自有公論；文學百一廛，武功七二社，問何人具此為才」。丁於戊寅疏請開缺養病，後因賑捐事為人侵冒，發怒吐血死，身後易名之典，亦不獲請，故翁聯云爾也。

　　日昌字雨生，粵之豐順人，以諸生筮仕贛省，官知縣，同治壬戌，廣州將軍瑞麟，檄調赴粵，仿製軍火，事聞於李合肥，檄調赴滬主持炸彈局，乙丑容閎在美購械器回，曾湘鄉決創立江南製造總局，以丁為總辦，從製造軍火槍械而船艦兵工學校，均以丁督其事。時太平軍初覆，寰區方慶敉寧，丁獨函合肥：「隣勢日迫，不能不臥薪嘗膽，積習太深，不能不改弦易轍」。

　　甲戌日本藉生番殺人向臺進兵，沈葆植來臺籌防與辦埋交涉，翌年沈調兩江，王凱泰繼任，不久即逝，丁奉派為福建臺灣巡撫，奏請建設臺灣，及購艦、練兵、造炮台，修鐵路、築電線、開礦、招墾等，抵臺後即巡視各處，宣慰民番，於山地工作最為致力。居官以清廉自持，衣不紈綺，宴客五簋而已，從不加菜。求治心切，意氣激昂，才不可及，而卞急則其天性也。李合肥詡其「洋務吏治，精能無匹，足以幹濟時艱」。

　　旋以病赴港就醫，戊寅四月得請開缺，松禪與丁本通譜，得訊，以詩慰之云：「儒林文苑今有幾，丁公崛起南海濱，世人皆欲殺李白，一第竟未汙元稹，藏書鑒畫妙無匹，鋤豪芟伏疑有神；可憐百萬溝中瘠，尚待閉門臥病人。南海北海風馬牛，吁嗟吾與丁潮州，白頭聽青墳，丙夢黃茅秋。築亭寫象

苦相憶，燒燭賦詩聊寄愁。安知會合不可再，滄溟來往同扁舟」。蓋丁丑直魯豫三省災荒，饑民遍野，合肥時在北洋任內，函丁設法，丁雖在養痾，仍為分函潮港紳富及南洋馬尼拉暹羅安南等地華僑，分頭勸募，得款五十萬餘元，港星總督及巫來王亦慷慨捐助，故翁詩及之也。然卒以所託有被人侵冒者，請地方官勒追，因不協於一二鄉人，舊派竟盲從許之，丁怫憤吐血，遂卒。

九十七、徐子益懷才困阨

　　古今懷才負氣之士，每遭困阨，以窮以死，甚歎造物者賦之聰明材智，復奈何偽靳以命也！

　　贛人徐子益，幼讀書，廣所涉獵，於詩文詞造詣甚深，獨不喜帖括文，又弗工蠅頭書，故終不獲青一衿，遂授蒙自活。及科舉將廢，一時留學風氣極盛，遂謀東遊，得親友貲助，乃成行。抵日本後，屢易所學，尤惡所謂速成學校，嗤為干祿之學，故雖屢易而均無所成，乃窮研漢學典籍，旁及梵典，王孟迪、章行嚴等時亦遊學東京，以文字因緣，相與往還，交期最摯。

　　辛亥共和建國，留學生多歸國，求所以自效，子益亦倦遊思返，以弗願干求，又尠交際，遂潦倒滬濱，僦居亭子間中，貧且困，至不能繼饔飧，積欠房錢者半年，房主催租急，無以應，頓萌厭世念，甫闔戶自縊，適友人來訪，叩門弗應，從門隙窺，見其投繯狀，大驚狂呼，破門入，解救獲蘇，憐其弗遇，因代償所負，並攜之赴定海。其時先伯兄槿樓方任職定海，與子益為東京舊遊，遂留司筆札。癸丑二次革命失敗，留日出身者，多為袁黨所疑，未幾槿樓亦去職，轉介於司榷呂君，如是者復年餘，益感無以發舒。定海梅岑山，即善財童子二十八參觀自在菩薩地之補陀落伽山，子益每往遊，輒言欲披剃出家，一日，與同事以細故口角，乃留書遁往，呂君電告槿樓，遂同往山寺，子益垂目無語，時章王方任職南中軍政府，遂告之，並勸其走粵，並助以資斧，乃行。

　　既抵粵，時行嚴方任軍府秘書長，孟迪為辦公廳主任，於

故人殊落寞，使任辦事員，剪輯報紙，子益殊怏怏，以既來則安，偶假日，遊白雲山，秋葉黃落，白雲瀰漫，登鶴舒台根觸身世，放聲狂哭，流連不忍去，遂宿飛霞洞者旬日，一日，孟迪見其鬚髮盈寸，衣敝履穿，與之錢，使製新服，子益入市，過西濠酒店，喜其高爽，闢室居焉，月終結賬，無以應，竟奔長堤投水，警士見而拯之起，子益披其頰曰：「吾欲求解脫，汝乃使我終困愁城，何耶？」警見其佩軍府證章，慰喻之送其至府，章王給貲遣之，遂去。後數年，復見之於滬，貧益甚，八年秋自經死。行嚴為梓其遺文，亦自知有負死友也。

九十八、張曜以婦為師

　　張曜字朗齋，晚清名將，捻回之亂，馳驅疆場，以武功顯，而以文吏著。光緒乙酉，以提督改授巡撫，辛卯卒於任，身後易名，謚為勤果，亦偏饒嫵媚之趣人也。

　　張大興人，自言其高祖官於潛教諭，始由上虞遷杭州，至其祖父始占籍大興，皆以科名起家，先墓皆在杭，實讕言也。張少時貧甚，初不識之無，獨具神力，好勇鬥狠，嘗為人賃舂。某日，負米過市，見市人圍觀，一縞衣少婦，號泣求死，詢其故，則夫壻新喪，姑迫之改嫁、婦欲逃母家。其姑捽婦髮使歸。張攘臂呼曰：「此黑心嫗也！不恤其嫠，獨不念其子耶？」即舉所負囊米，壓其姑斃。

　　既而畏罪，亡命河南，以猛悍為豫無賴少年推為之魁，稱為張大哥。時捻匪迫固始縣城，縣令吳，文懦無計，有女美甚，懼城陷俱死，乃榜示四門，謂有能捍此城者，將妻之以女。事聞，諸少年曰：「是千難遇也，雖然，非張大哥不能享此艷福！」張亦心動，謁縣令應募，籌禦城策，自與其眾帕首短衣奔馬疾出，與匪肉搏，匪猝不及備，驚潰，大軍適至，迎剿敗匪，見張揮刃如飛，鞍馬盡赤，及收軍勞問，因奏署固始篆，吳令果以女歸張，即其夫人也。

　　夫人嫺靜擅詞翰，案牘悉出手批，張署諾而已。後以功擢河南布政使，御史劉毓楠劾其「目不識丁」，改任總兵，張引為大恥，遂請於夫人，願北面執弟子禮，夫人亦泰然受之，閨房之內，夫婦對案坐，講誦遺忘，呵罵隨之，或繼以夏楚，張色益恭，讀益勤，禮亦益謹，蓋愛之深，而感之極也。不數

年，頗諳文史，非復曩之桓桓矣。

　　迨左湘陰督師剿回，檄張領兵，張不欲更領武職，不應，夫人呵之曰：「汝抗命，將謂幕府不能取汝腦袋耶？」張懾閫令，立率所部嵩武軍束裝往從左軍，後湘陰聞其事，為奏請改文職，巡撫山東，頗有政聲，魯人為立生祠於大明湖。

　　每對僚屬稱其夫人之能，刺刺不休，嘗詢同官：「畏妻否」？或答以不畏，張詫曰：「汝好大膽！妻乃敢不畏耶？」又嘗謂人：「以夫人為師，晝侍講帷，夜擁繡幃，此中樂趣，有妙不可言者！」其死時正食烤鴨薄餅，蘸大葱醬，食既，捫腹稱飽，忽瞪目氣厥而逝。當時清廷以李合肥年邁，擬儲張以代，竟猝死，故飾終之典頗渥。相傳其生時，母夢張飛入其室，時人輓句有：「橫海東西，無處不聞齊仲父；大江南北，有人曾夢漢桓侯」，即指此也。

九十九、縫工鐵匠兩名人

　　諺有「英雄莫論出身低」之語，君子自強，自奮於道之語也。武岡陳星臺天華先烈，以《猛回頭》、《警世鐘》、《獅子吼》諸作，鼓吹革命，影響深遠，世多知之。

　　天華幼肄業蒙塾，十三四歲時，以家貧，從母命習裁縫業，晝操鍼鉥，夜則一燈熒然，苦讀弗輟，冠歲已漸能文，皆自所研摩而至者；繼思所業不足博升斗，乃決廢去，開館授蒙，以資菽水，課誦之餘，並廣購《時務新報》讀之，學識益進。旋苦學生資送日本留學。時留學界方倡導民族主義，憤暴俄佔我奉天，組留學生拒俄義勇隊，號召抗俄，並藉以擴大革命團體，推藍天蔚為隊長，天華率先加入。既而義勇隊被迫宣佈解散，另組軍國民教育會，實行革命，區為鼓吹、暗殺、起義三部，推舉同志返國分省起義，名實行員。黃興、劉揆一及天華，被派為湘省實行員，旋與黃等創華興會，為鼓吹革命之急先鋒，其性格激越猛進，而識慮忠純，意志堅定，後憤日文部省與清廷勾結，遏阻革命，憤而投海，已詳諸家筆記所載，不復贅。

　　其另一人，則為鐵匠詩人湘潭張正暘也。張原名登壽，與王湘綺同鄉里，幼貧，讀不數年，即習鐵工，洪爐錘鍛，自鑄身心，每於熊熊爐火畔，曼聲吟誦，偶得謹則以購《唐詩三百首》，於夜間讀之，久而成章，其處女作詠懷句：「知己平生惟一劍，龍泉百鍊不辭勞，鹽城吐氣沖霄漢，喜有張華識寶刀。」為陳鼎所見，嘆為「一字一句皆肖孟郊」。

　　有傳之於湘綺者，湘綺大為驚奇，囑其來見，乃冒雪行三

十里，見湘綺於昭潭書院，詢以所讀，正暘答以「家無多書，祇熟讀《唐詩三百首》耳」。復詢以「將捨工向學歟？」曰：「誠所願也，以家貧不能從師耳。」湘綺嘆異之，因命居其家，並供其餐宿，於是此一鐵匠遂與一班貴介高才同列門牆。不數年，學術大進，不獨能習六朝體詞章，且能傳其經學。未幾，領鄉薦，以大挑知縣，官山西，有循吏之稱。辛亥解組歸湘，在明德各校任經學歷史講座，為湘中有數之經師。入民國後，尚兩握縣篆，晚年詩，深入孟郊堂奧，其所作及於古而不奇澀，一時有第二東野之稱，刻有專集，稱清末民初之名詩人焉。齊白石雖以木匠出身，同列湘綺門下，以成一時之名，然其所為詩，湘綺尚有薛蟠體之微詞，正暘文章學術成就之大，較之白石，遠勝十倍，民國五年逝於湘潭，湘綺猶健在也。

一〇〇、易大厂狷介與風趣

　　鶴山老人易儒，字大厂，又號韋齋，原名廷熹，字季復。早歲肄業廣雅書院，為陳蘭甫（澧）再傳弟子，中年遊學日本，旋從楊文會學佛，博學多能，為近代名家，詩詞文字畫刻，無不佳絕。其畫奇逸天成，簡勁有雅緻，寥寥數筆，意氣清古；書則兼篆隸行草各體，出入漢魏，追迹周秦，獨具風格，得者無不珍若拱璧，篆刻渾樸古茂，得楚鐘秦權精髓，於當代諸家少所許可，於碑帖立論尤高，嘗謂「漢以下，不足觀已」。其治印所用刀，鈍銹未嘗磨礪，或詰之者，則笑曰：「祇有功夫深，即砧杵亦可用也」！

　　其齊名甚多，如：荀庵，守愚齋，紅豆詞館，依柳詞居，雙秋池館，漢雙環室，法華浮圖專宦，外齋，念盦，絕景，人一廬，鶴山人，鶴山老人，鶴山詞人，鶴山墨公，皆自鐫印章，朱白分布，各極其妙，然皆「空中樓閣」也。其人一廬尤趣，蓋某次入廁，見廁階有字作「人一」二字，頗似漢魏刻石，以人一合為大，與己名適合，乃大聲呼其家人取紙與蠟墨，家人駭異，以為適忘攜紙無以拭穢耳，顧蠟墨又何所用？詢之，曰「將搨字」，與之，搨而出，蓋廁新修，灰未乾，雞立其上，印爪痕若「人一」二字也，大厂亦捧腹，然仍以名廬。晚自號民主老頭，亦怪。

　　晚歲窮愁潦倒，然生性狷介，不苟取與，歐陽惜白，在滬為其購居宅，大厂堅拒弗受，汪精衛在寧組偽府時，欲羅致之，命其友與言，大厂面斥之，並與割席。精衛屢欲得其所作書畫，始終不如所願，亦無奈之何。

一生多病，又不戒於口，烟酒每日不離，更喜食烤鴨，有送烤鴨請改詩者，大廠擘之大嚼，且食且閱，口滔滔不絕，鴨盡詩亦改畢。又嗜醉蟹，病中懇其友為購之，友以不宜病體，大廠曰：「食無妨，寧死必食也。」有某生知其貧而介，因託論畫附以鈔票摺疊如雙蝴蝶狀，大廠復書云：「雅興聯翩，愛懷重疊，青蚨二十，遂繫雙飛，綠螘三千，新醅共酌，歲寒滋味，詞意深濃，腸熱殷拳，感情愧悚！菶苶初健，惟有拜嘉，勝友諉誂，定當如旨。」其雋妙如此。

　　原配某，未婚而卒，繼婚其姨妹，伉儷甚篤，或傳其頗有陳慥之懼，實則其夫人以易多病，常禁其與朋輩酬酢耳。其填詞好似僻調，抗戰中有〈滿江紅〉詞云：「一葉輿圖，慘換了幾分顏色；誰忍問二陵風雨，六朝城闕。雨栗哭從倉頡後，散花妙近維摩側，咽不成鬲指念奴嬌，聲聲歇！塵根斷，無生滅；山河在，難言說。膽倉皇辭廟，報君以血！蜀道鵑魂環珮雨，胡沙馬背琵琶月，莽乾坤今日竟如何，同傾缺」。民國三十年十一月九日逝於上海，春秋六十又八。

一〇一、譚嗣同佚事與佚作

　　譚嗣同字復生，湖南瀏陽譚繼洵子，少讀書有大志，好任俠。幼時與群兒戲池側，一童將墜，嗣同急援以手，用力猛而急遽，危者安而扶者跌矣。時繼洵方晝寢，恍惚中一皂衣人推之起，曰：「星君有難」，驚寤，聞聲奔往，嗣同已載浮載沉，氣息懸屬，呼眾洇入救起，字之曰復生。年十四，隨父官甘肅，藩署多鴿，池上草堂筆記曾紀其靈異，皆不誣，歲出帑百餘兩，酬其守庫之勞。堂左右為外庫，二堂則內庫也，故無二堂。甘肅本產牡丹，以藩署所植為冠，幾數百千本，有高與簷齊者，著花時璀蝶夐絕，園名「憩」，各廳樓亭閣聯句，皆嗣同手筆。四照廳云：「人影鏡中被一片花光圍住；霜華秋後看四山風翠飛來。」天香亭云：「鳩婦雨添三月翠；鼠姑風裡一亭香」。夕佳樓云：「夕陽山色橫危檻；夜雨河聲上小樓」。又書房聯：「雲聲雁天夕；雨夢蟻堂秋」。晶瑩淒惻，骨重神寒，然佳句也。

　　其詩謹嚴如子美，豪放如子瞻，字裡行間，時有蒼莽遒上之致，所作古今體均佳，如罌粟米囊謠：「罌空粟，囊無米，□如懸罄飢欲死，且莫理，米囊可療飢，罌粟栽千里，非米非粟，蒼生病矣」！述懷詩：「域外羈身客影孤，模糊誰辨古今吾，事如顧曲偏多誤，詩似圍棋總諱輸，燕市臂交屠狗輩，楚狂名溷牧豬奴，放歌不用敲檀板，欲借王敦缺唾壺」。其詞不多見，有望海潮自題小照：「曾經滄海，又來沙漠，四千里外關河；骨相空談，觸輪自轉，回頭十八年過。春夢醒來波！對春帆細雨，獨自吟哦；但瓶花數枝，相伴不須多。鑑不似人，

形還問影，豈緣酒後顏酡？拔劍欲高歌，有幾根俠骨，禁得揉搓！忽說此人是我，睜眼細瞧科。」大有長嘯振衣，拔刀斫地之概，上述皆其佚作也。

　　某年，繼洵挈之遊衡山，一羽士諦視之，謂繼洵曰：「是兒骨相不凡，他日歷仕途，宜外官不宜京曹，過三品晉宜京外，不則有奇禍……」繼洵識之，故嗣同稍長，即為納粟以知府官江蘇，在南京從楊仁山研佛學，後返長沙，與黃遵憲、梁啟超辦時務學堂，盛倡變法。其從軍新疆時，巡撫劉錦棠奇其才，兩疏薦之，戊戌春奉召入都，繼洵時撫都鄂，憬於羽士之言，數馳書詰誡，毋過露鋒芒，令掛冠，嗣同復書備言「事君致身，見危授命之義」。書成，又重父言，遲疑未即發，康有為過其居，告以故，康曰：「君不出如蒼生何，達人容以此介介？」志逐決，遂及於難。斬後，目張如炬，李鐵船搓而祝曰：「復生，頭上有天罷了！」乃闔。

一〇二、畢永年披髮南普陀

　　革命初期，才俊之士，憤於異族竊踞皇權，顢頇無能，將導致滅種瓜分之禍，秉天下為公之心，行順天應人之舉，下避危難，致力排滿復漢。保皇黨諸人則反是，不惜低首腥羶，自甘奴隸，求其致君堯舜之幻想，又每見利忘義，此畢松甫所均憤而披髮也。

　　松甫名永年，長沙人，清末拔貢，少讀王船山遺著，凜於春秋夷夏之辨。湘人於同治中興諸名臣功業，輒喜稱道，松甫每遇有談「同治中興」諸人事蹟，輒掩耳疾走，曰：「吾湘素重氣節，不幸而有此數人也」。

　　弱冠，與譚嗣同、唐才常友善，每談，僉以非我族類，非推倒滿洲統治，不足與談救國，松甫喜為同調，遂日與籌商大計，從事聯絡會黨。戊戌，湘撫陳寶箴力行新政，延梁啟超、唐才常為時務學堂教習，譚嗣同在京任軍機章京，新學派氣燄大張，松甫獨來往漢口長沙間，與哥老會諸首領謀匡復大業，且投身會中，被封為龍頭，旋北上訪嗣同，嗣同引介康有為與談，時康黨方交歡袁世凱，擬兵圍頤和園廢那拉氏，欲松甫率之便宜行事；松甫詢以兵所自來，則仍有賴於袁，認為絕不可恃，因拒其請，並貽書嗣同，瀝舉利害，勸之行，嗣同不悟，乃遄去日本，求謁國父於橫濱，加入同盟會為會員。

　　迨變法失敗，唐才常亦避地日本，松甫介之謁國父，對湘粵及長江各省起兵事，詳為策劃，才常願約啟超向有為進言商合作，國父知有為固執，命松甫偕日人平山周赴各地視察，並赴港與陳少白、楊衢雲合作，同時大舉。

庚子夏，才常在滬發起正氣會，與容閎、嚴復等開會於張園，松甫亦偕諸會黨首領居滬，見宣言中有「君臣之義，如何能廢」之語，以才常悖舊旨，責其自相矛盾，才常以須保皇會款接濟，故措辭如此，松甫大非之，而會黨首領如楊鴻鈞、李雲彪、辜天佑諸人，以才常多貲，紛向請款，願為勤王軍效力，松甫勸阻無效，說才常與康斷絕，又堅不肯從，所受刺激至深，遂自投南普陀，削髮為僧，易名悟玄，貽書平山，略云：「弟自得友仁兄，深佩仁兄義氣宏重，……弟惜舉世滔滔，無不欲肥身贍己以自利，弟實不願與之共圖私利，故決然隱遁，歸命牟尼。今將雲遊，特函告別……日內往普陀，大約翌年三月由五台山終南而入峨嵋，從此萍蹤浪跡，隨遇可安。不復再預人間事矣。臨穎依依，不盡欲白，龍華會上或再有相見時乎？」下署釋悟玄和尚，後不知所終。

一〇三、通州才人范當世

　　清末稱通州三傑者，為張季子（謇）、朱曼君（銘盤）、范伯子（當世），皆張濂卿（裕釗）門下士也。曼君工駢文，沈博絕麗，詩則風骨雋上，與張季子、周彥鼎諸人至朝鮮，參吳長慶幕。伯子初名鑄，字肯堂，雖飽學能文，一時名公鉅卿為之傾倒，顧以困於場屋，久不得一第，抑鬱牢愁，《石遺詩話》稱其「詩境幾於荊天棘地，不啻東野之詩囚，而其不語不肯猶人，讀之往往使人為之不懂」。吳摯甫（汝綸）獨賞之，謂「其詩縱橫不可敵。」

　　伯子雖終其身為一諸生，而詩文之名滿天下，合肥李鴻章慕其才，延致幕下，聘為西席，以教子姪。當時合肥勳業邁世，伯子從不以私事干李，李亦以此益重其品格，賓主至相得，每朔望輒具衣冠，蒞館問起居，有加禮焉。迨李歿於位，范輓以聯曰，「賤子於人間得失，渺不關懷，獨與公情親數年，見為老書生窮翰林而已；國史對大臣功罪，向無論斷，得吾皇襃忠一字，傳俾內諸夏外四夷知之」。純質樸茂，不以辭藻雕飾，於帖合身分以外，對於當時「李二先生」身後論斷，抬出一「忠」字，才人手筆，要自不凡。

　　范原配某氏，稱大橋夫人，伉儷甚篤，惜早逝，其時肯堂方在湖北通志局修列女志，聞妻喪，停筆寫哀：「迢迢江漢淚滂沱，秉燭修書且奈何。讀罷五千嫠婦傳，可知男子負心多。」及歸，則已黃土一坏，又有哭墓之作，如「草草征夫往月歸，今來墓下一沾衣，百年土穴何須共，三載秋墳且汝遺。樹木有生還自長，草根無淚不能肥。泱泱河水東城暮，佇與何

人守落暉」。

　　旋以吳摯甫執柯，續娶於桐城姚氏，即永樸、永概之姊氏也，工詩能文，每相偕出遊，唱和為樂，憶其次姚夫人登猿山韻，有「……身之得閒賤亦好，饑飽在後何須錢。惟以佳人古難得，同時郭李云如仙。白頭相守亦相喻，此樂未被旁人先。三千大千泡影置，當時如來豈不賢？四十年間阨窮漢，惜無此趣能少延，如今與爾共生滅，在家何取忘家禪。一日看山未云少，百方清興未連連。……」之句，才人眷屬，士林稱羨。惜肯堂壽亦不永，於光緒三十年卒，僅五十一。肯堂與陳散原同年生，兩人為晚清詩界龍象，且為兄女親，散原長子師曾即范之快壻，詩文畫印俱佳絕，翁壻冰玉，但以才學馳譽，皆未克享年壽，惜哉！

一〇四、晚清人物記張、瞿

　　清末，長沙張百熙，善化瞿鴻機，皆以詞臣致通顯，舉國屬目，平章人物者，並稱「張瞿」，亦猶光緒中葉，眾所仰望之翁（同龢）、潘（祖蔭）也。

　　張字冶秋，同治甲戌進士，富有文采，而氣度恢廓，汲引人才惟恐不及。初任學部大臣，北京大學前身之京師大學堂，即其始創，自兼監督，在豐台置地一千餘畝，為舉辦七科大學之用，佐其最力者為總辦于式枚，總教習吳汝綸，並設編譯局，聘嚴復為總辦，林紓副之，魏易、嚴璩皆任編輯，人才稱盛。

　　甲辰會試，假河南貢院舉行，時豫撫為陳夔龍，試事畢，邀冶秋漫遊大梁名勝，有過大夫祠〈浣溪紗〉一闋：「斜日鞭絲過潧川，輿人猶誦大夫賢，訪碑東里踏秋烟。芍藥洲邊喧社鼓，李桃花下奏神絃，靈祠香火亦千年。」歸湘，有〈衡陽舟次〉：「城郭日初夕，關河秋欲霜，人隨湘水遠，天帶嶽雲涼，疏柳依荒渡，寒花隔故鄉，離心與飛雁，一夜過衡陽。」旋調為新設之郵傳部大臣，而以滿人榮慶筦學部，冶秋殊無以發舒，旋卒，諡文達。冒廣生輓之云：「愛好如王阮亭，微聞遺疏陳情，動天上九重顏色；憐才如龔芝麓，為數攬衣雪涕，有階前八百孤寒。」

　　瞿字子玖，弱冠入詞林，光緒乙亥大考第二，由編修擢學士，充河南主考時，方二十五，王湘綺稱「其人恭謹好學，詩文俱有法度」，嘗勸其當務有用之學，以「志在宰相，莫問通經術也」。後以劾慶王奕劻去位，七年揆席，一朝摒斥，闔眷

頓衰，或言其在樞時，多恃中人力。初以王文韶之牽引，名列宸展，以貌似同治，慈禧見而生感，李蓮英從而附和，廷畀遂殷。清亡後居滬，與馮煦、何維樸、朱祖謀等組「逸社」，曾賦〈杜鵑行〉，音節悲涼，感深駝棘，死後，馮所為輓章有「寤寐念周京，逸社詩成，每集逋臣賦鵑血；音容疑毅廟，舊朝夢斷，應追先帝挽龍髯，」語皆併及之。子玖詩條達妥貼，〈辛亥書感〉：「夏口雲屯百勝兵，乘威不下武昌城，江流半壁雄天塹，援絕孤軍區敵營，國勢可為誰坐失，王師此出竟何名，苞桑至計憑元輔，搖足安危視重輕」。純乎遺臣口吻，蓋有怖於慶袁等耳。其題〈顧眉生繡置封侯圖〉：「宣武坊南認故巢，當年金屋此藏嬌，卻憐辜負香奩甚，新接鵷行事早朝。」「割肉餘恩逮細君，金章新渥照青春，應輸象服傳佳話，不改香山舊告身。」或謂以刺程雪樓者。然其〈讀伯嚴金陵諸作感題〉：「寒燈悄讀散原詩，砰雲穿窗墮鬢絲，亂山溪山窮造化，幽情難語暮鴉知」。寫來最覺渾成可喜。

一〇五、陶模父子逸事

　　馮自由《革命逸史》，稱：「清季督撫，在粵政績，以陶模為差強人意」。陶模蓋秀水人也，字子方，一字方之，同治戊辰進士，初由翰林，出知文縣，能親民，有善政，歷監司累擢至新疆巡撫。帕米爾高原，為我國極西邊地，設卡八處，光緒己丑，暴俄派兵驅我卡倫守兵，強佔帕米爾，屢經交涉，均不置理，乙未竟與英國合謀，私分帕米爾之地，英兵併坎巨堤。陶據理力爭，責其偷移界碑，侵我邊陲，暴俄反提抗議，陶與塔城參贊大臣英都統，挖出埋藏地下之暗界碑為證，俄方無法狡賴，不得已簽訂收回巴爾魯克山文約，沙皇亞力山大三世，怒其使被折於我，俄使既慚且懼自戕於巴爾魯克山西境之野營中。旋由新撫遷陞陝甘總督。

　　陶在邊陲逾廿年，撫綏培養，善政至夥，在秦州時，州城東南水齧城堙，築堤三百五十丈，浚池栽樹，夏秋密蔭蔽日，州人以為憩遊之所，目曰陶公堤。翁松禪日記中，曾謂「陶子方甘省循吏也。談新疆事，謂兵餉舊欠過多，若依戶部所議，恐致譁潰，言極切至」。「此人操守好，能卹民隱，謂回疆郡縣之弊，尤甚於設鎮守之時。通論時局，謂民生窮困，抽釐大減，實徵日絀，久則不支，真名論也」。皆深致讚許。

　　光緒辛丑調督兩廣，篤贊新學，其子葆廉字拙存，說時務而引諸宋儒之說為本，曾刊有《求己錄》，在粵更佐其父興教育，延吳稚暉、鈕惕生為佐，父子皆優禮才俊，沈雲翔尤與葆廉友善。時《中國日報》為港方革命黨人所辦，陳少白、馮自由、鄭貫一、朱菱溪、秦尤山、蘇曼殊均多在報社，介歐美自

由平等天賦人權之學說於讀者，持論新穎，陶父子均喜閱之，並重視其記載，黜陟屬吏，恆以《中國日報》所載與批評為標準；故《中國日報》在粵銷行最暢，僅督署一處，銷至二百餘份。某次，陶以閱《中國日報》，遽罷兩縣令職，其後乃知此二人實好官，《中國日報》受外界投稿之愚，急為糾正，旋即開復。廣西壯士余化龍，因事繫南海獄，獄吏畏之如虎，事事遷就，化龍竟藉勢強姦獄吏之婦，《中國日報》亦據實糾彈，卒伏法。當時黨報之嚴正持平，與陶之重視輿論，皆可紀也。陶以壬寅解職旋卒於家，諡勤肅，葆廉入民國尚存，隱居不仕。

一○六、榮祿死後之毀譽

末清同光兩朝，均以沖人踐祚，那拉氏垂簾政者幾四十年，「老母班」、「孩兒黨」，阿附各別，傾軋隨之，遂速危亡。榮仲華（祿）於那拉為內親，咸豐末年已獲寵信，坊間稗史之述「蘭兒」（西后小名）者，傳如長信故事，宮闈隱秘，雖無可稽，然榮居一品數十年，造膝密陳，語迴天聽，不可謂非權倖之臣也。

戊戌時，譚復生指榮「才同操莽，絕世之雄」，又斥其「主謀廢立弒君，大逆不道」，維新諸人，叢怨后黨，其言亦未盡確。曩聞瞿兌之談：「后黨諸臣中，榮祿尚能持慎識大體。戊戌之變，那拉重掌政權，舊派氣燄萬丈，知后痛恨屢皇，力謀廢立，已成議矣，榮祿獨對，以『上罪不明，將遭外力干涉，不如先擇宗室近支子，為建大阿哥，待承大統』為言，后意始定。蓋釜底抽薪之計也。又庚子力言義和團無用，並阻圍攻使館，竟為董福祥所指斥，其電江鄂廣諸督，隱讚自保，皆不無見地」。

張韓齋筆記亦載：「文忠（榮祿諡）以近參密勿，雖不足以當古之賢相，然留意人才，保全善類，在滿人中實不可多得。戊戌之變，儻無榮氏斡旋其間，殺戮更多，岑雲階（春煊）、瞿子玖（鴻機）、張冶秋（百熙）皆以曾保新黨，處於危地，實其暗中迴護之力，固非後來當國之親貴不別賢愚者所可比」。似亦不無可資參證處。

光緒癸卯，榮卒於位，李越縵稱其「晚好士，能薦達，不及曾（國藩）佳者，士之咎耳！」惟翁松禪日記：「聞榮仲華

長逝，吾故人也，原壤登木，聖人不絕，其生平可不論矣。」於榮頗有隱詞，蓋於戊戌被黜事尚有憾耳。翁榮本交好，光緒初年，二人同飲，榮醉中漏言沈經笙（桂芬）失寵，伊實進言。翁述其事於恭王弈訢，未幾，榮遂外放，二十年不能入樞，蓄怒甚深，松禪也罷相，榮發之，剛毅下石而已。

　　按，經笙，吳江人，於同治初柄國，以廉謹聞，聲氣在寶鋆上，然其人外若避事而內實恃權，陰柔徇私，與弈訢交密，那拉於訢尊而不親，榮於沈無好感，故及之。當時弈訢與弈譞隱爭，翁初善訢而後附譞，於是門戶之見日深，朋黨之禍以起，潘伯寅（祖蔭）於翁為總角交，曾評翁氏：「專以巧妙用事，必以巧妙敗」，大風起於萍末，信然！記榮祿事，因論及之。

一○七、盛宣懷之毀譽

　　辜湯生嘗言：「昔在上海謁盛杏蓀宮保，見索英譯《中庸》，謂《中庸》為大經濟之書，乞檢一本為子輩讀，余對曰：《中庸》要旨，宮保謂在何句？盛曰：君意云何？余曰：賤貨貴德。盛顧而言他」。其調侃盛氏甚趣。

　　盛武進人，名宣懷，晚號止叟，別署愚齋，生道光甲辰，自同治庚午入李合肥幕府始，迄於辛亥郵傳部尚書，服官凡四十年，其在晚清政治上地位之重要，說者謂實不亞於李鴻章、張之洞，而所從事建設各端，遠非李張所及，至其主張鐵道國有政策，盛與張之洞、袁世凱實抱同一之政見，其言曰：「鐵道國有民有，本屬無甚出入，今國力方艱，果由商民實力舉行，不致延曠浮靡，自毋庸遽歸官辦，無如數年來，粵則收股及半，成路無多，川則倒賬甚巨，參追無著，湘鄂則開局多年，徒資坐耗，竭萬民之脂膏，供侵漁而付浪擲，恐曠時愈久，民累愈深，國防空虛，交通梗阻，上下交受其害，故收歸國有，銷除商辦，實出於萬不獲已」云云。當時各省路政，委實荊棘叢生，非收回統籌借款興建，不易觀成，乃以趙熙一疏劾之於前，蒲殿俊等爭之於後，武昌革命乘而爆發，遂屋清社，遺老孤臣，遂叢怨讟，而又因其身後頗為富有，輿論界更從而揶揄之，指為聚歛，認為貪黷。

　　盛之為人，大抵重實踐而不尚空談，其對各項建設，亦確有一手，其初以關道銜，得合肥信任，同治壬申間，洋商怡和、太古、旗昌各公司輪船，在閩粵津滬海面往來行駛，水上交通幾為龔斷。盛因言於李鴻章、沈葆楨，建造商船，設局招

收商股，即為招商輪船局之起源，李即委盛為會辦。洋商聞之，大跌水腳以併力傾之，盛苦心擘劃，竭力撐柱，至光緒丙子，以二百二十萬兩，收購旗昌之輪，並在各埠設碼頭堆棧，與怡和、太古並駕，稱三公司；癸巳訂立合同，息爭均利，招商局之業務且蒸蒸日上矣。

旋仿招商局成法，招募商股，創津滬電線，以通南北之郵，兼遏外人侵我國防電信之漸，李鴻章倚如左右手，權勢炙手可熱。癸巳秋，上海織布焚，李命盛赴滬設華盛總廠，並扶華資之裕源等廠，以與洋產頡頏，並令以四品京堂督辦鐵路總公司事務，規劃粵漢、京漢、寧滬三線，歷八年始成。辛亥四月，篆郵傳部，鐵路國有之議起，適當其衝，遂叢怨謗，其政治生命亦隨清社之屋而結束。民國五年卒於上海，著有《愚齋存稿》，凡百卷。

一〇八、涇縣胡氏昆季

　　皖南各邑，以涇縣文風展盛，《藝舟雙楫》之包慎伯（世臣）即涇縣人也，胡氏又以科名人文著於縣，廿世紀五十年代中，胡樸安兄弟亦以文顯於當世，因紀之。

　　樸安名韞玉字仲明，晚自號半臂翁。長兄伯春，以恂謹著於鄉里；弟懷琛字寄塵，能為小說家言，與樸安同有聲於時。樸安偉岸修髯，健談，又豪於飲，自民初以迄民國卅五六年，寢饋六經，枕胙諸子，其於國學極為淵博，而抱殘守闕以教學自養，布衣蔬食者三十年，從小學而明經，請學於各公私立學校。許靜仁先生（世英）與樸安為文字知交，長北府交通部時，邀其出任簡任秘書，相得甚歡，爰結為兒女親，其長女即許公第三子婦也。

　　北伐功成，葉楚傖主江蘇省政，胡葉均南社健將，故邀其長民政，均不久謝去。抗戰時，樸安居滬康定路之「安居」，小樓一角，自對書城，每食限兩素，其夫人椎髻執炊，門人故舊之在偽府職者，有請謁，皆不見；汪精衛亦以南社舊侶寄詩致候，亦不致答。勝利後任上海通志館長，左臂已偏廢，不久即謝世。

　　寄塵貌瘦削，訥訥寡言，能讀書，曾有《墨翟考證》之作，廣徵博引，析埋贍詳，其沾沾於稗官言者則為貧耳。其處女作為《華胥夢》，文筆俏麗，復能詩，新舊莊諧併作，曾寫〈兒子偶然來了〉一篇，與胡適之往返辯駁，文壇為之騷勳。嘗主編《小說世界》，其所寫諸作多不傳。或謂寄塵所作，多粗製濫造者，蓋每於懸釜待炊之窘境下，搜索枯腸，振紙疾

書，匆匆付書賈。易錢換米，以文字為庖廚，究不失為潔行修己者矣，不足為寄塵病也。

寄塵亦南社份子，在滬卅餘年，海桑換劫，閱歷最多，而皆恥與追逐，更鮮晉接，與其兄樸安皆能善固其窮者，抗戰前，病逝於滬寓。

一〇九、毛仲芳金戈紅粉

　　福州毛仲芳，少肄業於馬尾海軍學校，畢業後留英深造，氏溫雅優逸，感慨國事，夙具革命思想，辛亥上海光復，陳英士先生被推為都督，毛適從英國東方艦隊實習歸，毅然從之，以號召海軍革命自任，及都督府組立，被任為海軍總司令，與林建章、林國賡諸人，戮力黨國。斯時清廷之海軍統制為薩鎮冰，全軍分南北洋兩隊，北洋艦隊為海深、海籌諸艦，由薩自率，遠屯秦皇島一帶。南洋之海謙諸艦則在九江為林子超諸先生說服，高揭革命旗幟與毛互通聲氣，實力亦屬可觀。

　　迨南京政府成立，南北海軍歸隊，因資歷與輩份所關，由黃鍾英任海軍總長兼總司令，毛乃改任參謀長，然仍握全軍實力。國父辭讓臨時總統後，政權移於袁世凱，海部亦北移，黃鍾英去職，易以袁氏親信之劉冠雄。二次革命，袁慮毛及林國賡諸人為革命將領，且屬英士先生舊部，乃授意劉冠雄遷毛林及魏子浩三人為海軍部視察，厚其俸給而翦其羽翼，蓋所以防範之者綦嚴。

　　適煙台海軍學校學生畢業，例請部方派人監考，毛挽次長劉傳綏進言，冠雄遽准其行，毛遂若脫羈之驥，直下芝罘，匆匆監考畢，密電其摯交秘書某，告以母病重急電速其南歸。及抵滬，即與宋雅觀說同安艦長吳某起事，約明某日在陽樹浦開炮，與岸上響應，不幸聯絡不善，事洩，毛與宋深入□中，遇伏，宋被難而毛則受傷被擒。

　　劉冠雄得報大震，急電飭逮解北上，艦上二副陳某，與毛為素識，乃於解送登陸歙浦之際，陰縱之逸，乃以不死，遂變

名祥狂於哀絲豪竹，紅粉黃罏。直至國父在粵成立護法政府，程璧光、林葆懌諸人率艦嚮義，毛追隨至粵，電約溫樹德來歸，並說肇和新艦歸隊，北廷為之震動，惜不久程死林辭，艦隊之中意志不一，國父赴滬之後，溫樹德、吳志興輩為人簀動，脫離革命陣營，莫榮新以溫本為毛所邀，乃去其兵權下獄年餘，始恢復自由，居滬抑抑不得志。

及林森任國府主席，委為國府參軍長，然風情未減，公餘徵歌選色，興復不淺。廿二年林主席赴閩，毛亦隨行，悅閩伶張一幟，慨與三百金，令其就學，廿五年春患肝癌，不半載遂卒於滬某醫院，時六月一日，春秋五十有二。

一一〇、馮自由不負革命通

「總理重陽唱大風，余生十四便從公。興中會創橫濱日，我是馬前一小童。」此馮自由先生句也。清光緒二十五年己亥，國父居橫濱，往來東京、長崎各埠，提倡革命主義，留學生吳祿貞、戢翼翬、馮自由均加盟。時國父三十四歲，馮則十四齡童子也。原名懋龍，後改建華，號自由，籍廣東南海。祖展揚，世業儒醫，洪秀全、楊秀清金田舉義時，曾遣部將曰陳金剛者蒞粵，謀舉事，輾轉與展揚謚，於是清吏以其有交結「紅頭賊」之嫌，逮捕繫獄，遂瘐死。父鏡如憤而赴日，居橫濱山下町，營出版業，曰「文經活版所」。光緒乙未重陽，國父在廣州第一次舉義，不幸失敗，陸皓東被捕，遂與陳少白、鄭士良走日本，訪鏡如商興中會進行，時自由方十四，奉父命加盟入會。及乙巳七月，興中會、華興會、日知會、光復會聯合組成中國革命同盟會於東京，自由亦發起人之一，旋奉命回國，籌組分會於港澳等地，南方各省市革命活動，多所參與，又兩次出國往北美、加拿大、舊金山等地，主持宣傳，並籌措經費。

民國成立，自由返國參加建國大業，被任稽勳局局長，旋被選為國會議員，遂居北京。民國二年秋，袁供凱毀棄約法，大捕黨人，自由亦下獄，旋釋出，自此遂常居滬港間，為革命奔走。十三年，中國國民篙改組成立，自由在粵，窺李大釗等跨黨分子，與鮑羅廷等勾結，欲謀篡竊，上書列舉共黨禍國事實。翌年國父逝世，共黨陰謀益亟，馮氏與居正、田桐、章炳麟、馬君武等從事護黨救國運動。清黨後任立法院委員。

蘇曼殊與馮為同學，嘗稱其克己篤學。又以追隨國父最早，精熟革命史實，有「革命通」之稱，著有《中華民國開國前革命史》，《革命逸史》等，自題「白頭天女談天寶，古董山人說晚明，今古興亡多少恨，狂歌當哭萬千聲。」深繫感慨。卅年秋，赴港療病，抵港甫兩日，而港九陷，日興亞機關代表井崎喜，託詞慰問，實等監視，有詩紀其事：「伏櫪危城嘆道窮，三番虜使向衰翁，契丹亦曉尊元老，不負微名革命通」。「宋室阽危似斷蓬，獨持抗戰策奇功，澶淵博得雷州獄，怪底徽欽辱祖宗。」「杜門多幸記青盲，時數饔餐度活難，荊棘載途歸未得，不堪低唱念家山。」後伺機偕其夫人扶病逃出香港，終脫魔掌，紅羊再劫，赴難來臺，感舊撫時，輒多痛憤，於四十七年四月六日病卒於臺大醫院。

一一一、田梓琴與《太平雜誌》

　　馮自由《革命逸史》，記「國父在東京時，某次，與同志閒談田單驅火牛破燕故事，田桐曰：『田單在古代用火牛，吾謂今人可用水牛，若革命軍舉事，清軍有馬隊，而革命軍無之，吾人大可預先訓練水牛隊來臨陣，必可制勝』，章炳麟笑曰：『乃祖用火牛，而後人更發明水牛戰術，可謂後先媲美！』在座聞者皆捧腹大笑，後此均謔稱田為『水牛將軍』。」

　　田桐字梓琴，鄂之蘄春人，為革命前輩，民國紀元前與宋教仁創辦《廿世紀支那雜誌》，並先後主持《民報》、《復報》、《中興日報》、《國光新聞》，固亦革命之老報人也。惟田氏槧鉛之外，歷次參加艱險之革命行動，曾密運革命軍券兩箱入海防而被捕入獄，又嘗為黃克強之軍事參謀討袁之役，奉委為中華革命軍湖北總司令，民國十二年，在洛陽國民第二軍總司令胡景翼，參預戎機，十五年，吳佩孚率部攻豫，田桐所部為晉軍商震部擊破，俘送太原，閻錫山時為晉督，予以禮待，吳佩孚欲加以殺害，閻氏峻拒之。迨北伐師興，田勸閻服從黨軍，出師促成統一，南京定鼎後，田摒辭酬膺，仍居上海，從事撰述。

　　夏敬觀之《國史擬傳》，紀田氏撰有太平策十七篇，五權憲法草案一篇，人生問題一篇，革命閒話一卷，扶桑詩話一卷，詩文集十卷。《革命閒話》，以「江介散人」為筆名，紀陳荊入黨事至詳，略謂：「鎮南關之役，孫公事先約同人赴河內，時馮自由之香港《中國日報》，兼理黨事，余與長沙楊聘

晨，連州何克夫，桂平譚劍英在港，將成行，適有湘鄉陳樹人
（荊）以政聞社事件為清吏指捕，至港，自由說其入黨，曰保
皇不能見信，不如革命之為愈也。樹人翻許諾，遂同往。五人
由港赴海防……法人搜索甚嚴，將革命軍票二箱搜去，余五人
置之獄中……彌月後法人始屬五人出境。」……

　　田氏曾主編《太平雜誌》，時上海南社停刊，感於「海內
騷客，寂然無聲，風雅者流，不勝蕭瑟」，乃以「發揮三民主
義，敷佈五權憲法，收拾時局，永致太平」為宗旨，發起者皆
並時之彥，如張繼、周震麟、蔣尊簋、劉積學、馬君武、葉
荃、袁越雋、李翊東、史之照等，張繼為社長，周震麟副社
長，田任主筆，其中論文，均由田執筆，如地方篇，考試篇，
均有關國計民生之論著；詩文亦多一時之選，對於清廷甲申對
法戰役，勝利而反乞和，斥為怪事，備致譏諷。夏著《國史擬
傳》不載《太平雜誌》事，因述之以供參考。

一一二、黃公度之新詩派

　　陳石遺論詩，謂「咸同以來，古體詩不轉韻，近體詩不尚聲，貌之雄渾耳；其敝也，蓄積貧簿，翻覆祗此數意數言，或作色張目，非其人而為是言，非其時而有是言，視貌為漢魏六朝盛唐之言者，無以勝之也。」晚清詩界勝流，酖溺於摹倣宋人，形成所謂「同光禮」之風氣，而同時夏穗卿（曾佑）、譚復生（嗣同）諸人，提倡所謂「詩界革命」，又喜搴撦新名詞，以自表異，迨後更有力求西化，澈底突破舊詩形式者，詰屈聲牙，無可通曉，則矯枉過正之敝也。其能不破壞固有形式，復能鎔鑄新思想於舊風格中，則惟黃公度遵憲之人境廬詩，故被認為最成功之新詩派。

　　相傳公度十歲即能詩，其師以梅縣神童蔡蒙吉之「一路春鳩啼落花」句命題，公度即賦：「春從何處去，鳩亦盡情啼。」師大驚異，明日復令賦：「一覽眾山小」，公度破關云：「天下猶為小，何論眼底山。」其詩才蓋出於天賦。

　　十八歲時，已極賅博，以為「人各有面目，正不必與古人同。況今昔勢異，何取於迂腐論調？」其感懷詩：「世儒誦詩書，往往矜爪觜，昂頭道皇古，抵掌說平治。……古人豈我欺，今昔奈勢異，儒生不出門，勿論當世事。識詩貴通今，通情貴閱世。」又有「俗儒好尊古，日日故紙研，六經字所無，不敢入詩篇。古人棄糟粕，見之口流涎，沿習甘剿盜，妄造叢罪愆。黃土同摶人，今古何愚賢？即今忽已古，斷自何代前？……我筆寫我口，古豈能拘牽？……」

　　其作詩，主以古文家抑揭變化之法，作古詩，取騷選樂府

歌行之神理，入近體詩；取材則以群經三史諸子百家以及許鄭諸注為詞賦家所不常用者；述事則以官書會典方言俗諺及古人未有之物，未闢之境，舉耳目所親歷者，皆筆而書之。故所作能矯然特立，獨闢蹊徑，不為古人所束縛。集中如〈山歌〉之「鄰家帶得書信歸，書中何字儂不知。等儂親口問渠去，問他比儂誰瘦肥。」「一家女兒作新娘，十家女兒看鏡光；街頭銅鼓聲聲打，打著中心祇說郎。」以及〈己亥什詩〉中之「相約兒童放學時，小孫拍手看翁嬉。平生兩事轟轟樂，爆竹聲勝雞子飛。」說來何等明白！實則導源於樂府，胎息於民謠耳。

公度以舉人官湖南按察，嘗出遊日英美南洋等處，歷官參贊公使，於外交界頗著聲譽，戊戌變法事敗，康有為師徒逃匿，或有不愜於公度者，謂實藏於公度處，清廷命端方察看，上海道蔡鈞張大其事，派兵圍守其宅，尋放歸，卒於家，時光緒卅一年乙巳也。

一一三、吳研人疎狂自負

　　南海吳沃堯，字小允，研人其號也。少孤家貧，而崖岸自異，至上海，傭漕江南製造軍械局。後主漢報筆政，報實美國人所營，時方有華工禁約之舉，趼人念僑胞顛沛，辭職返滬，與僑界人士籌抵制，素善演講，每發語，聞者輒為動容，以是傭於美商者，皆引去，美商為之大窘。

　　生平富有材藝，自金石篆刻，以至江湖食力之技，無所不能，亦無所不精。所為文章，大半隸於說部，每狀一事類以細緻之筆，盡淋漓之致，耳目遭際，婦孺所能喻者，一出其手，遂蔚為鉅觀。湘鄉曾慕陶飫其名，疏薦經濟辟應特科，知交咸為稱幸，趼人夷然弗屑，曰：「與物無競，將焉用此？吾生有涯，姑舍之以圖自適。」旋應汪維甫之聘，為撰述《月月小說》。嘗集其素所聞見，著《我佛山人筆記》一書，佛山為其先世所居，故以為筆名。草成時，乞素諗之書肆，為之刊行，肆主有難色，趼人慍曰：「豈吾所作，不足與鋤金書舍《零墨》奪勝耶」？《零墨》為當時《申報》主筆黃夢畹所著，頗風行一時。肆主嗤其狂，吳欲拳之，眾勸之始解。中年益縱酒，放蕩不羈，達官富賈，遇之輒遭白眼，獨喜與伶人交遊，丹桂舞台主夏月恒交最摯，月恒弟月珊、月潤皆兄事之，知其窮之，每於歲盡，夏氏昆季均為之義演一日，傾所得以贐之，賴以禦冬。

　　原字繭人，某女史為書扇，誤署繭仁，唶曰：「殭蠶我矣！」亟易為趼人，取莊子百舍重趼而不敢息之義，而友輩或誤為研人或妍人者，曾作詩六章自白，有「試向粧台攬鏡照，

阿儂原不是奸人」句。然其所為詞，香豔固不讓玉台，記其〈解佩令・美人怒〉云：「喜容原好，愁容也好，驀地間怒容更好；一點嬌嗔，襯出桃花紅小，有心兒使乖弄巧。問伊聲悄，憑伊恁了，拚溫存善解伊懊惱。剛得回嗔，便笑把檀郎推倒，甚來由，到底不曉。」又〈憶漢月・美人小字〉云：「恩愛夫妻年少，私語喁喁輕悄，問她小字每糢糊，欲說又還含笑。被他纏不過，說便說，郎須記了；切休說與別人知，更不許人前叫。」將五六十年前闥闥諧謔神情，描寫如畫。

所著《二十年目睹怪現狀》，寫晚清各階層之紊亂腐敗，無下窮形盡相，近人所著五十年來中國文學中，論及南方幾部小說含有諷刺之作用，可稱社會問題之小說者，吳著尤所稱許。然趼人實疏狂自喜，昧於革命大勢，對其同鄉劉學詢，衍為苟鶯樓，極盡挖苦惡意，其中「祖武」醫生，尤有所影射，民十六後，書肆始改為「關良」，其距趼人之死，六十五六年矣。

一一四、岑毓英霸才自伉

　　革命前輩鄭曉雲生前有《歷代人物評詠》之作，於清代諸將評隲甚嚴，而許岑毓英為「賢將」，蓋嘉其捍邊定亂也。

　　毓英字彥卿，廣西西林人，祖籍紹興餘姚，先世從征廣西，襲土司職，改土歸流後，始隸西林。毓英雄偉有智略，初以附學生，與豪胥爭，誤殺之，遂逃入滇，捐從九品治鄉團，以剿匪功，敘縣丞。咸豐間回匪之亂，毓英往助剿，克宜良，即權縣篆，迭克要隘，薦以知府用。時馬如龍股最眾，毓英親撫之，曉以大義，如龍感動，以所踞新興等八縣獻贖，滇撫徐之銘疏陳毓英有大功，授布政使，加按察使。乃大舉掃盪散匪，著短後衣，赤足芒鞵，為諸卒先，故所向皆捷，全滇底定，十九載之回亂，全部肅清，西南以寧，清廷賞賚有加，光緒初，授貴州巡撫，加兵部尚書銜，旋調福建，督辦臺灣防務。

　　毓英在臺，洽理頗著績譽，開山撫蕃，濬大甲溪，築臺北府城，今臺北市所遺城堞殘迹，即毓英當時所倡建者。又以臺灣孤懸海外，為強鄰所伺，並籌款增購兵械，屬防守，清廷以其能，授雲貴總督，滇黔兩省，賴以乂安。

　　法越事起，毓英請出關赴前敵，遂節制楚粵各軍，密令黃桂蘭率部先入安南，為黑旗軍聲援，旋奉命督辦越南事務，兼兩廣雲貴軍務，對法備戰。以樞廷主和派怯於應戰，與法媾和，遂致藩屬甌脫，廢然返滇。繼而有瑪加里事件。

　　先是，英駐印總督，派測量隊入滇勘測礦藏，英使派書記官瑪加里隨隊入滇，實圖開闢滇緬商路。瑪在騰衝為土著所

殺，英人指為岑所主使，向清廷要求賠償並處分岑氏。清廷派
李瀚章查辦，據傳瑪在騰衝責地方犒饗，弗應則大詬怒，土官
弟李師泰執而殺之，毓英以曲在瑪，又內懷師泰，思以金帛消
英人之憾，英方遽陳兵恐嚇，滇人大譁，爭欲致死，毓英馳疏
請戰，廷寄十四諭相繼發，嚴責無妄勤，毓英得旨拊膺流涕，
有李沅者，以軍功保至知府，謁岑乞貸數萬金，謂將赴印貿
易，毓英與之，李得金則募集數千人入印度，奮擊英兵，得數
十城，聚眾十餘萬，英人畏懼，故毓英外恃李師泰與李沅，而
滇將楊玉科等皆能戰，多欲立功邊外，李鴻章請於樞力遏之，
又不堪英人威迫，捕土人十餘指為兇犯處死刑，地方官降革有
差，英使威妥瑪不滿，乃以艦隊駛入直隸灣威脅，李鴻章與英
使會於烟台，訂《烟台條約》，償廿萬兩，另立專款，屈辱極
矣！綜毓英以丞倅積功至方面，霸才自伉，其膽識固有勝於當
時濟濟列卿矣。

一一五、那拉后對二吳之榮寵

　　慈禧后那拉氏，以秀女廁列妃嬪，垂簾聽政數十年，清政以屋，戊戌以後，康梁等詆為牝后。然聞故老言，后頗威重，以曾國藩之勛望名位，引對之間，猶不免震慴，可以概見。惟生平於二吳，則寵遇稠疊。所謂二吳者，盱眙吳棠，與吳興吳永也。

　　吳棠字仲宣，以母教舉於鄉，初宰桃源，後擢淮安知府。某年其故友旅櫬道經淮河，棠賻三百金，命吏賫往，誤投鄰舟，舟中人疑與吳有舊，回帖謝之，吏回，棠知誤遞，復具金躬自攜弔故友，並詣鄰舟弔焉，舟中旗婦率二女出拜，堂唯唯謙遜而已，而二女即慈禧姊妹也。同治末，棠觀察徐淮，以守正不阿，遭當道疏劾，慈禧閱之，立交部即查吳棠出身，是否曾任某守，部復一無錯誤，慈禧喜曰：「若然，是良吏也，安得妄劾？」遂擢棠總督漕運，召見時賜之坐，並厚賫稱歎。逾年棠又被劾，乃特旨簡欽差大臣督川，死諡勤惠，蓋所以報之也，然棠實良吏，於吏治頗能整飭，且負時望，慈禧日理萬幾，見彈章又復憶及其人也。

　　吳永字漁川，少就郭嵩燾習古文義法，後入鮑超幕，丁酉補懷來知縣，庚子慈禧母子西奔，永迎駕，為備供帳，慈禧命開缺以知府隨扈，督辦行在糧台，永以位卑，舉岑春煊自代，與俞夢舟同任會辦，慈禧許其忠誠才幹，准專摺奏事，辛丑奉簡廣東雷瓊道，飭緩赴新任，命督辦回鑾前站事宜，仍照舊承應宮門事務。永承管宮門事務，自懷來至太原，平穩無事，後由岑春煊接管，岑一以討好宮監悉反永所為，永遂飭赴廣東新

任，陛辭日慈禧垂淚勗之，稱其忠勤可嘉。

永宮高廉道年餘，岑亦調督兩廣，歲末甄覈屬員，彈劾至數十人，以永居首，慈禧閱摺，交軍機閱看，時瞿鴻禨當國，與岑頗通聲氣，以疆吏參劾屬員，例無不允者，應知擬。慈禧曰：「吳永甚有良心，做官必不至太壞，吾意留中。」瞿以春煊所劾，如欲加恩尚可起用，未可因永一人，而違體制。慈禧慍曰：「吾只知吳永很有良心，岑春煊好參人，如吳永可參，則天下可參者多矣，吾疑其未必皆情真罪當也，留中！留中！」瞿乃不復語，而永乃獲保全矣。

然論二吳勞積，則永過於棠，論幸運則棠勝於永，論知遇則二人俱邀闓眷至死不渝，惟一則擁旄節，膺嘉諡，駸駸乎與雲台麟閣比烈，而永則極其所遇，簡授道員而已，終后之世，不獲更進一階，得非命耶？民國後，永曾任煙台道尹，曾見之，恂然長者也。

一一六、沈子敦（垚）以愚迂自喜

姚伯昂（元之）居京師時，邀沈子敦（垚）校國史地理志，寓內城，暇日出訪友，徐星伯（松）為烹羊炊餅，招張石州（穆）共食，劇談西北邊外地理，以為笑樂，石州謂子敦曰：「君生魚米之鄉，而慕羶嗜麥；南人，足不越關塞，而好指畫絕域山川；篤精漢學，而喜說宋遼金元史事；可謂三反。」子敦聞而軒渠，無以難也。

子敦浙之烏程人，世居南潯鎮。弱冠，英姿卓犖，議論當不落恆蹊。性坦率，舉動多任情，遇俗客，不數語，輒搖首作誦讀狀；又好直言忤物，數三知友外，咸以迂愚目之。子敦既被迂愚之目，則益自喜讀書愈力，經籍諸子罔不溯流探原。少受學於施北研（國祁），北研熟治金元史事，故子敦喜研金元輿地掌故。地理以水道為提綱，書之所載，千支萬派，棼如亂絲，讀者每苦昏眩而不能遽解，子敦獨一覽了然，執筆為圖，往往與古圖合，曾著《新疆私議》，謂「國家開邊萬里，常患饋餉難繼，省餉必須屯田，屯田必講水利；某山出某水，某水經某處。」……灑灑數千言，瞭如指掌。某舍人見之，嘆曰：「某調戍新疆，凡諸水道，皆所目擊，歷十年之久，始知曲折，是誠奇才也！」

道州何文安（凌漢）視學浙江，歲試湖州，校官上諸生優行籍，無子敦名，文安卻之，再上，仍不列，文安曰：「吾在京師，聞湖州沈垚，學識為浙江冠，而報優無名，何也？」諸校官茫然以憶，皆不知沈垚何人。文安笑曰：「校官所講者時文也，所急者贄禮也，沈生不攻時文而贄薄，宜校官之不識

也！」竟拔子敦為第一，其題則「庸、蜀、羌、茅、微、盧、彭，濮考」也。明年又以尚書古文考，毛詩古音考，為陳碩士（用光）所識拔，仍第一。旋以優行貢成均，入都，主姚伯昂家。旋姚繼陳碩士督浙學，子敦引嫌不從，獨留京師，著書自娛。未幾伯昂晉總憲，以言事降秩，有欲招子敦校文者，辭曰：「去枯而集菀，吾不為也」。然旅況漸窘，長安居不易矣。

子敦試南闈者六，試北闈者四，中經一薦，卷終不售，雖不遇，而所憂常在天下，嘗謂：「乾隆以來，士務訓詁，意欲矯明人空疏之病。然明人講學，尚知愛民，今人博覽，為謀利。夫士不好名而好利，廉恥道喪，害必中於國矣。」在京六年，所著論與世多格格不相入，亦未嘗妄交一人，朝右知故又相繼凋落，知已寥寥，居恒鬱悒無聊，不久下世。子敦素工書，所作模範鍾王，所為賦頌駢儷之文，亦精雅似六朝，其多藝如此。

一一七、戴鴻慈負知新譽

　　南海戴少懷鴻慈，為晚清派赴各國考察政治五大臣之一，負「知新」之譽，庶幾大臣之選，惜入樞不及一年遽逝，清社亦不久遂屋，而其歷陳各事，均能侃侃陳言，亦可述也。

　　鴻慈以進士入翰林，督學魯滇，稱得士，甲午中日之役，疏劾李鴻章調遣乖方，始終倚任丁汝昌，遷延貽誤，請予嚴懲，不報。迨和議成，奏陳善後十二策，如「審敵情以固邦交，增陪都以資拱衛，設軍屯以實邊儲，築鐵道以省漕運，開煤鐵以收利權，稅烟酒以佐度支，行抽練以簡軍實，廣鑄造以精器械，簡使才以備折衝，重牧令以資治理，召對群僚以勵交修，變通考試以求實用」等等，語皆切要。拳亂後，復赴西安行在，條陳八事，仍以請建兩都為請。辛丑隨扈返京，亦屢陳時政得失，皆格不行。

　　光緒卅一年，派五大臣出洋考察，鴻慈與焉。行時，吳樾挾彈狙炸，紹英被創，朝野惶懼，鴻慈詣宮門取進止，慈禧慰之，遂與載澤、端方、李盛鐸、尚其亨等同行，歐美諸邦，及歸，敷陳各國治理大略，分析各國政體、國力、政略、民氣等不同之點，其論俄民志大而少秩序，失之無教；法民好美術而流晏逸，失之過奢；德民倔強而尚武勇，失之太驕；美民喜自由而多放任，失之複雜；義民尚功利而近貪詐，失之困貧；英民富於自治自營之精神，有獨立不羈氣象。又參綜比較其得失，約為三端：一曰，無開誠之心者國必危；二曰，無慮遠之識者國必弱；三曰，無同化之力者國必擾，而結論則以「學問以相摩而益善，國勢以相競而益強，中國地處亞東，又為數千

年文化古國，不免挾尊己卑人之見，未嘗取世界列國之變遷而比較之，甲午以前，南北洋海陸軍製造各廠同時而興，例之各省差佔優勝，然未嘗取列國之情狀而比較之也。故比較對於內則滿盈自阻之心自長，比較對於外則爭存進取之志益堅，則謀國者亦善用其比較而已。」又陳「國是六要」：曰舉國臣民立於同等法制之下，以破除一切畛域；曰國是採決於公論；曰集中外之所長以謀國家人民之安全發達；曰明宮府之體制；曰定中央與地方之權限；曰公布國用及諸政務。並請改定官制，以配合立憲。遂以禮部尚書兼釐定官制大臣，轉法部尚書，參預政務。宣統初，奉派赴俄報聘，返時力陳日俄兩國冀覦覬邊境，請急籌抵制，以固邊圉，振興實業，以圖富強等等，並臚陳辦法，得旨下所司議行，其年八月充軍機大臣協辦大學士，明年庚戌卒於位。

一一八、朱瞎子精明強幹

　　平湖朱為弼，字右甫，即佐阮元纂輯《積古齋鐘鼎彝器款識》之朱菽堂也，以惟材迴翔卿貳，晚年任漕督，剔除積弊，吏畏民懷，歿祀鄉賢。從子善張，字子弓，號山泉，以南河通判，薦擢徐揚淮海道，太平軍之役，保障淮揚有功，旋調徐州，轉□防捻，疊著績效，歿後入祀名宦，善張弟善寶，字楚卿，署江南同知，僑寓揚州，破城時巷戰死，崇祀昭忠，竹林三人，於鄉賢、名宦、昭忠，各占一席，鄉里榮之。

　　善張子之榛，號竹石，以蔭授官，宦江蘇凡四十年，為光緒間著聲之蘇省能道員，莞釐務最久，精於綜覈，以剔除中飽為職志。釐金積弊，瞭如指掌，雖捐蠹不能欺，他如地方利病，亦皆洞悉。歷署按察使十二次，布政使二次。大吏倚之，忌者亦眾，屢被彈劾按治，皆得白。晚年病目，數步外即渾如，吳門官場，稱之為朱瞎子，然其精明強幹，眊於目而不眊於心也。光緒廿五年，署督糧道，清釐田賦，歲增漕糧十五萬石，丁銀二十萬兩。

　　端方任江蘇巡撫時，之榛適署臬篆，值官錢局呈驗新栗，印製極精美，為預防偽造，票之背面特加印王勃滕王閣序全文，字細如蚊腳，以朱之目力，絕難辨識。端方故為諧謔，戲與朱曰：「煩六兄（朱行六）過目，尚可勉用否？」朱接票不即諦視，以付藩司某、曰：「應先請老哥驗看」。藩司本旗人，識字無多，以朱為嘲弄，因大慚怒，端方亦自悔鹵莽，兩謝之。

　　吳興藏書家皕宋樓主人陸存齋（心源），有子樹藩字純

伯，以道員筮仕直隸，光緒庚子，奉李鴻章命辦理救濟會，爾時尚無紅十字會組織，凡百章制，既無成規可循，胥出草創，而成效卓著，頗為中外所稱許。未幾，鴻章歿，陸驟失憑依，抑鬱甚久，後以袁世凱薦於江南大吏，獲派官紙局總辦。當時，蘇省道府以之榛資望最深，後進到省，俱以前輩尊之，樹藩獨不為之下，寅僚讟集，輒揶揄之，之榛憾焉。已而官紙局報銷，發司審核，之榛多方挑剔，不與核銷，樹藩申文頂覆，措詞極為峭厲，文中有「此案內容，朱道尚未看得明白，不諳何由指駁」之語，詞意雙關，頗稱惡毒。之榛恚恨極深，卒由撫軍兩解之，乃已。宣統改元，之榛始實授淮揚道，兩目益翳，且老病弗能治事，未任而卒。

一一九、福州西湖題壁詩

　　福州西湖，為晉太康三年，晉安郡守嚴高所鑿，以供民田灌溉，引西北諸山溪水，注之而成，與大海潮汐相通，舊有宋李綱祠，宛在堂詩龕，西湖書院，致用堂，澄瀾閣，荷亭，大夢山，謝氏草廬前鹿泉諸勝，為西郊遊鑒勝處。林文忠則徐少嘗讀書荷亭旁之桂齋，晚年曾濬湖以溥水利，其後沈濤園（瑜慶）曾倡修宛在堂，並題桂齋為林文忠讀書處。民國初，許世英任福建巡按使，則徐孫炳章（字惠亭）為財政廳長兼市政局長，特闢為公園，佔地一萬三千八百六十平方尺，增築亭榭，廣蒔花木，湖濱一碑，擘窠書「擊楫」二字，則許氏加以勵國人雪日本迫我廿一條件之恥也。風景宜人，遊福州者多能言之。

　　湖中有開化禪寺，在未闢為公園前，前院兩廂，寺僧區為殯舍，舊有題壁詩兩首，句云：「滿天離恨黯無言，來訪湖西第一村。山桷葉黃詞客面，水薄花瘦女兒魂。上方聽法依祇樹，他日尋詩拂壞垣。為報漢皇人解珮，悽涼交甫又吳門。」「曾聞共命是頻伽，啼落陀羅一樹花。七字題詩猶浣壁，廿年歸客已無家。遠峰掃黛眉如語，舊事成塵眼欲遮，只有湖波流不盡，照人青鬢點霜華。」詞意淒絕，蓋鄭稚辛（孝樨）甲午十月與壬子九月先後所題者。相傳鄭少時讀書湖濱，臨湖窰北鄉梁氏女，美而才，悅之，論嫁娶矣，旋鄭入京應禮部試，及下第歸，則女已病死，殯於寺中，鄭撫棺大慟，即題於棺旁壁上，詩前繫有數句，為：「棼尾年光，石尤風色，人天有恨，遣此誰能，弔爾九幽，寫余四韻。」並有一聯：「佛在一時，

此去好依祇樹蔭；汝今諦聽，再來莫現散花身」。可覘二人愛戀戀纏綿之情，後詩則在改築公園前，鄭宧遊歸來所題者。後以清除殯舍，遂轉抄其二詩於石，嵌於方丈前壁，其第一首首聯則易為「斷雲一往了無痕，躑躅湖濡書易昏」。末聯作「誰為欲行行不得，癡禽嫗汝太溫存」。中聯「祇樹」二字，亦改「清咀」，一如《石遺室詩話》及《近代詩鈔》所載者，與原作稍異，吟誦之餘，亦覺斷雲等句，不特哀感頑艷動人，而神韻悠揚，不同凡響，確較原作為優。後閱何梅生（振岱）《榕南夢影錄》，始悉稚辛曾以就正於王又點（允皙）。王與稚辛兄弟為總角交遊，夙工長短句，能為玉田碧山語，中年刻意為詩，善於審曲面勢，意境不務凡近，每苦吟鍛鍊，或旬月而始脫稿。殆以鄭詩上石，為留久遠計，特加以裁量者，宜其傳誦海內，成為西湖一段韻事矣。

一二〇、繆素筠與藝風老人

　　清末，以繪事供奉內廷者，曰管先生，曰繆太太。管名劬安，蘇州洞庭山人，工仕女，嘗為慈禧寫真，寵遇甚渥；繆則江陰繆素筠女史，名嘉蕙，生長蜀中，能文，精繪事，適人八月而寡，守節二十餘年，光緒中，隨其從弟繆筱珊庶常至京師自給，李蒓客（慈銘）曾倩其繪桃花聖解盦填詞圖，精妙澹雅，藝林稱之。旋奉召入宮，侍慈禧研習繪事，蓋已四十許之半老佳人矣。慈禧所作花卉，多其代筆，在宮頗受恩遇，以纖足故，常命賜坐，宮婢呼以繆太太。庚子慈禧母子西奔，繆亦隨之行。世傳戊戌後，慈禧欲行廢立，故令德宗竊素筠畫篋，旋召繆入，示以篋，且曰：「帝失心至此，乃竊汝物。」擇一新者另賜之，繆稱謝，以不適於用，他日遇德宗於邊殿，繆以詢帝，德宗戚然曰：「是阿媽詔我者，奈何？」繆固求，乃陰返之。後繆出宮，或詢以前事，亦謂德宗實孱弱，畏后甚，其遇實為可憐云。

　　筱珊名荃蓀，光緒丙午進士，官編修，嘗師陽湖湯成彥，雙流宋玉械，讀書頗富，以久客蜀中，寄籍華陽，歷四川省試，為人訐擊，還試江南，再登乙榜，吳棠督用時，延致幕下。精於金石目錄之學，著作等身，通籍後，寓都中繩匠胡同，清初徐澹園之碧山堂故址也，所交往多風雅士。光緒八年，任國史館協修，分纂儒林、文苑、循良、孝友、隱逸五傳，後以故謝歸。王葵園（先謙）時任江蘇學政，重其才，聘主南菁書院；尋復入京，擢為國史館提調，並主奉天瀋源、湖北經心兩書院講席。張之洞督兩江，招之主鍾山書院，領江楚

編譯書局事。及書院改學堂，任總教習，為釐訂學程，甚見詳備。感於歐化銳進，國學偏微，請創立存古學堂，自莞教務，嘗言：「國粹式微，文化淪失，數十年後，必可見其敝者。」宣統初，載灃攝政，召對明澈，以學部參議候補，會武昌軍興，請假南返，專事著述，袁世凱當國，徵為清史館總纂，以年老不赴，時人嘆為雲中白鶴。晚號藝風老人，僦居滬上，以精槧易米，而著述不輟，民國八年卒。藝風詩最少作，其《藝風堂集》中漫存，多詠史感事之作，在滬時與李審言（詳）交往最頻，審言詩：「飛輪電掣輾黃埃，曾向維摩問疾來，嗜好不離文字外，儒門終先法門開。」「哆口疎眉兀老蒼，傾談能使寸心降，遺山絕勝劉京叔，百斛龍文耐獨打。」即柬繆之作也。

一二一、清道人李梅庵書法

夏劍丞敬觀詩：「梅菴作書技稱絕，點畫直造古人拙，有時畫水還畫松，墨花著紙磨不滅，北極山氣朝入脣，噓出一片天光新，齋鐘徹河五里潤，聖手去作傳薪人」。梅菴蓋臨川李瑞清也。臨川李氏，奕世簪纓，科名鼎盛，有清二百六十年中，計先後翔步木天者，凡十八人，故有「十八子十八學士」之稱，顧皆長於文字，未嘗以勳名顯，如李宗瀚聯琇父子等，書名皆雅重一時，梅菴生長桂林，性恬淡不務榮利，光緒甲午進士，以道員薦至江寧布政使，素工書，真楷而外，幾無所不工，篆法雍容平正，神韻雅近瑯琊，隸書整峻渾穆，間入八分，益見樸茂，魏晉六朝諸碑，如鄭文公、爨龍顏、爨寶子、嵩山高靈廟鶴銘諸刻，方則如刀錯石，圓則如錐畫沙，各極其妙，論者謂其書具雄渾、峻哨、遒麗、逸蕩、奇險、端重之緻，而無一筆無來歷，畫則不常作。自署玉梅花庵主，蓋為悼念其夫人也。梅庵幼隨宦湖湘，同寮父執某，生三女皆美慧，初以長女玉仙字之，結褵甫半載，以瘵卒，繼聘次女，未婚又歿，後數年第三女梅仙長成，復以歸之，唱隨二載，又賦悼亡，自是遂不更娶。在江寧時，繩床經案，不納姬侍，持躬刻嗇，頗著廉勤。辛亥革命軍興，張勳閉城大捕黨人，劫掠無數，梅庵與勳為同鄉，請准開一門，親護婦孺以出，全活甚眾。清運既終，梅庵亦掛冠去，瀕行出藩庫銀二十餘萬兩，一無所染，售其所乘馬車，翛然赴滬，易服蓄髮為道士，自署曰清道人，鬻書自活，其書值亦不甚昂，如團扇潤銀二兩，楹聯六兩不等，記其書約云：「辛亥秋，瑞清既北，鬻書京師時，

皖湘皆大饑，所得貲盡散以拯饑者。其多十二月，避亂滬上，改黃冠為道士矣。願棄人間事，從赤松子遊，家中人強留之，莫得去。瑞清三世為官，今閒居，貧至不能給朝暮，家中老弱幾五十人，莫肯學辟穀者，盡仰清而食，故人或哀矜而存卹之，然亦何可久，又安可長累友朋？欲為賈，苦無資，欲為農、家半畝地，力又不任也。不得已仍鬻書作業，然不能追時好，以取世資，世有真愛瑞清書者，將不愛其金，請如其值以償。」嘗自謂生平學書有二憾事：一為不善楷書，寸楷以下者尤拙，所書上下款，每苦不能與正文相稱；一則於碑刻致力卅餘年，迄未能脫古人窠臼，卓然自成一家，偕諸並時曾農髯、沈寐叟諸人每自愧憾。實則梅菴天分學力，均不在諸人下，有如人之應世，有善變有不變者，亦視各人操履而異耳。

一二二、朱彊邨殿清代詞壇

　　歸安朱彊邨，綜覽群籍，博極倚聲，蘊情高夐，含味醇厚，集清季詞學之大成，公論翕然，所稱為律博士者也。彊邨名孝臧，一名祖謀，字古微，號漚尹，因所居埭溪渚上彊山麓，遂自署上彊邨人，舉光緒壬午鄉試，明年，成二甲一名進士，授編修，屢擢至侍讀學士、禮部侍郎。庚子拳變時，與張亨嘉等，議事宮廷，力言拳匪不可恃，董福祥不可用，外釁不可開，大忤慈禧后意，幾遭不測。彊邨始以能詩名，通籍後居京師，獲交王半塘（鵬運）御史，舉詞社，邀之入，聯軍陷北京，彊邨偕修撰劉福姚，就半塘以居，三人者痛勢局之凌夷，日相對太息，於是約為詞課，指題刻燭，相與唱酬，一闋成，嘗奇攻瑕，詼諧間作，文字友朋之樂，渾忘其在顛沛流離中也。曾有《庚子秋詞錄》之作。

　　既而半塘之上海講學於南洋公學，彊邨亦出為廣東學政，與總督齟齬，引疾去，迴翔江海之間，攬名勝，結儒彥自遣，不復仕。既而，半塘客死蘇州，彊邨哭之慟而悼以詞，有〈木蘭花慢〉、〈八聲甘州〉兩闋，蘊藉哀咽，為世傳誦，另有結草庵拜半塘殯宮之作，調寄〈慶春宮〉云：「頹堞銜煙，昏鐘閣水，野鵑喚近清明。華表羈魂，黃壚吟畔，暗塵房檻深扃。斷雲玉笥，感詞客、依稀有靈。新腔愁倚，一瓷泉華，還薦芳馨。哀絃凍折誰聽？淒唄修蘿，山鬼逢迎。蓬島塵狂，芝田日晏，夢遊翻羨騎鯨。淚珠千斛，拼一向，寒原縱聲。孤留何事？身世浮漚，休聞殘僧。」悲愴之情，絃絃掩抑，而不忘死友，風義之高，尤良足多。

宣統初，設弼德院，授顧問大臣，不赴。辛亥後，僦居滬上，絕意塵俗，專心刊詞，先後成《彊邨叢書》三百八十餘種，兩宋金元名家詞，搜羅殆盡，無一不手自校訂。散原老人題彊邨校詞圖一詩云：「眼枯倚仗莽揚塵，羸蹶劉顛老此身，指正九天遺一世，作癡誰泣校詞人。」「翻翻□迹辨牛毛，獨獻靈襟萬象高，坐滿鬼神相視笑，莫教圖我讀離騷」。最後道出此老心緒。彊邨晚處海濱，身世所遭，與澤畔行吟為類，故其詞獨幽憂怨悱，沉抑綿邈，莫可端倪。卒於民國廿一年十一月廿二日，年七十五。易簀前夕，自知不起，口〈鷓鴣天〉絕筆，有「忠孝何曾盡一分，年來姜彼減奇溫，眼中犀角非耶是，身後牛衣怨亦恩」句，尤極悽惻，其自為詞，經自刪定為《彊邨語業》二卷，逝後其門人為補刻一卷，入彊邨遺書中。後歸葬吳興道場山麓，散原老人為銘其墓。

一二三、詞曲大師吳瞿安（梅）

　　清末，江左文人多提倡革命與謀光復，而於文辭，仍貴揉藻，詩宗唐音，不以西江桐城流派相尚。光緒己酉間，有南社之創設，春秋佳日，輒於愚園勝地為文酒之會，一時革命鉅子如陳去病、宋遯初、黃克強、葉楚傖、于右任、胡樸安等，率皆參加，悲歌慷慨之音，豪宕俊爽之文，積久而成鉅帙，乃有南社叢刊之輯，分詩文詞曲諸選，吳瞿安以少年俊逸之資，為社員之一。

　　瞿安名吳梅，又字靈鳩，號霜厓，江蘇吳縣人，生於光緒十年七月。少醉心曲學，凡南北曲之製譜、填詞、按拍，無不精究，嘗謂：「詩文詞並稱，余謂詩文固難，而古今名集至多，且論文論詩諸作，指示極精，惟詞曲最難，而曲尤不易。何者？詞自南唐兩宋，名家著述，易於購取，有志者尚可探索，曲則自元以還，關、馬、鄭、白之作，不可全見，吳興百種而外，所存不多，不過西廂、琵琶數種而已。」因作《風洞山傳奇》，更取古今雜劇傳奇，益潛究焉。戊戌譚嗣同等因變政失敗被戮，瞿安譜《血花飛》一曲，悽戾悱怨，其祖見之，懼賈禍，取其稿焚之。光緒季年，女俠秋瑾以革命成仁，陳去病題徐寄塵女士之「西泠悲秋圖」，以畀瞿安，瞿安譜越調〈小桃紅〉一套云：「半林夕照，照上峰腰。小墓冬青少，有柳絲數條。記麥飯香醪，清明拜掃。怎三尺孤墳，也守不牢？這冤怎樣了？土中人，血淚拋；滿地紅心草。斷魂可招！你敢也是俠氣英風在這遭！」蓋秋葬後，滿吏有平墓之議也，此曲傳誦一時，瞿安之曲學，益為海內推挹。

其論詞曲之遞變，則謂：「我國文學改良之迹，皆由自然，非一二大文豪所得左右其間也。自樂府不能按歌，而唐人始有詞，太白香山開其先，至飛卿而其藝遂著，南唐兩宋更發揚光大之，於是詞學乃獨樹一幟。」餘事為詞，亦高逸不凡，如題龔半千畫，調寄〈桂枝香〉云：「憑高岸幘，愛面郭小樓，紅樹林隙。妝點晴巒古畫，二分秋色。高人去後闌干冷，笑斜陽往來如客。野花盈路，當時俊侶，梁燕能識。但破屋西風四壁。對如此江山，誰伴幽寂？湖海元龍未老，醉嫌天窄。笛中唱到漁歌子，賸無多金粉堪惜。暮雲人遠，何時重認，舊家裙屐？」豪宕透闢，氣力可舉千鈞。與王國維同為曲學泰斗，歷任南北各大學教授，抗戰中，轉徙湖湘間，以民國廿八年卒於雲南大姚縣，有《顧曲塵談》及霜厓三劇並詩詞文錄等傳世。

一二四、楊篤生在英投海真因

　　張溥泉先生日記：「……驚悉楊篤生投利物浦自殺，不勝痛悼！余與此公初識於日本；乙巳夏余在長沙，接何海樵信：篤生約到天津，待赴北京炸滿洲那拉氏及戴湉。余偕海樵至天津，登報尋篤生，伊已在法租界租定機關，炸藥等皆在新化，蘇鳳初亦在，四人皆用假辮尾，作投考入學者。……篤公運籌一切，因假辮不能赴理髮店，篤公教我剃頭，今日每執剃刀，輒憶當日在天津情況。」……又記：「偕法人同登修瑾山，弔篤生先生。此山位溫根之右，先登門裏神，攀亂石而上，嶺北望頓湖，南望仙女峰，大呼楊篤生先生三聲。……」

　　篤生為楊守仁字，原名毓麟，字叔士，籍湖南長沙，幼穎悟強記，年十二三，已讀遍經史及古詩文詞，十五補秀才，肄業湘之嶽麓城南校經三書院，尤留心經世之學，獨居深念，輒感憤不能自已。甲午中日構兵，篤生作江防海防策，痛詆清室柄政諸人，院長杜仲丹驚賞之，謂其退然如不勝衣，乃能為王景略雄談也。馬關締和以後，國中人士，知非改革不足以圖存，競倡維新之論，江建霞督學湖南，以開通風氣自任，網羅通達時變博學能文之士，篤生與焉。梁啟超主時務學堂講席，篤生與唐才常等任教授，戊戌維新失敗，學堂解散，幾遭不測。明年，應蘇學政瞿鴻機聘，入幕襄校，所得皆飽學之士，終以宦途污濁辭去。庚辛間館湘紳龍湛霖家，極相得，壬寅挈龍子黻原東渡，入早稻田大學，與黃興、劉揆一等極相得，鼓吹政治種族革命，所著《新湖南》一書，與粵人歐榘甲之《新廣東》，並稱於世。留東志士以俄進兵滿洲，組拒俄義勇隊，

為日方干涉，改為軍國民教育會，會中密設暗殺團，篤生皆與其役。嘗從梁慕光習製炸藥，失慎傷目。甲辰夏，懷炸藥入都，約張繼、何海樵，謀炸內城宮禁及頤和園，以無隙可乘，廢然南歸，黃興、劉揆一等謀在長沙起義，篤生與蔡元培、杭辛齋等設法接濟，及湘事敗，黃興至滬，而萬福華刺王之春案發，餘慶里機關被搜，篤生實為會長，因改名守仁走京師，任譯學館教員，密組北方暗殺團，吳樾炸五大臣事，篤生實主之。吳死，返滬主《神州日報》筆政。戊申蒯光典為留歐學生監督，聘楊同行，遂隨蒯至歐，居英數月，留學於蘇格蘭愛伯汀埠。辛亥三二九之役，傳黃興身殉，篤生憂傷逾恆，後得馮自由書，稍慰。未幾有傳列強欲瓜分中國者，大憤，而其友章士釗，復通於保皇黨，篤生銜痛，以中國之危若此，而國民不能協力推翻暴政為恨，遂自投利物浦以死，其後，章與篤生兄德麟書，謂「篤生神經亢不可階，往往小故，在他人不經意者，而篤生視與地坼天崩無異，卒至親其所疏，疏其所親」云云，蓋讚言之也。

一二五、易實甫奇才天挺

　　清末民初間，樊樊山、易實甫同稱詩壇兩雄，豪情盛慨，綺艷絕倫，而實甫於甲午割臺之役，急國家之難，至不顧身，其前半生似不無可傳者。

　　實甫名順鼎，字仲碩，號眉伽，署懺綺齋，晚號哭庵，漢壽易笏山佩紳子。天挺奇慧，有神童之目，幼侍其尊人遊北京，嘗命其擬約修禊小啟，實甫頃刻立就，其起句云：「天將啼鳥留春，人與斷雲爭路。」一時傳誦都下。十四歲補諸生，十七歲中光緒丁丑舉人，應試北上，取道江南，單騎冒雪遍訪六朝遺跡，一日成金陵什詠二十首，有「地下女郎多艷鬼，江南天子半才人」等句，裁對既巧，語尤出奇，世稱龍陽才子。龍陽，漢壽縣舊名也。

　　甲午馬關條約成，實甫時在兩江總督劉坤一幕中，冒死上書論國事，痛劾李鴻章誤國，朝野佩其高節雄文。疏上不省，實甫乃慷慨從戎，泣語坤一曰：「願隻身入虎口，幸則為弦高之犒師，不則為魯連之蹈海」，坤一壯之，並贐其行。方抵廈門，而唐景崧已微服出走，劉永福尚困守臺南，乃馳往作箸籌，又僕僕寧漢間，乞援於張之洞、譚繼洵，張譚諾之，實甫乃復至臺，而局勢已變，猶復函電呼號，感憤泣下，一時訛傳實甫已殉臺難，王夢湘句輓之云：「揮不返魯陽日，補不盡女媧天，入夜海門潮，白馬素車，穿脅靈胥同一慟；生無負左徒鄉，死無慚延平國，思君廬山月，青楓赤葉，讀書狂客好重來。」又云：「一萬里倉皇風鶴，遍乞援師，此志竟無成，晞髮咸池，去矣排空訴閶闔；二十年追逐雲龍，頓悲隔世，吾生

亦何樂，側身天地，淒其隕淚看神州。」然實甫實未死，雖台
事已無可為，仍流連不忍去，張之洞啟電促返，其友陳三立亦
勸其速歸，乃脫身走廈門，後入兩湖督幕，膺兩湖書院之聘，
旋復專摺奏保召對，被任廣西右江道。既抵官，無所展布，終
為兩廣總督岑春煊劾罷，遂以不振。

　　時人論詩絕句，論實甫云：「詩成濡印錦溪砂，得意籠銅
鼓破衙，殺賊卻充名士餅，謀姬應媿美人麻」。原註：「君出
守廣西右江道有句云：已辦腰刀思殺賊，未留鬚戟為謀姬。又
云：新持欲和賀梅子，他日應呼易柳州。岑西林語人云：『易
某自矜名士，名士如畫餅，於國何用？』參摺內即用此語，乃
張伯堅手筆」。按實甫被參，以其素好談兵，曾力保分發到桂
之候補縣曾憲勛（欽堯）、南岳峻（右崧）可用，適有匪警，
岑以實甫為統領，曾南為管帶，依其計劃進，詎一觸即潰，岑
怒，遂奏將實甫等革職。謀姬云云，因焚山贈詩有「好收側貳
作蠻姬」句，實甫依韻和之，並云「謀」有兩種解釋，與姬謀
一解也，謀納姬二解也。聞者譁笑。

一二六、易順鼎集義山詩

　　易實甫以奇才自命，既弗見用於世，彌傷護落，遂一味注入溫柔，自甘頹廢。國步既移，更日以詩詞，寫其牢騷，世多以玩世不恭目之。近人論詩絕句又有兩絕論其詩云：「盧同馬異一流人，祇益冬郎綺語新；國運教隨詩運去，江南逢處我傷神。」「詩人盛道比紅詞，誰見紅兒唱紫芝，鶴立坐隅呼要命，也應知命在何時。」註：君頌京女伶句，有「中間幾聲呼要命」句，指喝采言。蓋民初都下女伶如金玉蘭、鮮靈芝、劉喜奎，均名噪一時，實甫浮泊京華，放蕩最甚，尤捧喜奎，每日必過其家，入門則呼曰：「我的親娘，我又來了！」贈句更有「我願將身化為紙，喜奎更衣能染指，我願將身化為布，裁作喜奎護襠褲。」云云，穢褻至極！可與劉成禺洪憲紀事詩：「驢馬街南劉二家，白頭詩客戲生涯，入門脫帽狂呼每，天女嫣然一散花。」之句參看。袁世凱當國時，實甫與袁次子克文，深相投契，遊讌頻繁，說者比之如楊修之於曹植。嘗一度代理印鑄局長，各方薦剡交至，實甫答書云：「偶然題作木居士，小神原無降福之權；為人代作嫁衣裳，貧女仍是縫窮之命。」迨世凱死後，克文亦失意居滬，實甫益復侘傺自傷，某術士謂其壽不過五十九，實甫賦句解嘲云：「為知餓死且高歌，行樂天其奈我何？名士一文值錢少，古人五十蓋棺多。」果以民國九年逝世，年五十九。所謂應知命盡在何時者，即指此。

　　當洪憲謀稱帝時，克文有「祇憐高處多風雨，莫到瓊樓最上層」之幾諫，實甫亦有集李義山句七律四首，言近旨遠，目

送手揮，驅使玉谿，有如己出，尤為一時傳誦，句如：「颯颯東風細雨來，長眉畫了繡簾開，莫將越客千絲網，用盡陳王八斗才，海闊天翻迷處所，廊深閣迥此徘徊，蓬山此去無多路，青雀西飛竟未迴」。「睡鴨香爐換夕熏，雲屏不動掩孤嚬，紅樓隔雨相望冷，錦瑟驚絃破夢頻，刻意傷春復傷別，可堪無酒又無人，空留暗記如蠶紙，半為當時賦洛神」。「月姊曾逢下彩蟾，慢妝嬌樹水晶盤，蝶銜紅蕊蜂銜粉，犀辟塵埃玉辟寒，何處更求迴日馭，孤星直上相風竿，豈知一夜秦樓客，相見時難別亦難。」「六曲連環接翠帷，日西春盡到來遲。深知身在情長在，莫遣佳期更後期，誰與王昌報消息，非關宋玉有微詞，昔年曾是江南客，護落生涯獨酒知。」右四章，首寫籌安會勸進之謀，次寫袁氏偽造民意之醜，三寫各省擁戴及改元終成夢幻之境，最後一首結以咏嘆，細加玩味，足知其佳，信為才人吐屬也。

一二七、沈寐叟（曾植）學殖淹博

　　沈曾植字子培，號乙庵，又號巽齋，晚號寐叟，浙江嘉興人，以清光緒六年進士，官至安徽布政使，護巡撫。辛亥革命軍起，清室退位，曾植方患瘧至滬，聞之，扶病北嚮以頭搶地，痛哭不能止。袁世凱旋招為史館總纂，不赴。民六，張勳謀復辟，以沈為學部尚書，事敗走天津，每以不得死所為憾，知者憫其愚忠而諒之，以民國十一年卒於滬。沈學殖淹博，詩詞文字，皆有可觀，尤精於西北史地，稱一代儒宗，居滬上海日樓時，中外學人爭往質疑問字，座客常滿。著述甚富，已刊行者有《蒙古源流箋證》、《元祕史注》、《海日樓詩》、《曼陀羅寢詞》等，僅所著十之一二而已。其《黑韃親征錄》、《聯綿字譜》以及佛學諸書，為研治史學、佛學極為難得之巨著，皆未刊，故讀史者頗以清史列沈於大臣傳之殿，而不列於文苑為病焉。

　　曾植祖維鐈（字鼎甫），服膺理學，以宋儒為歸，道光間官工部侍郎，以清節稱於時。父早喪，祖歿，曾植與弟曾桐（子封）遂困居京師，攻讀甚苦，博極群書。初以太學生應順天鄉試，同考官羅家邵得其卷，詫為希才，薦於有司，既報罷，羅嘆惋至於泣下，沈大感動，益專心於學。次年中式，殿試賜同進士出身，授刑部主事，兼總理各國事務衙門俄國股章原，於西北徵諸國，參證輿圖，鉤貫諸史，具有心得。而記憶力異於常人，於蒙古、契丹、畏兀兒國書等無所不通，遼金元史，西北輿地，尤能條舉同列。戊戌丁母憂，張之洞招往武昌，主兩湖書院講席，與陳衍同寓紡紗官局，曾植於詞章本不

甚措意，衍語之曰：「君耽史學，吾亦喜考據，實皆無與己事，詩嗣雖小道，然卻是自己性情語言，且時時足以發明哲理，及此暇日，盍姑事此？」曾植是與唱酬弗輟。

庚子入都，旋出知廣信南昌府事，擢安徽提學使，署布政使，在官勵清節，巡撫恩銘妻帨辰，沈聞之，侵晨具衣冠，持詩幅往祝，恩銘憨勿受，亦不見，沈坐於官廨外，見眾官以壽禮來者，一一為卻之，曰：「夫人壽，吾具禮肅衣冠來，大憲弗受且，諸公可迴步矣！」眾逡巡退，恩銘知之，無可如何也。

佛學入中國後分十宗，而在印度僅有性相二宗，近代中國研相宗最精者為歐陽竟無，研性宗者而造詣特深者，厥惟曾植，嘗與葉鞠裳（昌熾）談牟尼婆羅門諸教源流竟日，歐陽亦深佩之，欲遣其弟子黃懺華從沈學，惜不果。或傳曾植天閹，其夫人吳逸靜，亦大家女，美慧嫻雅，七旬夫婦身猶處子，從無怨尤，故得肆力於學。鄭太夷常嘲曾植為「天閹派」以比於嚴復之天演派。歿後無子，以曾桐子嗣焉。曾桐亦劬於學，詩文流美，中年盡斥，不存片楮，晚年兄弟同居，怡怡自得，曾植有〈臨江仙〉一闋記云：「倦客池塘殘夢在，秋聲不是春聲。小屏風上數行程，三危玄趾，關塞不分明。樓閣平蕪天遠近，長宵圓月孤清。夜闌珍重短檠燈。對床病叟，欹枕話平生。」

一二八、林紹年與袁大化

　　閩縣林紹年贊虞，清同治進士，光緒中以翰林改官御史，時議修頤和園，以籌設海軍經費移充，美其名為「進獻」，紹年抗疏極陳當以儉化天下，請下詔停輸，勁直無穩，奉旨嚴飭。會以丁艱去官，服除補山西道監察御史，於事無所不陳，朝右忌之，出為雲南昭通知府。昭通居滇之東北，故烏蒙舊地，轄恩安、永善兩縣及鎮雄州與大關魯甸兩廳，地僻而缺苦，實則遠貶之也。然邊徼人才難得，紹年既負清望，深為督撫倚任，官運轉亨，不久由道而司，就擢巡撫，兼署雲貴總督，稱名疆吏焉。光緒末年內召，充軍機大臣兼郵傳部尚書，趙啟霖劾段芝貴獻楊翠喜事，及奕劻父子，啟霖因獲譴，紹年言御史風聞言事，宜無罪，爭之不得，遂稱疾，復出為河南巡撫。到任後惟以整飭吏治為事，得朝貴請託書輒焚之，遇事輒與奕劻忤，遂內調民政部侍郎，與尚書善耆復相柄鑿，再遷倉場侍郎，倉場係屬閑散，名雖侍郎，視各部職級亦較差，旋署學部侍郎，改弼德院顧問大臣，林知不復重用，遂稱疾去。迄民國六年丁巳九月，紹年逝於犬津寓次，《清史》列傳所云謐文直者，蓋清亡後溥儀在故宮時所僭為之者，設奠之日，前新疆巡撫袁大化句輓之，有「天許公以直，公獎我以直」……語，上句之「天」，固指溥儀，而下句則述林在豫時事也。

　　林任豫撫時，有舞陽知縣某，被訐欠解正雜各款甚鉅，袁大化時任布政使，林即交辦，某大懼，乃託人向袁力請保存功名，自願將欠解各項立時繳清，袁未敢應，上轅請示，林諾之，袁乃以告某，某大喜過望，果依限繳清各款。然功名雖獲

保全，而年終密考時，林仍予劾罷，袁以失信為疑，紹年曰：「曩者為權宜計，使其安心解清欠項而已，若欠繳官款，法豈可恕？」袁怫然曰：「此烏乎可？公可為失信於人之巡撫，本司卻不能為騙人之藩司也！」紹年笑謝之，不為忤也。次年第密考，於袁之考語，有「賦性耿直，守正不阿」語，不久，大化即擢任山東巡撫，其輓林所云「獎我以直」者，即指此。

紹年官編修時，歷充鄉會試同考官，李慈銘蒓客，曾出其門，蒓客好臧人物，曾誚其座主學殖荒陋，後見紹年敢於直言，以古諍臣自許，始大佩服，林外放昭通府時，適有數案待參劾，蒓客即代其出奏。紹年死時，年六十八，陳三立為作神道碑，謂「國變後痛憤自撾，形神因瘁，崇凌奉安哭臨，益堅祈死之志」云云，蓋亦殷頑也，然復辟之役，林拒不與，亦頗有識見者矣。

一二九、沈瑜慶詩哀餘皇

　　清光緒元年乙亥，日本構釁臺灣番社，沈葆楨奉詔視師，勒兵相持數月，日人勢絀，乃將營壘軍械，作價四十萬元，允撤兵，當時言路騰謗，以為縱敵，葆楨不為動，師旋，復陳練兵、籌餉、製械、儲材、遊學、持久六事，請飭各省每年籌餉四百萬兩，分解南北洋，計日以興海軍，期以十年，成三大艦隊，屆時遊學者亦藝成而歸，製造駕駛不患無人矣。又恐緩不及事、請以四百萬儘先解繳北洋，先成一軍，再次籌劃南洋，蓋處心積慮，並日計程，猶恐失之。嗣北洋之款，徇言官之言，挪之以濟山西災賑，葆楨以為大憾，奏請前款仍分解南北洋，並力疾遣派船政學堂學生出洋，監造鎮遠定遠二艦，旋以老病不起，彌留前夕，命其子瑜慶，就榻前口授遺疏，仍拳拳於此。

　　先是，日本覬覦琉球，數藉口稱兵，己卯（一八七九）遽發兵滅之，夷為沖繩縣，虜其王世子歸，清廷以滅我藩屬詰日本，日人拒焉，朝野大譁，王先謙等疏請伐日本，廷旨飭沈與李鴻章分別核議，沈以病亟，未及奏，至是遂言：「天下多壞於因循，但糾因循之弊，至於鹵莽，則其禍或更烈於因循，日人自前次臺灣歸後，君臣上下，早作夜思，其意安在？不可謂非我勁敵；而我之船械軍實，無改於前，冒昧一試，後悔方長，願朝廷以生安之質，躬困勉之學。所謂州來在吳猶在楚也。」疏入，清廷促辦海軍，李鴻章亦悟，北洋海軍實權與於此，其後出使德國大臣李鳳苞，獨奏請廢船政，謂「製船不如買船」，蓋圖私其居間之利，而希中旨者，又挪海軍專款，以

一二九、沈瑜慶詩哀餘皇　281

修頤和園工程，於明恥教戰之圖，置不問矣。

其後丁汝昌以陸將掌水師，派系互相齮齕，黃海一役，弁從死亡殆盡，一蹶不振，當時淮楚諸貴，輒謂閩將不可用，海軍難辦。沈瑜慶有哀餘皇（艅艎）之作，蓋深憤之也。句云：「城濮之兆報在郰，會稽已作姑蘇地，或思或縱勢則懸，後事之師宜可記。昔年東渡主伐謀，……轉以持重騰清議。鐵船橫海不敢忘，明恥教戰陳六事，軍儲四百餉南北，並力無功感盡瘁。宋人告急譬鞭長，白面書生臣請試，欲矯因循病鹵莽，易簀諫書今在笥。……誰知一舉罷珠崖，東敗造舟無噍類。行人之利致連檣，將作大匠成虛位。于弟河山盡國殤，帥也不才以師棄，即今淮楚尚冰炭，公卿有黨終兒戲。水犀誰與張吾軍，餘皇未還晨不寐，州來在吳猶在楚，寢苫勿忘告軍吏。」

一三〇、記清末之巡警部

　　《清史》職官志，於清末增置或改設之各部，皆有撰訂，而不及巡警部，當以其設立未久，即併改於民政部也。按清季稱警察為巡警，其始創則導因於吳樾炸五大臣事件，於是議設巡警。光緒卅一年九月初十日，諭旨設巡警部云：「巡警關係緊要，迭經諭令京師及各省一體舉辦，自應專設衙門，俾資統率，署兵部左侍郎徐世昌，著補授該部尚書，內閣學士毓朗，著補授該部左侍郎，直隸候補道趙秉鈞，著賞給三品京堂，署理該部右侍郎；所有京城內外工巡事務，均歸管理，以專責成，其各省巡警，並著該部督飭辦理。談尚書等務即悉心統籌，力任勞怨，嚴定章程，隨時切實稽核，期於內外靖謐，黎庶乂安，用副委任！一切未盡事宜，即由該部妥議具奏。」其冬，遂正式設立，全國警政，均歸管轄。原設之京師工巡局，原以大學士那桐兼管，迨巡警部成立，改以廳丞專實管理，隸於巡警部，亦即其後京師巡警廳之濫觴也。

　　巡警部之編制職掌，尚侍以下，設左右丞各一員，秩正三品，左右參議各一員，秩正四品，下分警政、警法、警保、警學、警務五司，每司設郎中一員，秩正五品，司各設若干科，設員外郎一員，秩從五品，下設主事一員，秩正六品，主事下設筆帖式，為七八九品。計警政司設行政、考績、統計、戶籍四科。警法司設司法、國際、檢閱、調查四科。警保司設保安、衛生、工築、營業四科。警學司設課程、編輯兩科。警務司設文牘、庶務兩科，其中以警保司權最大，保安科掌預防危害，保持公安，及查禁奸民棍徒結會拜物扶乩事項；衛生科掌

考核醫學堂之設置，醫生之考驗給牌，並清道防疫保健事項；工築科掌京城內外道路工程，各省都會商埠修路工程，並審訂工廠戲館及公私營造事項；營業科掌市中一切營業開張申報，審定鋪捐車捐，京內外電燈自來水，市街鐵路保護等項。龐雜非常，幾於無所不管，而所稱之警務司，又僅有文牘庶務二科，輕重不均，蓋趙秉鈞一手所擬者，而趙則袁世凱極力所保者也。

至巡警服制，亦極光怪陸離之致。自廳丞三品以下，其制服均用灰色帶有藍光之布，夏令用白，肩袖章按等級用金辮線盤結，警帽上沿用金邊，帽花以雙龍捲珠鍍金。品秩標誌：三品廳丞袖金七道，帽珠用淺紅珊瑚，四五品參議，金六道，帽珠用亮藍寶石，六七八九品警官，金五道以差，帽珠用暗藍，淺藍，水晶，碑碌等，而尚書侍郎則仍翎頂袍褂，不作此「短後裝」也。

一三一、于式枚論清末諮議局

　　清季立憲議起，保皇立憲份子彌用自熹，梁啟超且有「革命之說，行見如湯沃雪」之語。丙午夏間，載澤、端方等五大臣考察回國，亦相率呈請立憲，極言「循此不變，則唐之藩鎮，日之藩閥，將復見於今日」，於是由御前會議決定，預備仿行憲政，又命各省籌備設立諮議局並預備設立各府縣議事會。己酉冬十月，各省諮議局成立，議員人數之釐定，視一省進學總對百分之五為標準，江寧江蘇則參酌漕糧而增加額數，多者一省，人數達一百四十名，少則三十名而已。成立之初，號稱通達時務之士，以為實行立憲召集國會，中國可立致富強，撲以所定諮議局議決事項，須呈候督撫公布施行，倘或認為不合，得交令覆議。會議事件，如認為有疑問時，得呈報督撫批答。對於官紳舞弊事件，必須呈候查辦。督撫對於諮發局之開會，有監督之權，會期中對會議討論事件，督撫可提出勸告，或令其停會，或奏請解散。所謂民意機關之諮議局，其權限不過如是而已。

　　當諮議局正在喧嚷籌立之際，于式枚正出使德國，充考察憲政大臣，力糾立憲之不適國情，諮議局必為導亂之階，至有「……豈容欲速等於取償，求治同於論價？」之語，歸後極力主張「審慎行憲，以固邦本」，並疏陳：「變法而求治太急，時機未熟，欲速而反不達，今徒鶩其名而貿然為之，他日將益滋紛讓，欲緩辦者在靜得時會耳。」

　　其時，著名史學家孟心史（森）於所編《憲政記載》中，對式枚前後所陳憲政各論之評述，謂：「考察憲政大臣，亦有

得消極之考察者。于式枚之使德，始以立憲為大不道，未幾稍閟其惡聲，又未幾而昌言憲法為君民交換之條款，先經允許，不能不慮後嘖言，若嘲若諷，茹吐之間，不敢顯作悖詞，自落邊際，而與窺伺之巧相戾。迨至本月，乃又封奏諮議局之必為亂階，聞某相大嘆賞之。夫諮議局之能力，果足以儳壅遏民氣之流，而觸阻撓憲政者之忌，則國家之福方大，如今日議員之龐雜，方仰息於于式枚之不暇，吾病式枚之高視諮議局耳，於其言夫何尤？」……頗以式枚之固執為不然，而式枚亦以疾乞矣。當時清廷親貴驕盈，方陶醉於「大權統於朝廷」，以為集權中央，可使皇權永固，然大勢所趨，已莫能救其土崩瓦解之局，式枚之言竟不幸而中矣。

一三二、于晦若（式枚）槁死崑山

　　民國四年乙卯六月廿五日，于式枚以霍亂死於崑山舟中，葬於杭州龍井附近。陳弢菴輓云：「滿腹史才甘槁臥，一暝世事斷知聞。」陳石遺輓：「摩詰於僧多一髮，少陵垂死入扁舟。」皆十四字，而意旨俱備。另有「相聚東海頭，舉足便為孔巢父；望斷玉峰影，前生儻是顧寧人。」亦極生動，忘為何人所作。

　　式枚字晦若，籍四川賀縣，隨宦粵東，僑居平樂，遂為平樂人。生而隱宮，敏慧絕人，夜倚枕坐如枯僧，沉酣群籍，又師事陳蘭甫，故博聞強記，幼即富有文譽。以客籍弗得與郡縣試，父為謀於紳耆，扼之者欲索鉅資，始允著籍，式枚曰：「吾將翔步木天，不過假道於斯，豈僅欲青一衿作酸秀才耶？如終不見容，吾將返蜀，或納監就北闈試，吾去後，恐此郡無翰林矣。」既而連戰皆捷，成光緒六年進士，以庶吉士散館，用為兵部主事，李鴻章疏調北洋差遣，居幕府十餘年，奏牘多出其手，論事謇諤，極為合肥推重。迨鴻章賀俄尼古拉二世加冕，因歷聘德英法美諸國，式枚先隨員，歸授禮部主事，由員外郎授御史，轉給事中，參贊《辛丑和約》，數年之間，薦至卿貳。使德國時，居柏林年餘，於其立國本原，民情純駁，政令習俗沿革等，考研綦詳，張之洞遺疏薦式枚才堪大用，轉吏部侍郎，改學部侍郎，總理禮學館事。辛亥鼎革，遂僑居青島，旋徙崑山。

　　式枚與袁世凱頗交厚，袁子克定，嘗執贄受業，民國成立後，世凱攘位，擬辟為參政，式枚答書云：「參政一席，於鄙

人性質甚不相宜，前承公推舉為考查憲政大臣，前後奏章均可覆按。然亦不欲顯有辭避，致負知愛之深，曾託菊相（徐世昌）代達鄙衷，事前已先與芸台（克定字）有秋後來京之約，積病之後，尤畏炎熱，一切情形，知蒙鑒及，良覿有日，統容面陳。承致食品多珍，拜領飽德，並惠川資優厚，本不敢當，謹留以為證行之券。回憶十年門館，千尺深潭，受惠已多，大德不謝，本不應自外也。」其覆函簽面陳「大總統」，函首書「慰庭四兄大人」，故又注云「封面是官樣文章，不敢獨異，內函係私人交誼，不敢忘十餘年布衣昆季之雅。」措詞抗而婉，蓋其內介外和之素性也。及袁氏稱帝，有傳式枚撦俚語成小詞云：「頓足椎胸哭鈍初，裝腔做勢哭施愚，可憐跑壞阮忠樞。包辦殺人洪述祖，閉門立憲李家駒，於今總統是區區。」極盡醜詆；並謂式枚居李幕時，素以袁之狼抗，日就其行事作「袁皇帝起居注」，袁欲取而毀之，故遣王存善誆之入京云云，見劉成禺《洪憲紀事詩本事注》，以意揣之，則「文人遊戲」之作也。

一三三、沈歸愚（德潛）與《清詩別裁》

　　坊間舊有若干叢刊，如萬有文庫、國學基本叢書等，皆收有《清詩別裁》，標為「清沈德潛選」，先即經過改竄，其實已非沈氏之原選本矣。

　　德潛字確士，號歸愚，積學工詩，於歷代詩源流升降，辨析精審，年六十六始舉於鄉，成進士時已越七十，高宗弘曆憐其晚遇，稱為老名士，稠疊加恩，薦致卿貳，年老告歸後，復列於致仕九老之首，卒年九十七，著有《五朝詩別裁》、《古詩源》、《竹嘯軒詩鈔》、《說詩晬語》、《西湖志纂》、《歸愚詩文鈔》等。《清詩別裁》，為《五朝詩別裁》之一種。時黃崑圃侍郎多藏北方詩人之作，王遜汝上舍亦蒐有南方諸家名句，歸愚從黃王處取得，作為選詩資料，成十之三，餘復陸續徵集，搜羅宏富，成此鉅著，初名：《國朝詩別裁》。

　　歸愚少受詩於葉橫山，講究格律，古體宗漢魏，近體主盛唐，尤注重聲與法，為標示規範計，故有《五朝詩別裁》之作，所選精審謹嚴，獨具隻眼。其凡例中有曰：「詩必原本性情，關乎人倫日用，及古今成敗興壞之故者，亦為可存。」又曰：「詩不能離理，然貴有理趣，不貴不理語。……斷詩蘊蓄，宋詩發露；蘊蓄則韻流言出，發露則意盡言中。」嘗云：「詩以聲為用者也，其微妙在抑揚抗墜之間。……故詩貴性情，亦須論法。」可知其見解之一斑矣。故原選本所選之詩，為時流所稱道。因奉「有所著作，許寄京呈覽」之詔，乃以進呈。詎料奏聞後，竟遭申斥，將原詩發交翰苑重行編纂。

　　按原刻本《國朝詩別裁》為初印寫刻本，計十二冊。後來

流行本為乾隆欽定本，亦十二冊，其中不同處：一，原刻本有自序，欽定本已予割裂離支，凡例僅存後半各條而已；另增易以御製序文。二，原刻本選詩，第一人為錢謙益，欽定本錢詩全刪，易為慎郡王，即弘曆叔允禧；三，原刻本有明末四君子侯方域、冒辟疆諸人詩，欽定本均予刪去；四，原刻本有嶺南三大家屈大均、陳恭尹、梁佩蘭等，欽定本亦刪。他如有民族思想之詩人數十人，均刪除，而易以淺易之作。御製詩序以套紅寫刻，大意謂：「詩，忠孝而已矣。忠孝而外無詩人。」「錢廉益為貳臣，其詩不應入選。」「慎郡王為皇叔，不應直呼允禧，且不應後列。」此與原刻本凡例：「詩之為道，不外孔子教小子，教伯魚而數言，而其立言，一歸於溫柔敦厚，無古今一也」數語不同；又與所言：「名位交遊之念，不擾於中，此差可自信者」尤迥異，以慎郡王列第一，實與歸愚選詩之旨趣，大為枘鑿。綜之，歸愚原選，純為詩人立場，欽定本則含有濃厚政治意味，遇有民族思想之詩人之詩，一概芟薙，以偷樑換柱法，改竄原選，其待一柱樓詩案始予追奪階銜，蓋亦幸矣。

一三四、陳啟泰雲南報銷參案

　　清光緒初對法精用兵，耗費甚鉅，事平之後，例須辦理報銷。當時審計之權，在於戶部，部吏惟務剔竅，即有未明真相，亦遽予批駁，以示精嚴。於是巧吏貪官，因緣黃利，在省則虛造款目，以備剔除，在朝則之苞苴之多寡，以為准駁之標準，種種弊竇，不一而足。

　　王文韶時任戶部尚書，雲貴總督為劉長佑（號印渠，新寧人），雲南布政使江某，為報銷雲南辛銅釐金款目，戶部駁除之數，逾四百萬兩，江乃託同官新簡兩淮鹽運司熊烆鏡，於入覲時，代向部方申請，以不得要領，江乃自假他事進京，行賄七十萬兩，乃照冊核銷。同時，雲南糧道崔遵彝，永昌府知府潘英章，與軍機章京周瑞清勾結，託向戶部關說，由票號兌銀到京活動，事聞於御史陳啟泰，遂興大獄。史稱雲南報銷參案。

　　陳啟泰字伯平，以翰林官御史，頗自負風骨，時言路務以糾彈權貴為事，黃體芳、寶廷、張佩綸、陳寶琛、鄧承修、洪良品等，持論激昂，侈談時政，號稱清流黨。啟泰入台甫匝月，疏已十餘上，清流諸人，每有奏劾，啟泰亦必繼上彈章，謑者誚之為「清流腿」。辛銅釐金案，啟泰實首揭其弊，疏上，江某懼獲重譴，自經死，熊烆鏡亦悸卒。時傳陳曾向戶部吏宋某，分肥未得，故發之，然陳恂恂儒生，蓋怨家誣之也。其劾周瑞清一疏，略謂：「……聞軍機章京周瑞清，侍直多年，聲名甚劣，秩躋卿貳，行等吏胥，近日承攬雲南報銷，經該省糧道崔遵彝，永昌知府潘英章，來京經手，由乾盛亨、天

順祥兩票號，先後匯兌銀十三萬兩，賄託關說，部中司員書吏，含混辦結，贓款確鑿，物議沸騰。竊思直省軍務，如果實用實銷，何必廣通規費？況滇省邊瘠之地，仰賴各省協餉，始資挹注，今復提此鉅款，暗遣實缺道府，於引見之便，賂遺樞要，矇辦報銷，誠不知該督撫等具何肺腸，敢出於此？其中染指浮銷情弊，不問可知。周瑞清以三品正卿，居樞密重地，婪索多贓，實屬有玷官常，……崔遵彝本該省劣員，前經被人參奏，該督撫等始終瞻徇，姑容至今，茲復與潘英章等狼狽為奸，交通賄賂，營私玩法實為怙惡不悛，應請飭派剛正大員，從實查辦，概予嚴懲，以肅政風而儆奸邪」。疏上，張佩綸、鄧承修、洪良品更連章嚴劾，惇王主嚴辦，慈禧亦命按律辦理，劉長佑以失察降三級，王文韶奪二級，司道以次，獲重譴者七人，陣啟泰亦外放大同府，偃蹇十年始大用，翁同龢日記稱：「陳伯平恂恂無意氣，出守非所願，在臺參劾極多，雲南報銷案其尤也。」亦盛稱之。

一三五、瑞澂出身與死後

　　滿人瑞澂，字心如，又字莘儒，琦善孫。恭鏜子，即辛亥武昌光復時，棄城逃遁之湖廣總督也。光緒庚子，瑞時官刑部員外郎，拳亂作，聯軍入京，瑞欲出京避難，而絀於資斧，倉卒間，為日軍所擄，命充苦力。瑞自承係職官，不耐粗作，軍曹某曰：「是滿州人也，可使牧馬。」於是黎明即起，鋤草除糞，操作縈苦，少輟，則鞭撻隨之。適某大尉欲覓華人能書寫者，瑞聞之，亟作書自薦，得錄，乃免牧馬役。聯軍退兵，大尉以瑞為能善伺人意，薦於其國駐華公使，仍充書寫。某次，慶王奕劻與日使晤談，言及外交人才之難得，日使曰：「人才自有之，惜貴國徒以科第取人耳，即如現在之部郎瑞澂，亦幹材也。」奕劻誌之，語人曰：「瑞澂能為日方所賞，當非凡物。」樞臣之婢婣者又以慶言或有所假借也，爭欲羅致，其戚貝子載澤更為之揄揚，未幾，擢為九江道，移上海道，希意承風者，且爭誦其能，而開藩陳桌，扶搖直上矣。

　　其在江蘇布政使任內，端方支持之甚力，既兼清鄉督辦，又兼緝私統領，趾高氣揚，目空一切，蘇撫陳啟泰，以翰林侍御出身，賦性持正，瑞欺其老，且挾懿親督憲自重，啟泰百般容忍，某次，甄試候補官吏，依例巡撫率同司道，親臨監試，藉昭慎重。陳因病，派瑞代為按臨，試題則屬預擬，密封逕送，屆期，瑞拆閱，一為「為政不在多言」，一為「不學無術」，瑞知其諷己，怒極，試畢出場，有候補知縣周某，因監修馬路尚未竣工，瑞指面毒詈，當場摘去頂戴，以洩忿。嗣後，與陳撫意見日深，又譖於端方，並聯上海道蔡乃煌，三面

與陳為難，陳氣憤觸疾死，瑞坐升巡撫，驕恣益甚，未一年，又薦擢鄂督，皆載澤為其奧援也。時清廷方圖以立憲挽國祚，瑞希風旨，盜虛聲、糾彈祭酒王先謙，主事葉德輝，道昌孔憲穀，威望益著。

辛亥八月，瑞聞黨人謀舉事，憂惶失措，惟懸賞告密，及得名冊，必欲按名捕治，彭劉楊三烈被捕，急命就轅門前斬之，即電清廷及各省表功，自謂：「弭暴亂於無形，定大功於俄頃」，詎未半日即棄城遁上楚材軍艦矣。

清鼎既革，瑞蟄居滬租界，大舞台伶人編演《鄂州血》新戲，將瑞狼狽逃竄狀，描摹盡緻，瑞偕姬妾等高踞包廂，談笑自若。民國四年以喘疾卒於滬寓，即於所寓小沙陀路花園中掘地營葬，身後餘貲，兩子揮霍殆盡，其寓後被拍賣，改建弄堂房子，瑞葬身之地，亦被削平，永沒地下矣。

一三六、吳可讀尸諫薊門寺

清宮詞:「九秋風雨薊門哀,金匱函書已劫灰。三十餘年彈指過,鼎湖龍去可重來。」原註:「穆宗崩,孝欽貪立幼主以握政柄,故德宗得立。吳可讀侍御以尸諫於薊門,孝欽藏其奏於金匱,德宗朝,孝欽兩次垂簾卅餘年,德宗孝欽相繼崩,而清不臘矣。」吳之尸諫,為光緒初元之一大事,《越縵堂日記》:「吳吏部可讀,自縊於薊州野寺中,蓋以穆宗立嗣事,為尸諫也。聞其人素慷慨,喜為詩歌,不飾邊幅,初以爭成祿事,鐫秩歸皋蘭,左湘陰(宗棠)甚重之,延主書院,比再入都補官,年已將七十,人竊以其再出為疑,而閉門謝客,不復賦詩飲酒。一日大雪,忽戒車,告其子以獨遊盤山,如久不歸,當至山相迎。蓋其再出時,志已早定,欲俟山陵事畢,從毅皇帝於地下,孤忠獨行。二百年來所僅見者。……」吳字柳堂,甘肅皋蘭人,道光進士,由部曹轉任御史,以劾烏魯木齊提督成祿殃民事,有「請斬成祿以謝甘民,再斬臣以謝成祿」語,被訶責,左遷吏部主事。光緒五年,穆宗葬於惠陵,吳先期乞大學士寶鋆,請派隨啟行禮,人以為吳貧,冀博若干之車馬貲耳。不意返至薊州,竟自縊於三義廟寺中,不絕,復仰藥,遂死。懷中存遺摺,請為穆宗立嗣,深以「惠陵永閟,帝后同歸,既無委裘植腹之男,又乏慰情勝無之女」為痛,末並以「調劑寬猛,任用老成,毋爭外國之所獨爭,為中華留不盡,毋創祖宗之所未創,為子孫留有餘」為言,另賦絕命詩一律:「回頭六十八年中,往事空談愛與忠,環土已成黃帝鼎,前星猶祝紫薇宮,相逢老輩寥寥甚,到處先生好好同,欲識孤

一三六、吳可讀尸諫薊門寺｜295

臣戀恩所,惠陵風雨薊門東。」摺上,慈禧批:「以死建言,
孤忠可憫。」予優卹。在京寅僚為設奠於文昌祠,黃貽楫輓
云:「天意憫孤忠,三月長安忽飛雪;臣心完夙願,五更蕭寺
尚吟詩。」其居南橫街,即以宅為祠,祀焉。

吳少時,頗不矜細行,喜為狎邪遊,某科,計偕入都,沉
酣北里中,會試被擯,仍留京候度,實則戀妓不作歸計耳。久
之,貲漸罄,座主某勸使出城,僦居九天廟,以地僻遠市,可
一意讀書也。吳勉從之,甫三宿,意忽不自得,俄拋書勃然
曰:「人生實難,何自苦乃爾?」即日入城,仍宿妓所,人稱
為「吳大嫖」。迨金盡,妓亦不之禮,浸至衣食不給,同鄉資
之金,而要以仍居九天廟,不則弗予,吳不得已,怏怏去。
時人掇「吳大嫖再住九天廟」七字,以偶「余三勝重興四喜
班」,稱為妙對。

一三七、陳石遺弟畜林貽書

民國廿二年春，長樂林貽書居舊京，年七十矣，陳石遺寄詩祝云：「依然對宇竟顏生，留待衰年弟畜來，且到買山兼築室，相宜食肉且銜盃。」貽書名開謩，號夷淑，與石遺少同里閈，陳長於貽書七齡，以長兄自居，乃弟畜之。弟「畜」之「畜」，亦作「蓄」，但古通用，故意作「畜」，意在討便宜耳。石遺好食魚，而貽書每飯非肉不飽，陳林兩家，皆侯官西郊，相去不遠，詩中對宇、弟畜、食肉，皆述其少年事，而買山築室云者，則貽書於江西廬山築有別墅，石遺最惡砌詞頌禱之壽詩，且與貽書故交，其詩故甚別致。

貽書在翰林時，交遊甚廣，與戊戌案中之林暾谷（旭）交最摯。暾谷在京，每至其家，章奏詔草，貽書多參與其間，政變時未波及，幸也。光緒庚子，與沈琪泉（衛）太史，同放學差，因拳變作，道阻停考，改赴西安行在。回鑾後，於壬寅補行庚子辛丑恩正併科，貽書放河南學政，沈赴陝西。今監察院長于公，即沈在陝所得士也。

貽書三年任滿返都，時行新政，各省改設提學使，林簡江西，巡撫沈瑜慶，同鄉而兼世誼，政事每與就商，後由沈保兼署藩司，一時八閩才俊，多集南昌，聲氣廣通，遂招忮忌，台諫劾沈引用同鄉，杜塞賢路，蓋莫須有也。廷命端方查復，端不甚迴護，沈遂開缺，貽書亦幾落職，以載澧為貽書父天齡之受業弟子，頗呵護之，不久改以道員發江蘇，張人陵與貽書為乙未同年，素有交誼，且以貽書能，保為江南鹽巡道，以載澤堅持徐乃昌，未得簡，後數月授徐州道，不數月，辛亥武昌義

師起，江南響應，貽書適當衝要，遂隱居離京不出。

貽書頗好收藏，曾得改七薌畫一樹梅花一放翁便面，宛肖其貌，因自號放庵，陳弢菴為題云：「放庵閒放學放翁，得畫神貌適與同，平生任天無宿物，不假戰勝顏常豐。年時比舍聚姻婭，我甫藏冠君方童，何期垂暮挈子姪，還興割宅居西東，顧予屢從滯渤碣，君儘日飲看霜楓，杞憂屈問亦自哂，天縱不墜亦夢夢，昨來瞻覿退就我，積雪璀璀繼以風，圍爐話舊問星相，壽夭齊視何窮通？家山兵火勿復問，藏醅開甕留一中，從遊鄧尉恐無分，且共酒而燈前紅。」貽書詩筆故自不凡，曾題黃道周畫松長卷，句如：「長城自壞空投幘，萇叔三年血猶碧，生平餘事及丹青，屹若銀鉤森鐵書。素縑流傳三百載，鶴幹虯枝生面闢，想見雲烟揮灑時，肝肺槎枒心鐵石。取義成仁心已矣，曠代而還留手澤。……運會復丁陽九窮，後之視今今視昔，我亦西台晞髮人，坐覺松風動虛壁。」貽壽人甚風趣，優遊燕薊凡三十年，民卅一春卒，已八十矣。

一三八、太監與其牙行經紀

　　太監古稱寺人，《周禮‧天官》：寺人掌王之內人。寺之為言侍也，內小臣也，令使也。又曰「內者」，「內監」，「內侍」，「內宦」。凡事人者皆曰宦，或謂之「奄宦」；漢書註：奄者宮人，謂其精氣奄閉不洩也，一曰主奄閉門者。廣韻：男無勢、精閉者，所謂體非全氣，已無陽道者是。凡應選募充任太監者，例先受腐刑，自六七歲至十餘歲為宜，故又稱為「閹豎」，「閹宦」，閹即奄也。此制自專制推翻而永廢，今成歷史上一名詞矣。

　　清制：宦官總數，綜計三千人；《清史》則列於職官志中。據《熙朝紀政》云：「初，內官未有階秩，雍正元年，定其長為四品，自總管及隨侍宮殿等處首領，以其品為差，旋定宮殿監督領侍，及正副侍，執事侍，執守侍，侍監等銜，差既備使令，不得不立之階級統屬，而自四品至八品，皆不分正從，則微而略之矣。乾隆七年，欽定宮中則例，內監官職，以今四品為定，再不加至三品。又諭：明代內監多至數萬人，我朝合宮中苑圃所司，綜計不過三千人，僅供灑掃之役。」清代嚴戒內宦不許干預政事，防馭至密，《清史》之列於職官志中，當以其定有品秩也。

　　清代太監，以河間人為最多，其他縣份次之，因太監總數為三千，新陳代謝，隨時必須補充，一入禁掖，日接貴人，抽選不易，投充者又不得其門，於是有太監經紀行之設，亦別開生面之買賣矣。經紀行為合法組織，官府不特豁免其牙稅，且有津貼以補助之。清會典云：「凡選太監，稽其籍貫。」釋註

云：「設召募太監牙行二人，由大興與宛平兩縣造冊申送，每月各給錢糧一兩。凡有太監投充，均由該牙行赴司報名。如召募太監一人，給賞制錢一串，太監報名後，取具投狀，詢明籍貫，如年在二十歲內，及雖在二十歲以外尚可選充者，均分別在內在外當差，若年歲過大，或係外省之人，即奏明給親王郡王府使用，別將該王府二十歲以內太監，送進當差，仍行文直省並順天府，咨取印結，存案備查」。

經紀行之收入，除月受津貼銀一兩，及召募太監一名給予制錢一串外，餘以官府賞予太監之賞金為大宗。新進太監之賞予，會典釋註云：「凡新進太監今六七歲至二十歲者，賞銀五兩；二十歲以外者，賞銀三兩；仍按月給予應食錢糧半石。」此項賞銀，向例俱為牙行經紀所得，故此太監經紀行，每募得太監一名，佣酬可獲至五六兩，亦如今日之佣人職業介紹所以抽取工資為收入也。但牙行有定額，如非與內務府及太監總管互有勾結，亦未易染指也。

一三九、清末京官外放觀儀

　　專制時代，皇帝視朝，禮節至為繁縟，《清宮遺聞》載：「凡視朝，駕未出，則內閣大學士、學士、翰林起居注官、都察院左都御史、副僉都御史，先入候駕；駕出，先於保和殿升座，內閣都禁院起居注官行禮畢，先自御路趨往太和殿，內閣立殿門外東，西向，都察院立殿門外西，東向；然後駕至，升座，諸王分東西班魚貫入，敷茵於地而坐，起居注班諸王後，東向。諸王謝恩，則拜於台階之上，畢，然後尚書以下文武官員謝恩，行三跪九叩頭禮，畢。」此蓋所謂朝儀也，平常則於便殿行之。

　　吳縣嚴孟蘩，清末時，以喪馬之年，以京官外放知府，以能吏稱。據談：清制，京官四品以上外放時，例須陛辭，亦必經召見，先期由，禮部通知，約費銀八十兩，至禮部預習觀見儀注，謂之演習行禮。在入觀之前一日，由禮部轉交內監銀十六兩，包括入觀前後之照應，及預備八碟精緻之大肉早點在內。

　　入觀之日，天未曉，即須起床，盥洗畢，即朝服出門，乘騾車，直抵禁城，即下車步行，至朝房時，猶未曙也。入朝房靜候，軍機大臣以次，亦陸續至矣。入觀官員，由內監拿一小燈籠，導之行，遇軍機大臣尚書等，循例站立路旁，屈一膝打杆行禮，對方則頷首而過。

　　時在戊戌之後，慈禧二度垂簾，恒於便殿行之，肅穆靜悄，絕不如小說所述之太監高呼「有事出班啟奏」之戲劇化，臣下亦無「高呼萬歲」之舉。至駕出，軍機大臣依次入，由末

席軍機趨前捲簾，蒙召對者謂之「叫起」，平常大抵略事問答，即退出。其次則為被排定召見之官吏，先繕於牙籤上，由內監依次高呼姓名，隨即進入，慈禧與光緒並坐一長案上，入覲者俯首疾趨數步，約距案三四尺許，即就地上俯伏磕頭，高唱姓名年籍履歷及三代出身之後，慈禧即問話，如出任地方之出產民情風俗，應興應革一類，扼要而述，末即綴以「你好好地幹吧！」最後，回頭向旁坐之光緒問：「皇上！還有什麼要問的嗎？」光緒默然搖頭，間以低囁之語調回說：「沒有。」隨又聞慈禧言：「那麼，下去吧！」陛見至此已畢，再磕頭，起身步步後退，出殿門略斜再轉身而出。」又言：「慈禧雖已垂老，而精神甚健、聲調朗然，精明威嚴中且似歷練，所言亦頗中肯，其能垂簾聽政，蓋有其因素，光緒則闇弱甚，孱皇之稱，洵亦不虛。」其言與一般記載略有不同，殆若白頭宮女之談天寶也。孟繁晚景頹唐，於大陸陷匪時卒於滬，年八十。

一四〇、孟心史論康乾兩特科

　　清代科舉制度，於制舉外，又有制科，兩者世多混為一談，商衍鎏所著《科舉考試述錄》云：「制科始於兩漢，皆由朝廷親試，不經涉於官司，歷漢魏六朝唐宋不改。惟唐之試科，分為數類，有制科，有進士明經諸科，並不相合。自元明專用進士一科，不用制科，遂有誤以進士科為制科，且更誤以八比文為制舉文者，是典制與名，但失之，而不知制科實於進士外為一科也。」清代制科，雖有博學鴻詞，經濟特科，孝廉方正，經學，召試諸科目，終清一代，惟舉博學鴻詞兩次，與末朝之經濟特科一次，作後先之輝映而已。

　　博學鴻科之稱，本始於唐玄宗開元十九年之博學宏詞制，以考拔淹博能文之士，清初入關，君臨中夏，寡廉鮮恥之文士，如馮銓、錢謙益之流，甘事貳姓，而顧炎武、萬斯同、傅山等，則誓死不為異族臣僕，玄燁嗣位之後，於康熙十七年己未，有開博學鴻詞科之詔，諭禮部云：「自古一代之興，必有博學鴻儒，振起文運，闡發經史，以備顧問著作之選，朕萬歲之暇，遊心文翰，思得博洽之士，用資典學。我朝定鼎以來，崇儒重道，培養人才，四海之廣，豈無奇才碩士，學問淵博，文藻瑰麗，可以追蹤前哲者？凡有學行兼優文詞卓絕之人，不論已未出仕，著在京三品以上及科道官員，在外督撫布按，各舉所知，朕將親試錄用；其餘內外各官，果有直知灼見，在內開送吏部，在外開報於督撫，代為題薦，務令虛心延訪，務得真才，以副朕求賢右文之至意。」……明年三月，親試於禮仁閣，命大學士李蔚、杜立德、馮溥及翰林院掌院學士葉方藹等

為閱卷大臣，蓋欲羅致隱逸，以科名籠絡漢人，應舉與試者僅一百五十人，取錄彭孫遹等五十人，顧亭林等多方辭避，不屑也。迨乾隆元年丙辰、又再博學鴻詞科，召試於保和殿，以大學士鄂爾泰、張廷玉等閱卷，取劉綸等十五人，次年七月補試以體仁閣，又取萬松齡等四人，先後應薦舉者二百餘人，取錄不反二十，蓋前者勝朝遺民，憨於失節，而後者則已屬承平，上以是求，下以是應矣。

　　孟心史於康乾兩朝之舉博舉鴻詞科，謂「己未惟恐不得人，丙辰惟恐不限制；己未來者多有欲辭不得，丙辰皆渴望科名之人；己未有隨意敷衍，冀免指摘，以不入彀為幸，而偏不使脫羈絆者，丙辰皆為頌禱，鼓吹承平而已。蓋一為消弭士人鼎革後避世之心，一為驅使士人為國家裝點門面而已。」其言至為中肯！夫以施閏章、朱彝尊、汪琬、尤侗之樸學，且見譏於張篤慶、徐夜諸人，文人而不自珍惜氣節，作人格之修養，其不為世詬者鮮矣。

一四一、夏午詒驛庭花詞讖

　　夏午詒（壽田），光緒二十四年一甲二名進士，官編修，工詩詞，尤擅書法，八體六書，皆涉其藩。入民國後，以同門楊度之薦，任內史，為袁世凱所寵信。袁稱帝失敗後，夏以洪黨餘孽，避居上海，晚年耽心禪悅，民國廿三年，赴福州鼓山湧泉寺，投虛雲和尚，受大乘戒，不久又返滬，其冬貧病以死。其生平所作，以詞為最工，遺稿似未印行。曾見其民元在北京所為〈淒涼犯〉一詞，題為「古槐」，註：「端敏故宅」。端敏為端方死後清廷給謚者，其宅位於細瓦廠，有古槐一株，夏曾為端方幕客，時赴端子繼先處存候，詞云：「古槐疏冷門前路，山河暗感離索。幾回醉舞，黃花爛縵，半頧巾角。風情不惡。況人世功名早薄。正青山不同白髮。此恨付冥漠。（原註：公西山詩：白雲自謂能霖雨，如此青山不早歸。）三峽啼猿急，一夕魂銷，驛庭花落。（原註：公奉命入蜀，軍次永川，余題壁詞，有「驛庭花落，他年此際消魂」語，公見之黯然不懌，未及一月，資中兵變，公遂及於難。）夢歸化鶴。忍重見人民城郭？樹鳥嘶風，似當日龍媒繫著。恨侯嬴不共屬鏤，負素約。」詞摯情深，可見其與端交厚之至。

　　辛亥端入川時，午詒與劉申叔偕行，抵永川時，曾有「驛庭花」一詞，題永川驛寺壁，調寄〈高陽臺〉云：「鼓角翻江，旌旗轉峽，益州千里雲昏。有客哀時，江頭自拭啼痕。誰知鐵馬金戈際，共閒宵，細雨清尊。喜風流詞筆，人間玉樹還存。是非成敗須臾事，任黃花壓鬢，相對忘言。虎戰龍爭，幾人喋血中原。莫隨野老吞聲哭，縱眼枯，不盡煩冤。付驛庭花

落，他年此際消魂。」夏為湘綺樓弟子，就詞而論，悲涼慷慨，饒有南宋遺音，而下半闋則極衰颯，端見之黯然，以為不吉，不久，遂與其弟端錦同見殺。夏於端死後，護其襯北歸，出川時又有〈揚州慢〉一詞，題為「西州引」，註：出資州作，句云：「上將星沉，戟門鼓絕，大旗落日猶明。聽寒潮萬疊，打一片空城。七十日河山涕淚，霜髯玉節，頓隔平生。臘南烏繞樹，驚回畫角殘聲。伏波馬革，更休悲螻蟻長鯨，料魚腹江流，瞿塘石轉，此恨難平。惆悵江潭種柳，西風外，一碧無情。祇羊曇老淚，西州門外還傾！」此詞更為悲涼，大有聲隨淚下之概，七十日河山涕淚句，感慨萬端，尤屬寫實，蓋自武昌義師起後以迄清社之屋，其間亦僅七十日耳。端方頗敬禮文士，其軼事談者已多，但亦有杜撰者，其被殺詞讖，知者不多，因午詒詞稿，特擷其有關者，述之如此。

一四二、李國杰劾端方經緯

民國廿一年間，李國杰以招商局案，判處徒刑三年，獄中以吟咏自遣，輯為《蠖樓吟草》，其篇末一首，題為「冒丈鶴亭過滬贈詩感謝次和」：「同在天涯醉夢錯，早朝憶否紫宸門，批麟逆疏彈奸快，倚馬驚才潁首尊，頗惜羽毛思杜老，獨傾肝膽向平原，獄冤三字渾閒事，劫後重逢舌尚存。」國杰字偉侯，為李鴻章家孫，經邁之子，廿二歲襲侯爵，光緒末年，授廣州副都統，宣統初，派為駐比欽使，農工商部成立，署左丞。前詩彈奸云云，蓋紀疏端方事也。

按己酉時，孝欽后梓宮奉安，端方以直隸總督任陵差大臣，就陵樹牽掛電線，縱人向隆裕后照相，又於行奠禮化冠服時，乘轎橫衝神路而過。國杰以勳舊之後隨扈，目擊斯狀，切齒曰：「如此驕倨，不揭其罪，吾人亦太無心肝矣。」知端為攝政王載澧所倚重，慮其曲法相容，乃捨王而逕陳於隆裕后，伏地痛哭，謂「孝欽太后德宗皇帝升遐未朞年，而疆臣已跋扈無狀至於此極，非申明國法不足以建幼主之威，而拔強臣之氣」。隆裕為之勤容，力主交部嚴議，榮慶、那桐等亦加遺一矢，端方遂褫職，一時朝野大震。

國杰之劾端，蓋挾有私怨者。陳藻青《新語林》載：「李偉侯之婦翁楊崇伊，辭官歸滬，與鄉人爭妓，訟之官。江督端方坐以風流罪，疏劾之，褫職交地方官約束。楊慚恨滋深，遺書偉侯曰：『吾齒暮，此恨今生不能報，子當為我雪之。』偉侯乃日俟其隙。……」藻青為楊士琦中表，其語當不誣。傅國杰劾端疏稿，為冒鶴亭所草，冒時任農工商部郎中，前詩故及

之；其促之者則為楊士琦也，時任農工商部侍郎。國杰初以端方大不敬，請楊上奏，楊曰：「茲事為國家大典，非部中公事可比。君勳臣之後，又襲侯，勳臣之後隨扈陵寢者，君一人而已，吾則一尋常卿貳而已，以君出奏為是。」國杰乃欣然，彈章上而端褫矣。

協辦大學士榮慶，與端方為總角交，後以小事為端揶揄，榮銜之。那桐於端任江督時，受商人李某託，向端關說，凡南洋新軍所需槍械，請端交李辦理。時那任外務部會辦大臣，為交歡於端計，並調端子繼先補外務部參事，詎端電謝其子事，於李某事隻字不提。後端為雲貴總督李宗羲購軍械二百餘萬兩，李某不獲染指，以告那桐，那桐遂致憾於端。迨楊士驤（士琦之兄）逝於任、端繼其任，未到任時由那桐暫署，那侵蝕公帑數十萬，端接事後查出，怒言俟陵差畢，當上疏以劾，那時在軍機，為先發制人計，在載灃隆裕后前，數說端方之短，故國杰疏上而端遂落職。蓋均以小怨而假公以濟其私耳！然李實不堪，抗戰中，以勾結日人，被狙以死，羽毛肝膽云云，非由衷之言也。冒鶴亭去年始卒，八十餘矣。

一四三、清代八旗子弟之教育

　　清代八旗子弟之教育，有所謂官學，其入學肄業之青年謂之官學生。官學生係由八旗、滿洲、蒙古、漢軍下五旗包衣，文職五品以上，武職三品以上之子弟，始得入學。

　　官學分為成安宮官學生，八旗官學生，唐古特官學生，及世職官學生。成安宮官學，由八旗貢監生員，國子監之閒散大臣子弟，揀選入學成安宮官學生，隸屬於內務府。八旗官學生，由八旗子弟官兵子弟揀充；唐古特官學生，由八旗官學生中揀充，均隸於國子監。世職官學，則為八旗世職，及世管佐領之子弟，年齡在十歲以上者，俱入世職官學。

　　八旗官學，分設鑲黃旗、正黃旗，正白旗、鑲白旗、鑲紅旗、正紅旗、鑲藍旗、正藍旗等各旗官學，每學額定滿洲官學生六十名，蒙古官學生二十名，漢軍官學生二十名。下五旗每學添設包衣官學生滿洲六名，蒙古二名，漢軍二名，由旗都統選擇該旗聰俊子弟，年十八歲以下者，咨送國子監八旗官學。其學分滿文、蒙古文、漢文等三種。滿文教習，每日教以清語清字（國語國書），於每月逢三八各日，出題試翻譯或寫清字一道；蒙古文教習，每日教以蒙語蒙字，亦每月逢三八日出題，試蒙文翻譯一道；漢文教習，教以四書五經文藝，每日常課有授書、背書、講書、回講、習字、默書等課目，其已開始作文者，於每月逢三八日出題試四書文一，五言六韻詩一。以上為八旗官學文科常課。課外則教以騎射，各旗官學生年十三歲以上者，習步箭；十六歲以上者，習馬箭，每月由助教率領出城校試，為官學生武藝常課。

官學生進身致仕之階，大部分為應考筆帖式及庫大使等。凡成安宮官學生，及八旗官學生年齡十八歲以內者，遇有中書筆帖式庫大使考選，得由本旗列冊咨送，考取者出學。唐古特官學生，則由理藩院考試翻譯蒙古唐古特字語，優秀者挑補為唐古特筆帖式，或喇碗隨印筆帖式，服務於蒙古。世職官學，五年舉行考試一次，成績列一等者，分部任職，或授侍衛；二等者在印房學習行走；三等者仍留世職官學肄業；再次考試成績如仍平常者，革退。

八旗子弟應歲科試者，各處駐防附於府學童生試，其歲科中額，及廩生、增生、生員定額，俱有規定。官學生之應歲科試者，入順天府學。順天舉人中額之規定，滿洲蒙古共二十七名，漢軍為十二名，其進學之途，蓋又多科舉一項矣。

一四四、北平正陽門關廟詩籤

　　北平正陽門月牆內，有關夫子廟，祀關羽，廟建於明代。趙吉士所著《寄園寄所寄》曾載：「關夫子廟，獨顯京師正陽門者，以門近宸居，在左宗廟右社稷之間，朝廷歲一命祀，萬國朝者退必謁，輻輳至者必祇禱者也。祀典：歲五月十三日祀漢前將軍關羽，先十日，太常寺題本遣本堂上官行禮，凡國有大災皆告之。萬曆四十三年，司禮太監李思齊捧九旒冠，龍袍，金牌，牌書『敕封三界伏魔大帝神威遠震天尊關聖帝君』，於正陽門建醮三日，頒知天下。祠有焦竑撰、董其昌書碑，自明以來，京師士女禱者香火不絕，京朝士大夫頗喜往問休咎焉。」足知其來久矣。

　　相傳明世宗嘉靖年間，以宮中所起之關像過小，特飭另塑一較大者，像成，命卜者卜其休咎，卜者謂：「小者佳，將久受人間香火，大者不如也」。世宗故將小者付守兵，而祀大者於宮中，將以矞卜者，守兵遂建廟奉之，及李自成陷京師，宮中像殿於火，而正陽門之像享香火歷久弗衰。

　　科舉未廢時，入京應試者必往求籤詩，而朝士大夫遇有疑難亦多往問休咎，翁同龢在咸豐十年英法聯軍入京師時，曾往祈求籤示，其日記中常有提及。而同光間之通人如李蒓客（慈銘）之《越縵堂日記》中，載光緒十三年正月十二日：「遣孝玫禱關帝廟，求籤詩。前門神廟籤詩靈異，嘗三求之，皆明示禍福，無不爽者，此次詩云：『汝是人中最吉人，誤為誤作損精神，堅牢一念酬神願，富貴榮華萃汝身。』其指：『凡事且忍，不宜躁進，切莫自欺，可免後悔』，可謂深中余隱，誦之

悚然！蓋余雖不事干求，澹於名利，而不屑溷於俗吏，即是躁進，且處於奇窮之境，而懷高世之心，非仕非隱，進退無據，即是自欺也。」李越縵對其所求之籤，詳得頭頭是道，謂能示以禍福，舊日讀書人多如此，無足怪也。

南通張季直（謇）跌宕名場，鄉試五次，乃中北闈南元，後入京會試四次，均不獲雋，張亦未能免俗，亦往祈禱求籤，云：「當年敗北且圖南，精力雖衰尚一堪，若問生平君大數，前三三與後三三」。張得籤不得解，及四十二歲以一甲一名及第，籤詩之首兩句乃得詳，蓋張中北闈南元，為三十三歲，精力未衰，尚可一試，果於甲午佔鰲頭，此前三三之驗也。其後三三則於民國十五年張病逝，享年七十有五，距其及第之年恰三十三年，合之為七十五歲，到此亦驗。此為曾纕蘅（經沅）與人所談者。然關廟確極盛，北平未陷前，尚香火不斷，今不知如何矣。

一四五、曾蟄庵（習經）硜硜自守

　　民初，嶺南曾蟄庵以詩文詞書法，傳譽燕都。蟄庵者曾習經剛甫也，籍廣東揭陽，為張之洞督兩粵時之廣雅書院學生。中光緒庚寅進士，考取戶部主事。以生性耿介，不願奔走權門，亦弗屑夤緣時會，硜硜自守，以六品京曹，憔悴京華者十三載，始擢為度支部郎中，不久轉右丞。時錫清弼（良）任尚書，於蟄庵至為器重，部中重要奏牘，均屬其主稿，且廉知其清苦，頗擬量予調劑，適官印初創，錫札委其兼任，並令赴日考察，訂購機器，簽立購紙合同。此在他人固求而弗得，蟄庵則辭以不諳洋務，推同官陳錦濤者為之。陳由此騰踔，成為北洋財界聞人，而蟄庵書城坐擁，買山乏貲也。及錦濤被任北府財長，嘗力薦曾氏，而自願為之副，蟄庵聞之，堅決辭阻，其長子靖聖，方畢業北京大學，頗欲乃翁代請於錦濤，曾大笑曰：「吾方謝部長而不為，寧有自薦其子之理？」

　　清社屋後立志，蟄庵立志隱退，袁世凱當國，欲起之，乃逃於農，梁啟超寄趙堯生詩中，有「曾蟄蟄更密，足已絕塵軌，田居詩十首，一首千金值，（註：蟄庵躬耕而喪其貲）豐歲猶調饑，騫舉義弗仕，眼中古之人，惟此君而已。」及堯生詩「老去多年號乃公，全家力作畝南東。半生識字干天怒，八口占星盼歲豐。留命桑田休問海，傳香麥隴自聞香。杏花菖葉陂如鏡，椎髻相看一笑中。」皆紀實也。所云田居十首，閒雅名雋，至見風概，如：「摒擋浮名辦一邱，得抵無意更乘流，天教小試鋤犁手，欲看黃淤十里秋。」「白髮填詞吳祭酒，他鄉耕稼顧圭年，吾生頑薄誠知趣，回首風塵一愴然。」嘗鼎一

爨，可覘其餘矣。

梁任公中年為詩，師禮趙堯生，而尚友曾蟄庵，故《蟄庵詩存》，梁為之序，敍曾行誼政事頗詳。任公民初歸國，蟄庵贈詩云：「更生強聒曾何補，楚老相逢泣已遲。大陸龍蛇先有識，納隍蕉鹿世成癡。及關李叟聞長歎，歸國梁鴻贐五噫。最念望門投止日，眼中豪俊已生髭。」紀述戊戌時事，不勝感喟及之。

曾與惠來吳西園佐熙為文字交，吳退隱汕頭之蒼壠，自營草廬，蟄居不出，曾每年春首，必寫一摺扇寄贈，從不間斷，蓋忠愛篤敬，為其作人之通評，精深謹嚴，為其處事之作風也。

少孤家貧，由其伯兄月樵教養成人，後月樵歿於鄉，蟄庵不及赴，越二年始歸，親營窆葬，並譔書墓志，有「撫我則兄，教我則師，軾也云墓，轍也為之辭。」其篤厚亦根於天性。所為古體詩精深醇謹，頗似其處事，近體則芳馨悱惻，又極肖其為人，故為識者所稱。

一四六、袁寒雲晚年之狂放

　　袁寒雲（克文）於其父兄同謀竊國之日，心所謂危，賦詩以諷，其「乍著徵棉強自勝，古台荒檻一憑陵，波飛太液心無住，雲起魔厓夢欲騰，偶向深林聞遠笛，獨臨靈室轉明燈，絕憐高處多風雨，莫到瓊樓最上層」。「小院西風送晚晴，囂囂恩怨未分明，南迴寒雁掩孤月，東去驕風黯九城，駒隙去留爭一瞬，蛩聲吹夢欲三更，山泉繞屋知深淺，微念滄波感不平。」兩律，對於當時內憂外患，婉約道出，世比之為曹子建。寒雲於古今文瀏覽特富，又工書善畫，篆隸行草靡所不精。陳弢庵七十壽，徵百松圖，寒雲之作蒼老遒潤，較之鄭太夷、曾農髯諸氏尤佳，惜懶於動筆。性倜儻，不矜細行，洪憲敗後，俯仰家國，益潦倒無俚，遂飲醇近以婦自晦。平生尤精音律，喜唱崑曲，當世凱盛時，即延名曲家趙子敬住流水音習焉。亂彈則工文丑，嘗與白牡丹程繼仙演《刺湯》、《盜書》諸劇，瀟灑文雅，雖內行亦禮重其藝。民國六年，馮（國璋）當國，適河南災賑，寒雲與韓世昌演《長生殿》「驚變」，馮雅不欲其粉墨登場，遣副官急延入府，實欲止之，寒雲殊不耐，對副官謂：「他幹麼請我？我唱我的，他管得著嗎？」卒串演終場。汪笑儂者，原名德克津，字舜人，旗籍，曾以拔貢分省知縣，聽鼓稷門，以票戲被劾，遂正式下海，以演劉諶《哭祖廟》，胡迪《罵閻羅》著稱。與寒雲過從頗密，嘗合演《盜宗卷》。笑儂於民國七年九月廿三日，病逝上海，寒雲輓句：「本來七品命官，革職原為唱捉放；此去三堂會審，看君能否罵閻羅」？時紅豆館主溥侗亦喜粉黑登場，某日，寒雲在

宣武門外江西會館彩唱崑腔「狀元鑽狗洞」，侗五則唱亂彈連營寨帶哭靈牌，某為撰一聯云：「公子寒雲，煞腳（土語末路之意）無聊鑽狗洞；將軍紅豆，傷心亡國哭靈牌」。寒雲閱之大笑，不以為忤也。後徙居滬濱，益狂放，某娼家，鴇母五十生日，作聯為壽，竟書上款為「岳母大人」，見者皆竊笑之，其日記亦多寫徵逐遊讌之作，嘗有〈蝶戀花〉一闋：「啼鳥流鶯催未已，人近珠簾半隔盈盈水，便欲窺時簾不起，飛花飛絮都無計。盼到黃昏蘭乍倚，烟水東牆一抹深深地，儘有相思和夢寄，多情祇是添顦頷」。其放誕可想。

一四七、中國新海軍起源

中國海軍之始韌，世多知創議於清咸豐十年，翌年同治元年由總理各國事務衙門，商令海關總稅務司，於粵海關撥銀二十五萬兩，閩海關撥二十萬兩，廈門關撥十萬兩，江海關撥二十五萬兩，在英購兵輪大小凡七船，定名為：金臺，一統、廣萬、得勝、百粵、三衛、鎮吳等。工成，聘英人阿思本為幫統，率駕返國，原定編入湘軍大營效力，後以曾國藩拒不納，乃原批退還，在英發賣以遣散洋員洋勇。直至同洽五年左宗棠議興船政，奏准於福建設局，以沈葆楨綜其事，是為我國海軍萌芽之始。然考之咸豐五年以前，已有商人購置兵輪護航及助剿之舉。

《東華錄》：「咸豐五年九月，甲申，諭軍機大臣等：本日據何桂清奏，江浙海運船商稟陳年來護漕事宜摺，本年盜匪嘯聚北洋，劫掠漕船，沿海村莊，亦多擾累，疊諭令各督撫認真兜剿。茲據何桂清奏稱：浙省寧商購買火輪船，歷次在洋捕盜，實為得力。現上海商人亦買火輪船一隻，請與寧商火輪船來往南洋海面巡緝，一以截擊東南盜艇，一以護北運漕船。此項火輪船隻與夷船相似，是以不另駛至北洋。既據稱買自粵東，並非買自西洋，又係商捐商辦，與夷人毫無干涉，且在東南洋面緝護，亦不向北洋開駛，著即照所議辦理。來年漕運船北上時，以一火輪帶同勇船駐泊江南佘山，以一火輪在南洋梭巡以清洋面，而利漕行。並著江海船將式樣書寫記號，不與夷船相混，是為至要。」

又六年六月甲申，「諭軍機大臣等：本日據何桂清奏遵調

護運火輪船入江，並委員赴上海籌辦添購輪船一摺，據稱所有寧商護運之火輪船，業已派員管帶，由圖山關飛駛入江，聽候向榮調遣，其需添購之輪船，亦已委令金安清、何紹祺、張庭學、楊坊、陳元鼎等，前往上海妥為購募，並籌款辦理。此項船隻入江助剿，於江南軍務大局甚有關係，所有滬商護運之火輪船，著怡良等迅速派員督帶入江，統歸向榮調度。至購買一節自不可少，而需款較鉅，必需設法辦理，著怡良趙德轍遴委幹員，飭令前赴上海，會同金安清等迅速籌商，務令經費有著，得以趕日奏功。…」

依上述兩段記載，可知護漕及助剿需要之火輪船，實為新海軍之胚胎，而清廷限於經費不能自置，故由商人購用，其後殆感於本國海岸線之綿長，而外來勢力之威脅日盛一日，始計劃自置，終以經費無著，遲遲未能實現耳，並不自奕訴與赫德之始倡也。

一四八、清代之京察與大計

公務員之優劣賢否，歷代以來，均以考績銓衡，以為黜陟升遷之據，遠自唐虞，即有三年考績之法，《尚書‧舜典》：「三載考績，三考黜陟幽明」，所以黜降其幽而升進其明者。《周禮‧天官》亦有：「三歲，則大計群吏之治而誅賞之。」俱為三年考績之先例，數千年來，此制仍為政府所採用。民國二十四年七月十六日公布之《公務員考績法》第二條規定：「公務員考績，分年考、總考二種。年考就各該公務員一年成績考覈之；總考於各該公務員第三次年考後舉行。」今日各機關之年終考績，蓋即年考，特總考未積極行之耳。

清制：官吏三年考績，其方法分為京察及大計。《清會典》：「考群吏之治，京官曰京察，外官曰大計，三歲則舉行。」京察以子、卯、午、酉等年舉行，大計以寅、巳、申、亥等年舉行。京察之優者，分三等四格。「一等曰稱職，二等曰勤職，三等曰供職。乃定以四格：一曰守，二曰才，三曰政，四曰年。」其中，守分三類：有清、有謹、有平。才分二類：有長、有平。政分二類：有勤、有平。年分三類：有青、有壯，有健。其等第之取定，如守清、才長、政勤、年齡青或壯或健者，為稱職，列第一等。守謹、才長、政平或政勤：才平、年輕或壯健者，為勤職，列第二等。守謹、才平、政平，或才長、政勤、守平者，為供職，列第三等。大計之優者為卓異，凡卓異必按其事書註說明，例如：無加派，無濫刑，無盜案，無錢糧拖欠，無虧空倉庫銀米，境內民生得所，地方日有起色之類等等。

京察大計，其考覈結果，如入於六法者，則參劾之。其六法標準，如《會典》所載：「一曰不謹，二曰罷軟無為，三曰浮燥，四曰才技不及，五曰年老，六曰有疾。凡京察及大計，皆按其實而核之。不謹者，浮躁者，則令著其事，及覆核而實者，乃處分。」至其處分之法，不謹者，罷軟無為者，革職。淨躁者，降三級調用。才力不及者，降二級調用。年老者，有疾者，休致。與近代考績法，「考績分為勤情，成績，才能、操行四類」相仿，而獎懲規定，與現行之「考核結果，應予獎勵者，分升用、進級、加俸、記功、嘉獎」，及「考核結果，應予懲戒者，分免職，降級，減俸，記過，申誡」等項，其所定尤為嚴密，然取予之權，操之於上官，其真能一秉至公，不以好惡喜怒而涉於偏頗，亦至難言也。

一四九、劉坤一之堵俄遠見

　　新寧劉峴莊坤一，於庚子拳亂時，與張之洞、李鴻章倡東南自保，東南半壁，賴以獲全，卒之日，張之洞疏陳：「坤一居官，廉靜寬厚，不求赫赫之名，而身際艱危，維持大局，從不推諉，能斷大事。……」清廷亦優詔嘉其「秉性公忠，才猷宏遠，保障東南，厥功尤著。」皆著筆於庚子時事，而於其燭識暴俄侵略之先見，則鮮有述及者。

　　當新疆回亂軍事吃緊之際，俄國派兵侵據伊犁，清廷無暇顧及，迨回亂敉平，始對俄交涉，索還失地，俄人百端要挾，坤一即以折衝禦侮，疏達樞廷，奏云：「俄為封豕長蛇久矣，志圖蠶食，兵力雄強，為我勁敵。……東三省係我龍興之地，向為俄人垂涎，如有侵軼之虞，未審左宗棠、李鴻章等能否兼顧？三省境內，有無久經戰陣之宿將勁旅，緩急可恃以自固者？此則大局之亟宜綢繆者也。夫兵之強弱，視將之勇怯，亦視將將者能否識拔真才。臣愚以為現在西北沿邊將軍督撫，宜用親歷戎行，膽識並茂之員，以期折衝禦侮，儒臣不諳武備，資望無濟時艱，誠恐或貽誤於萬一。……英法德美諸國，雖於東南各口，棋羅星布，祇求傳教通商，尚無覬覦之意，即遇事不免刁狡，亦在地方官撫馭有方。臣與諸國交涉多年，頗能知其委曲，目前決不至有決裂，上貽宵旰之憂。況英德等國，與俄猜忌日深，必不願俄之逞志於我，其應如何結為聲援，以伺俄之後，使之不敢併力東向，凡此皆賴廟謨廣運，神而明之，……」其對於防制暴俄之侵略，頗能燭見幾先。

　　《辛丑和約》將成之際，俄有霸佔滿洲，兼併三省野心，

強迫盛京將軍擅派委員周晃與俄訂立辱國喪權章程，清廷將周晃交部議處，遭俄干涉反對，再由駐俄公使楊儒與議，俄提條款十二項，其嚴酷處遠過周晃所擬，於是中俄交涉，情勢嚴重，議和全權大臣李鴻章本主聯俄，劉坤一獨表反對，電奏清廷略云：「各國眈眈虎視，皆允和而不佔疆土，彼此猜忌，互相牽掣，若允俄獨得東三省政權兵權，無異地為俄有，各國必將效尤，分裂之禍立見。……與其允而失中國，何如堅持勿允，雖弱猶可圖存。……」蓋其洞悉俄人侵略野心，瞭如指掌，故其言如此。史稱其「晚年勘望，幾軼同儕，房謀杜斷之功，不與褒鄂並論矣！」良非溢美！坤一樸訥有道氣，於國際局勢獨具識見，每談時事，至於揮涕，翁同龢亦盛稱之。

評點晚清民國人物——續《南湖錄憶》

322

一五〇、吳清卿（大澂）虛憍觸怨

　　黃公度有〈度遼將軍歌〉，蓋譏吳大澂之作也。甲午之役，大澂敝屣臃仕，投袂請纓，卒之師熸名隳，革職留任，旋又奉永不敘用之旨，湘人嘲以聯云：「一去本無奇，多少頭顱拋翼北；再來真不值，有何面目見江東？」蓋湘軍素具聲威，是役無尺寸之功，而生還者殊少，故湘人怨之也。罷官後貧甚，以售書畫古銅器自給，後四年──光緒廿八年壬寅二月，病歿蘇州。

　　大澂字清卿，號愙齋，少以才氣自憙，同治元年，彗星見西北，清廷詔求直言，大澂方為諸生，上書言「致治之本，在興儉舉廉，不言理財，而財自裕，若專務掊克，罔恤民艱，其國必敝。」後六年，成進士，授編修，遇事每多直言，又以精篆籀，以及金石碑版之學，為潘鄭盦（祖蔭）賞識，與清流諸人亦頗沆瀣，繼又受知於合肥（李鴻章），初補道員，發山西交曾國荃差遣委用，辦賑全活甚眾，旋以三品卿督辦邊事，使朝鮮，助平內亂，又與俄勘侵界時，建銅柱，自為銘曰：「疆域有表國有維，此柱可立不可移」，侵界復歸中國，甲申會辦北洋事宜，頗負時譽。清代重文輕武，每以書生主兵事，朝士大夫更跂慕曾左勳業，大澂自視尤高，騖遠嗜進，其任湘撫時，亦能勤勤政愛民，更能挖揚風雅，富於述作，天下仰望丰采。

　　甲午中日事發，大澂初欲率艦隊前驅，電李鴻章請纓，不報，乃奏請率湘軍二十營赴前敵，其致兄書：「……中日戰事已成，生民塗炭堪惻，水軍陸將均未得利，弟素有有攬轡清之

志，不免動聞雞起舞之懷……」其言甚壯，八月至滬轉津，與鴻章會商軍情，適得一古印，文曰「度遼將軍」，大澂狂喜，以為制倭吉朕，曾與汪鳴鑾書言及：「吳俊投效，得將軍銅印。」吳俊者即印人吳俊卿昌碩也，時亦在吳幕。或云，印實贗也，及出關後，會諸軍規復海城，以所著「槍礟準頭說」，命軍中專練打靶，又製免死牌，諭敵軍：「……兩軍交戰，凡……見本大臣所設投誠免死牌，即繳出刀槍，跪伏牌下，當收爾入營，一日兩餐。……若竟執迷不悟，接戰三次，勝負立見，迨至該兵等三戰三北之時，本大臣自有七縱七擒之計。」云云，書癡之態可掬。同時電奏：「尅期戰勝，驚蟄前可以肅清。」虛憍之言，葉昌熾嗤「其言河漢無極！」而日軍趨牛莊，魏光燾戰不利，李光久馳救之，亦敗，幸宋慶扼摩天嶺，乃免，大澂憤湘軍盡覆，拔劍欲自裁，編修王同愈在側，格阻之，光燾請申軍法，大澂嘆曰：「吾實不能軍，當自請嚴議。」王湘綺日記：「探報：吳撫幾為倭攫捉，自云遁去，可謂豪傑矣。」譏誚甚為刻毒！惟俞曲園對吳敗退，謂受依克唐阿之挫退所影響，以至後路為敵所乘，翁同龢即據此為吳迴護，始改革留，朝議譁然，給諫余某嚴劾之，辭連松禪，指為祖蔽欺蒙，乃復降旨革職。

一五一、鄧廷楨詞懷林則徐

　　鴉片之役，英人恃其優越勢力，憑陵中國，其遠因為通商，近因即為鴉片走私，林則徐承清道光帝嚴旨，掃除毒氛，英政府所派之查理士義律，一味頑梗，建議英政府，主用武力解決，英廷遽從其請，派遣駐印之艦隊司令馬特蘭率艦東來，戰端以啟。清廷敗衂之餘，歸罪於林則徐、鄧廷楨之辦理不善，轉滋事端，各予遣戍伊犁。竢邨老人（林晚年自號）事，談者甚多，而於與林同心禦侮，克保嚴疆之鄧廷楨，則鮮有詳者。

　　廷楨字嶰筠，江蘇江寧人，初以進士外放，授臺灣遺缺知府，留浙任用。旋補陝西延安府，歷榆林西安，以善折獄稱。嗣後薦官鄂贛藩臬，擢安徽巡撫，治皖十載，政安民和，有神明之稱。擢兩廣總督，時鴉片烟方盛行，沿海奸民勾結，漏銀出洋為患，鴻臚寺卿黃爵滋，湖廣總督林則徐，先後奏請嚴禁鴉片，清廷下禁烟議，廷楨疏言：「法行於豪貴，則小民易從，今嚴於中土，則外貨自絀」。及林則徐奉命至粵，廷楨與之同心協力，緝懲查檢，盡焚躉船積烟，並辦私販之罪，旋調閩浙總督，亦復力修戰備，分責水陸師嚴防。

　　廷楨平昔潔清自守，居處飲食，一如寒素，胸次坦白，嗜欲尤鮮，獨耽音律，其與則徐，肝膽相照，調閩時以則徐奉旨留鎮，臨行賦〈換巢鸞鳳〉一闋贈別云：「梅嶺烟宵。正南枝意嫩，北蕊香饒。甚因催燕睇，底事趁鴻遙？頭番消息恰春朝。蓼汀杏梁，青雲換巢。離亭柳，漫縮線繫人蘭橈。思悄，波渺渺。簫鼓月明，何處長安道？洗手諳姑，畫眉詢壻，三日

情懷應惱。新婦無端置事幃，故山還許尋芳草。珠瀅清，這襟期，兩地都曉。」抵閩之後，又有〈酷相思〉一闋，「寄懷少穆」：「百五佳期過也未，但笳吹，催千騎，看珠海盈盈分兩地。君住也，緣何意？儂去也，緣何意？召緩徵和醫並至。眼下病，肩頭事，怕愁重如春擔不起。儂去也，心應碎！君住也，心應碎！」憂時念亂，懷友掄詞，鬱伊沉哀，所感深矣。宋翔鳳稱其詞：「雍容和諧，寫其一往，纖削之音，逖濫之嚮，與塵坱而共洗，偕風露而俱清，所託甚遠。」譚仲修尤致推許，謂：「忠誠悱惻，咄唶乎騷人，徘徊乎變雅，將軍白髮之章，門掩黃昏之句，後有論世知人者，當以為歐范之亞也。」

　　林鄧同戍伊犁，鄧先一年賜還，授甘肅布政使，遷陝西巡撫，署陝甘總督，尋卒於官，其治行名節，雖亞於則徐，固亦並稱於時也。

一五二、王定九（鼎）死劾穆彰阿

　　清道光間，陝西蒲城王定九（鼎），以覈名實，崇氣節，忠貞致身，清操絕俗，世稱蒲城相國。禁烟事起，穆彰阿方柄用，與耆英、琦善表裡為奸，傾排異己，去備媚敵，潘世恩心以為非，不能顯與立異，獨鼎與林則徐所論奏，力贊之，惜不用。及兵釁復開，粵浙皆挫敗，英兵且由海入江，則徐與鄧廷楨達洪阿姚瑩等，以戰守為敵所忌，並被嚴譴，將戍矣，適河決開封，廷命王鼎馳往治之，尋署河督，疏請留則徐襄治河工效力，則徐遂中途折返東河。先是祥符水勢方張，議者以為不宜據塞，主遷省城以避其衝，鼎力持不可，疏言：「河灌歸德陳州，及安徽亳穎，合匯東注洪澤湖。湖底日受積淤，萬一宣洩不及，高堰危，匯揚成巨浸，民其魚矣。無論舍舊址，築新堤，數千里工費不貲，且自古無任黃水橫流之理，請飭具帑，期以冬春之交集事，不效，願執其咎。」並具陳民情安土重遷，省垣可守狀以聞。始汴城四面皆水，且夕且圮，鼎與則徐等，躬率吏卒巡護，風雪中，日夜同奮錘，倦則就輿轎中假寐而已，次年二月工竣，而用節工速，備嘗艱苦，鼎推功則徐，具疏備陳其事，而廷議仍遣戍，鼎大憤，以積勞成疾謂回京，而則徐遂行，鼎還朝後，力言則徐之賢，召見時屢言之，不聽，益憤，每於朝房與穆彰阿值，輒厲聲詬罵，穆笑避之，一日，同時召見，鼎於殿陛間盛氣詰責，斥為秦檜嚴嵩，穆默然不敢辯，宣宗笑視鼎曰：「若醉矣！」命閽者扶之出。明日，復廷諍甚苦，宣宗拂衣起，命休沐養疴，鼎牽裾欲伸其說，終不獲言。既歸，恚憤無極，欲仿史魚尸諫之義，自草疏劾穆彰

阿等誤國，藏之衣袂間，闔戶自縊死。新城陳子鶴（孚恩）為軍機章京，黨於彰者也，性機警，翌晨早朝，軍機大臣惟鼎不到，異之，急駕赴鼎宅，其家方搶攘，屍猶懸樑間，清例凡大臣自盡，必奏聞驗視後始可移動，陳見狀，急命其家人解下，檢衣袂間，則劾穆舉林之遺疏，墨瀋猶新，因謂王子編修抗曰：「乘輿怒猶未已，此奏上，則卹典必不可得，而子亦將廢棄終身也，不如屏之。可為尊公遷優旨。」涇陽張芾亦至，相與共勸，抗從之，陳張共別草遺疏，以暴疾聞，於是優詔憫悼，飾終之禮降焉。陳袖原疏示穆，穆大喜，於是推報陳張，數年間遽躋卿貳，而王抗不能成父志，為故舊同鄉所棄，未幾，則徐召還，或言：王鼎死後，宣宗常於夜中恍聞呼林則徐者，故憬然賜環云。

一五三、清代河患與河官

　　清初，政尚純樸，吏習亦頗能以清介相勸。乾隆中葉，和珅枋政，始趨於奢侈，成為積習，嘉道以來，更愈趨愈下，當時內官以內務府崇文門監督戶部三庫及倉場為最富，外官則推河道鹽務漕運關稅為最肥。

　　河道設總督，治河之官也，斗筲之器，視為優差，率以升官發財為目的，敷衍從事，不為久遠之計，故河患滋甚，如河南蘭封縣西北銅瓦廂河決之前，治河有兩總督，北督駐山東濟寧，南督駐江蘇淮揚道淮陰縣之清江浦。北河事簡費絀，繁劇遜於南河；南河河工歲修銀為四百五十萬兩，決口漫溢除外。據《清稗類鈔》載：「浙人王權齋，熟於外工，謂採買木竹薪石麻鐵之屬，與在工人彼一切費用，費不十之二三，可保安瀾，十之三四，可以書上考，其餘三百萬，除各廳即管河同知浮銷外，則借河道總督管河分巡道酬應戚友，饋送京員過客，降至丞、簿、千總、把總、胥吏、兵丁，凡有職事於河道者，皆取給焉。歲修積弊各有傳授，築堤則削潰增頂，挑河則墊崖貼腮，買料則虛堆假垛，即大吏臨工查驗，奉行故事，勢不能親發其藏，當局者張皇補苴，沿為積習，上下欺蔽，瘠公肥私，而河工不敗不止矣。故清江上數十里，街市之繁，食貨之富，五方輻輳，肩摩轂擊，曲廊高廈，食客盈門，細縠輕羅，山腴海饌，揚揚然意氣自得，青樓綺閣之中，悲管清瑟，華燭通宵，不知其幾十百家，梨園麗質，黃媚於後堂，綝宮緇流，抗顏為上客，長袖利屣，颯沓如雲，不自覺其錯雜不倫也。」以千百萬人民之生命財產，供少數人之貪婪享受，可謂無心

肝矣。

　　當和珅當國時，任河督者多出其門，先納賄然後許之任，故皆利河患，藉以侵蝕中飽，而河防乃日懈，河患乃日亟。嘉慶二年至二十四年間，決口十七次，治河者既不審大勢以規畫久遠，復好貪小功而貽害後來，故有河工甫竣，即有坍塌淤塞之事，輾轉之間，糜帑無算。如嘉慶十四年間，開濬海口，改易河道，費銀八百萬兩，合計南河修堵等費，數年之間，總共不下四千餘萬兩，十六年春派軍機大臣托津等查辦，托津僅得工員賑簿，敷衍入奏，詔旨切責：「賑簿多係捏造，何足為憑？其餘濫用虛糜，妄興工段，及浮冒侵蝕等款，著確實具奏。」托津乃查明南河節年銀款工程，分別糾參；歷任河督降革有差，而積弊終難少滅，當時論者謂：黃河並不殘暴，而殘暴者為治河大員，直接殺人者為河患，間接殺人者為治河貪官，世無不治之水，黃河之患，實繫於治河之無官不貪云。

一五四、陳重威技懾洪述祖

武進陳容民，名重威，晚號庸叟，振奇人也。生有異稟，十五歲時，偶遊郊外，見數糞夫與一老叟爭道，叟殊不讓，眾攢毆之，則蜷伏不為動，容民欲解之，又慮其不服，正躊躇間，忽聞叟吼曰：「終不能任若毆至死矣！」就地旋滾，眾糞夫皆辟易，叟拾取地上所遺之竹扁擔，拗曲之以彈擊糞夫，若箭離弦，一一命中，皆抱頭竄矣。叟狂笑起，抖擻衣袖，若無事然者。容民驚奇之，揖請受其技，叟熟睇再三，笑頷之，期以翌朝。次晨往候，叟果施施至，出書授之，自技擊至修鍊無不備，摩頂命熟讀，且教以靜坐法。容民大喜，叩其名氏及居處，均弗答。乃挾書歸，於書齋中，晨夕窮研，渾忘寢食，父以為怪誕，火其書，親移與共宿，並督習舉子業焉。弱冠應試，不數年連捷成進士，散館以知縣用，分發山西，歷署井陘等縣政卅餘年，頗著政聲。中年後，倦於仕進，遂入李鴻章北洋幕，與于式枚極相得，及後袁世凱、楊士驤相繼任直督，均禮重容民，迄陳夔龍去任，始南蹄。清鼎既革，容民僦居滬濱，劉翰怡（承幹）方刻叢審，延主其家，並授其子姪輩讀，留滬廿餘年，於抗戰初期，歿於滬寓，年八十五。

傳容民在袁幕時，洪述祖亦在幕中，洪軀幹碩偉，又精技擊，能敵數十人，聞容民有奇技，欲一試身手，容民謝不敏，洪以為虛聲，有輕意。一日旁暮，容民方就案閱讀，左手握水烟袋，右手執紙燃，洪自後趨至，將及矣，容民未及返顧，以右手之紙燃向後一揮，洪踉蹌仆室外，窗櫺盡毀，自是遇容民執禮甚恭，不敢犯矣。在滬時，朱疆邨、李梅菴、馮夢華等，

常有文酒之會。一夕，酒半酣，李道士請容民獻技，固辭不獲，乃就桌前，以大指併食指，夾持桌面起，如搯巨餅，起落數次，湯饌不溢不傾。或言：此用意不分耳，如擾其視線，則力散矣。一人取筯迫其睫，離面三寸，恍若有物蔽隔，若觸木石，眾乃嘆服。第一次大戰協約國勝利，旅滬各國人士舉行慶祝，花車遊行，京滬附近各地傾城來觀，南京路上擁擠不堪，容民時已七十餘，緩步其間，有惡少欺其年老，故擠之，反彈而跌。又嘗與其從子彥仁赴南京，將歸，其友強留之飯，忽憶翰恰有書待校勘付印，須趕午後一時快車，飯畢時已十二時許，容民命彥仁曰：「汝為我挈行篋，低頭視我足，我左亦左，足向內如八字形。」彥仁茫然從之，非奔亦不喘，不及十分，已抵下關車站，其奇如此。

評點晚清民國人物——續《南湖錄憶》

332

一五五、陳蒼虬（曾壽）賦詩傷偽滿

　　蘄水陳仁先曾壽，所居曰蒼虬閣，世以蒼虬老人稱之。蒼虬雅擅詩句，清亡不仕，與同時詩壇諸大家，唱酬最多，散原老人對之至為推重，曾謂「蒼虬之詩出，吾屬傖父矣。」陳石遺亦言：「仁先少時，抗希騷選，唐以下若無措意者。別去數年，則古體雄深雅健，今體悱惻纏綿，肆力於昌犁、義山、荊公、山谷者已深，所謂韓豪李婉，王遒黃奇，仁先已自道所祈嚮矣。」足徵其詩力之工。

　　蒼虬曾祖太初先生（沆），為道咸間詩人，藏書甚富，蒼虬寢饋其中，勤於涉覽。及居武昌，攻舉子業，每夜必丑初始寢，有賣油酥餅之老人，沿巷叫賣，聲調蒼涼，輒購以果腹，久而漸譖，必俟老人擔過，始休讀。後蒼虬中光緒癸卯進士，官監察御史，清亡後，遂屏居西湖，築陳莊於蘇隄第一橋間，時出遊江南名山水殆遍。不欲返鄂，其武昌曇華林故居，在花垣山之旁，雖稍偏僻，頗饒花木之勝，竟以賤價售與其戚。某年返籍省墓，道過武昌，其戚延居故宅，撫事酸辛，恍如隔世，入夜，聞叫賣油酥餅者，披衣起視，則曩之老人也，已皤然邁矣。陳集中：「華表崢嶸不住塵，望門呼舊祇酸辛。尚餘一擔油酥餅，猶是常年皺面人。」蓋此時所作，悲涼無盡，蓋有不勝海桑之感者。

　　居津時，嘗主榮源家，榮源女秋鴻，廢帝溥儀婦也，嘗從之讀。及溥儀夫婦，為日人挾往長春擁偽號，在敵酋擺布下，毫無自由。蒼虬嘗應秋鴻之招，赴滿而不受汙命，時偽滿定有制服，蒼虬仍長袍馬褂自若，日人諷之，蒼虬正色曰：「吾忠

於清室，誠不可諱，若滿洲國若康德皇帝，則非吾所知也！此來為省視故君故后耳，不知其他！」日人語塞。及見秋鴻備受欺凌，復追染惡嗜，嘗有詩云：「臆想驚非幻，身經誤是真。神傷舊遊地，心穩暫時人，尚慕幽栖意，難求古德鄰。南歸倘成事，無著倚天親。」「談易方知懼，吟詩乃識憂。棟撓凶有輔，泉浸愾宗周。鑄錯成同繭，將何置綴琉？艱貞望文史，無淚洒千秋。」及「朱梁趺扈異陰柔，執手君臣淚暗流。強斷股肱心未奪，濮州猶覺勝忠州。」沉憂攄憤，極寫末路帝子所遭之慘。旋返居北平，濩落自傷，一貧澈骨，王揖唐餽二萬金，拒不受，曾有「龍鍾不待揶揄覺，濩落彌深激烈傷。與世有情如宿負，此身自救尚無方。人心印板許文正，世界嶄新胡益陽。相待猶堪司左券，夜寒繞室一徬徨。」之句，湖北萬煊儀乞書便面，蒼虯即書此數首，蓋集外詩也，前年萬君持以見眎，因錄記之。

一五六、陶子方（模）識見閎遠

　　秀水陶模，起家邊吏，薦至方面，識議閎遠，能見本原，光緒季年，卒於廣州。梁啟超於陶之死，曾兩論之，其〈嗚呼陶模〉文中，謂「陶模者，在邊陲無所表現，及移節兩廣後，曾數上奏議，言人所不敢言，士論頗許之，雖然陶也者，無氣力之士也，其所見或有以加於老朽之上，而實行力之薄弱，亦與彼等相類。……」又有〈陶方帥之死狀〉一篇，則謂：「陶方帥猶不失為大吏之賢者也，徒以魄力不足，故不惟不能有所施設，而竟以速其死耗矣，哀哉！」……均見《飲冰室雜著》。

　　模字子方，又字方之，以進士授甘肅文縣知縣，調皋蘭，時左宗棠方征回疆，兵工諸役並作，模躬自料量，民不知援，和輯漢回，經畫窮塞，宗棠稱其治行第一，遂歷州府司道開藩護撫，翁同龢日記中記中，亦輒稱其「操守好，能卹民隱」，詡為甘省循吏，其治行見《清史》所紀，似亦非庸闒可比。光緒十七年，援新疆巡撫，時俄侵帕米爾，謀侵印度，英攻破坎巨提，謂將以防俄，陳兵相持，模獨能處以鎮定，練軍保民，拊循回族，頗能識其大者遠者，旋實授總督。

　　甲午對日事起，和戰議不決，模言：「國強弱視人才，人才不足，和戰皆不足恃，即戰勝亦無益。」戊戌前後，朝野盛倡變法，祛積習，圖富強，模獨以「推行宜漸，根本宜急，聚闒茸嗜利之輩，以期富強，止於舊法外增一法，不得謂之變法，於積習外增一習，不得謂之祛積習。」皆為識見獨到之言，終而新舊水火，法未變而宮廷爭起，母子相阨，而有庚子

之亂。光緒廿六年，調兩廣總督，時慈禧母子西狩，模迎謁蒲州，明年，疏請裁抑宦官，又以樞廷方議變政，復疏言「變通政治，宜務本原，本原在朝廷，必朝廷實能愛國愛民，乃能以愛國愛民責百官，必朝廷先無自私自利。乃能以不自私不自利望天下，轉移之道，曰去畛域，曰除壅蔽，曰務遠大，當以身作則，克己勝私，否則雖日言變通，無由獲變通之效。」皆能言人所不敢言。

模少食貧力學，與顧廣譽、陳壽熊、沈曰富諸人，以道義相切劘，入仕後，復能儉約自守，不立崖岸，持躬恂謹，將吏爭為用，而無敢以私干者，在粵時，頗欲有所興革，以民力已殫，費絀財窮，皆中沮，嘗謂其幕中人云：「中國終不可以不革命。」蓋亦知長白氣數之盡也。其子陶葆廉字拙存，頗通達，於粵中黨人，常有往來，陸丹林曾記之。

一五七、冒疚齋（廣生）著作不倦

　　冒先生廣生，字鶴亭，晚號疚齋，如皋人，為明季水繪園主冒辟彊之裔。父宦粵，先生生廣州，早孤，母周，乃周星治季祝之女，善教撫，幼從番禺葉衍蘭蘭生遊，攻苦食淡，工詩古文，又從桐城吳汝綸受古文義法。清光緒甲午中式舉人，又應經濟特科試。官農工商部郎中，四品京堂。才氣縱橫，聲名籍甚，一時彈劾滿清大吏奏疏，多出其手。戊戌政變，旋退而家居奉母，純孝出於天性，雖處困頓，能輕重緩急人。入民國，曾任甌海鎮江淮安關監督，閒散自遣，著書不輟，所至揚扢風雅，表章幽潛，而提掖後進，尤不遺餘力。北伐後，任者試院考試委員，國史館編纂。赤禍漫衍，大陸淪陷，鬱鬱居滬上，至民國四下八年農曆七月初七日考終，春秋八十有七。

　　先生長身玉立，風采異常。雖久居於外，每逢春秋必歸掃先人之墓。與同邑沙太史健庵最契，詩文酬酢，書牘往還不絕。祖居城西門空場，晚年遷回冒巷辟彊舊宅，惜世變相尋，未能寧處。生平湛深經史，優遊文翰，且熟於掌故。早歲即有《小三吾亭集》行世，網羅舊聞，考證原委，於史學多所關發。有〈蒙古源流年表〉、〈唐書吐番傳世系表〉。而所纂冒氏叢書，搜集周詳，考覈精審，尤有裨於地方文獻。

　　先生於詩文外，尤善倚聲。值八十二歲重宴鹿鳴，有〈金縷曲〉一闋，寄其妹夫周季貞云：「殘夢隨流水，算匆匆一周甲子，不過彈指，猶憶泥金朝報到，曾博衰親顏喜，也曾博旁人贊美。暮四朝三棋局換，笑一錢不值，今如此。舊時燕巢空矣。霓裳畫破憑誰理？教京華紛紛冠蓋。眼前餘幾？白髮蕭疏

成二老。相望東南千里，寫一幅丹青遙寄。佛法本來無我相。問故吾紙上非耶是。是天寶前頭事。」時周亦重宴恩榮也。

先生季子繼美教授香島。頃至臺員，適先生逝世三周年。鄉人集合追思，謹述先生生平及著作如此。余以深受先生之知，特撰一聯以致敬云：「愛士比廬陵，我是及門曾鞏；思鄉崇繪水，公真再世巢民。」又為鄉人撰一聯云：「鄉先生何時歸祭於社，名父子亂世克顯其親。」

一五八、曾國藩劾李元度經緯

　　平江李次青元度，暢曉軍機，精研史地，詩文詞賦亦佳，初以舉人入曾國藩幕，與李鴻章並稱幕內二李之一。國藩倚任甚殷，嘗力予奏保，謂「李元度血誠果毅，練達戎機，每遇艱危之際，獨能貞固不搖。前在江西疊著戰功，皖南地勢講求亦熟，懇即調補皖南道缺，於軍務地方均有裨益。」及元度將赴皖南之任，國藩諄諄以皖南關係戰局至大，誡以五事：「一戒浮，不可用文人之好大言者；二戒謙，勿為逾恒之謙，以啟寵納侮；三戒濫，銀錢保舉，宜有限制；四戒反覆，不可朝令夕改；五戒私，用人為官擇人，不可為人擇官。」元度受而之任。蓋元度擅長過人之處極多，而短處則無知人之明，其用兵雖忠勇有餘，而謀猷不足，國藩知之深故不惜條舉以誡之也。

　　元度抵任不久，徽州即告不守，詎不回大營而逕返湖南原籍，另招平勇，不候訊稟，宣稱援浙，而濡滯衢州，遲遲其行，及浙江陷。王有齡殉職，國藩命李鴻章擬稿奏劾，鴻章不願起草，負氣走江西，國藩自草奏云：「查李元度自徽州獲咎後，不候訊結，而擅自回籍，不候訊稟，而逕自赴浙，於共見共聞之地，並未見仗，而冒稟克復，種種悖謬，臣所以遲迴隱忍不遽劾奏者，因其軍以安越為名，冀其顧名思義，積愧生憤，或能拚命救浙也。乃六月至江西，八月抵廣信，九月抵衢州，節節逗留，任王有齡羽檄飛催，書函哀懇，不一赴杭救援，是該員前既負臣，後又負王有齡也。法有難寬，情亦難恕，所有該員補授浙江鹽運使按察使及開復原銜，均請飭部註銷，仍行革職，交左宗棠差遣。……」

元度被參革後，曾國荃、國葆於乃兄亦彌致不滿，寄書規之，國藩覆書云：「次青之事，弟所箴規，極是極是；吾過矣。拜摺之後，通首讀來，實使次青難堪，今弟指出，余益覺大負次青，愧悔無地。余生平於朋友中，負人甚少，惟負次青實甚，兩弟為我設法，有可挽回之處，余不憚改過也。」就此函與疏以觀，國藩之於次青，國法私交，委有不能兩全之苦衷，或比之諸葛之於李嚴。惟當時浙江淪陷前後，統兵大員，為台諫參劾而獲重咎者不少，國藩惟與元度交摯，特先揭參以塞當時忮忌湘軍者之口，實寓大全於小懲之中，苦心處非諸人所知，於乃弟亦不明言，故元度終身感之。國藩逝時，元度已復官黔藩，有句輓云：「白髮門生在，荒江作幸民。平生數知己，當代一元臣。記入元戎幕，吳西又皖東。追隨憂患日，生死笑談中。末路時多故，前期我負公。雷霆與雨露；一例是春風」。

一五九、釐金秕政七十餘年

　　清季釐金，為內地貨物通過稅，病民蝕商，叢為世訴。創於咸豐三年，時太平軍陷南京，軍事緊急，餉源枯竭，雷以諴治軍揚州，用錢江策，在仙女鎮創辦釐捐，以濟軍需，是為釐金創辦之嚆矢。其後，胡林翼、左宗棠，相繼援例，先後於湖北、湖南設釐局，於經過其轄境之貨物，一律估價收值。自是之後，全國仿傚成法開辦，相沿為例，由戶部劃為正式歲入，於《會典》中，定為建制。《清會典》載：「凡釐金有總局，有分局，有子卡，有巡卡，擇吏之廉幹者，任之。視商貨成本之輕重，酌取其盈，垂為定則。以收數之贏絀，定局員之考成。侵漁則懲之以法，歲以其成數，報於部而聽指撥。」至全國局卡設立總數，及其員丁人數，孟心史曾約言之，有云：「全國二千餘卡，局員丁役之所入，優者歲數萬金，以次至數千數百金，直接養病商之人數十萬，待此十萬人以為養者，又數倍之，姑以百萬人計，而人歲需百金之養，坐耗者幾已一萬萬金，而況其必不止此乎？」

　　釐金之抽收章，各省辦法則不相同，有值百抽一抽二者，有值百抽五抽九者，名目紛繁，徵率遂異，其收入數目，《清會典》載光緒十三年，各省釐金收入冊報；計「奉天為408638兩有奇，直隸303056兩有奇，山東105172兩有奇，河南78526兩有奇，浙江2076347兩有奇，福建1760565兩有奇，湖北131457兩有奇，山西195490兩有奇，陝西386547兩有奇，甘肅413388兩有奇，江蘇2281181兩有奇，江西1323712兩有奇，廣東1685931兩有奇，廣西1601789九兩有奇，雲南333442二兩有

奇，貴州150563兩有奇，」合計釐捐歲入約一千六百餘萬兩而已，至宣統二年，資政院開院時，清政府初行預算案，度支部列具釐金收入，總數為四千三百十八萬七千九百零七兩九分九釐，較前約增二倍以上。

民國成立，袁世凱當政，各省擁兵自衛，財權未能統一，釐捐抽收，漫無標準。癸丑以後，袁氏武力分布各省，三年開始整頓地方釐捐，標本兼施，稍趨一致，其治本方法，則於釐金中收入額數較大者，如菸、酒、茶、糖、繭絲、布疋、藥材、竹木、米豆等類，由各省財政廳體察情形，釐定專章，定為稅制，治標方法，則訂有辦法八項，為「改訂釐則。酌定比較，嚴杜漏規，甄別員司，裁併冗局冗卡，限制認捐包額，嚴定報解及考核，改良簿票」等，民國三年財政部釐金比額收入，歲共四千三百七十萬餘元，直至民國二十年，國民政府奠都南京後，此七十餘年之釐金秕政，遂告廢除。

一六〇、清末捐納之濫

　　國家設官分職，古以徵辟選舉，唐以後設科取士，謂之正途出身，為世所重。其以捐貲納粟而得官者，則謂之捐納，授官或褒獎，直以名器為市矣。

　　清人入關，初亦以正途為重，康熙十三年，以用兵削平三藩，軍需孔亟，於是始開官吏捐納之例，其後行罷無常，不外以濟荒，河工，軍餉三項，遇有急需，即資以籌款。其捐納官品，文職京官由小京官至郎中為限，外官由未入流至道員為限，武幟由千總把總至參將為度，而職官納資，並得捐陞捐選補各項班次，分發直省，他如翎頂封典加級紀錄等，均得以資財捐得；甚至降革、留任、離任、原銜、原翎之恢復，亦可以資財達，捐例雖歷有更改，但捐納得官者，不得分發吏禮兩部，道府非由曾任實缺正印有捐納，僅援簡缺職務，則定為永制。

　　太平軍之役，清廷需款至亟，維時大亂，民間財力艱難，而捐官之例，行之既久，人民亦不甚感興趣，於是削價求售。同治十年福建巡撫王凱泰奏：「自捐章折減以來，持銀百餘兩，而為佐雜矣；持銀千餘兩，而為正印矣；即道府例銀鉅萬以上，今亦折算至三四千兩矣。」自是仕途益雜，故丁日昌奏云：「軍興以來，捐例遍開，而又減價以招之，軍功本易，而又積年以增之，其不能不究者，勢也。……現在捐班軍功二途，紛至沓來，處處有人滿之患，尤不可不預籌變通。即如江蘇一省，外補道缺，不過二三，府州同知通判缺，由外補者，亦止數十，而候補道約六七十人，州縣同知通判約一千餘人。

夫以千餘人補此數十員之缺，固已遙遙無期，即循資按格而求署事，亦非十數年不能得缺，其捷足先登者，非善於鑽營，即有所繫援者也。」此類情形，不特各省如此，即密邇畿輔之直隸亦然，直督李鴻章亦以「軍興以來保舉捐納各官，指分來直者絡繹不絕，缺少員多，久形擁擠，……迄今到省人員逾眾，計候補道府已四十餘員，知州知府二百數十員，河工地方同知通判九十餘員，佐貳佐雜八百餘員，序補無期差委更少，消磨歲月，苦累不堪。」……此項捐例自咸豐間削價折減後，歲入不過一百五十萬兩，光緒五年，清廷以所入有限，無補餉需，詔命停止，及十年中法戰起，又復開禁，名曰海防事例特捐；分為實官捐及花翎捐；實官捐以八成實銀上兌；花翎捐則以實銀上兌，凡三品以上捐銀三千兩，四品以下捐銀二千兩，准給戴花翎，一千兩准給戴藍翎，其與實官相較，一翎之值，幾同道府正印，吏途益趨於濫矣。

一六一、李六更痛罵袁世凱

　　黃遠庸為民初深通北京政事內幕之記者，其遺著經閩侯林宰平整理後出版，中於當時各階層人物之活動，亦多有描述，如民國二年十月之「蠶日日記」，述李六更事一則：「歸途遇李六更先生者，率三四小童，挈共和演說團之旗，振其木鐸，疾走而前。李六更先生之為人，不可不紹介諸君，其人手持木梆，署曰木鐸，誤將以喚醒時人，共悟共和真理，每月輒將演說事跡，呈報教育部。余一日遇之於途，見其坐一洋車，而諄諄與車夫講說：我們都是一樣的平等的。車夫唯唯不絕，蓋亦今世之一畸人也。」……

　　袁世凱攘竊大位後，對國民黨議員，嫉忌甚深，非捕殺即放逐，儘量威脅，對於其他黨派，則施利誘，以金錢收買為己用，當時有人戲擬議員賣身文契云：「末員某某，今以本身所買得之議員一名，賣與貴某某，連皮帶骨，一切不留，任從為非作歹，無不服從」云云，可謂窮形盡相，彼輩一旦驟獲多金，飲讌無度，一時嫖賭之風大盛，為庚子以後所未有。李六更遂終日振其木鐸於八大胡同，高歌：「世人不醒今要醒，莫待牆崩壁倒時」，「世人一定要奮起，遲了大家一齊死」，以儆策此輩之醉生夢死生活，其梆每擊六記，故自號為六更云。

　　六更寶坻人，自幼讀書，甲午中東之役，刺激甚深，誓一刻不忘捨身救國。光緒卅一年赴吉林，見邊氛日亟，於八月初七日，自誓開通民智，保全祖國。深恐同胞五更未醒，國難圖存，自製木梆而打六更，在奉吉創有牖民講報閱報社，於啟發民智，致力甚勤。民元赴南京觀光，又在南京創共和宣講團，

迨政府北遷，遂隨而北上，創共和演說團，正式向教育部立案，又在天津辦理救國儲金團，紳商各界多予贊助。

袁世凱醞釀帝制時，六更上書於袁，自稱中華民國國民一份子，文為其自書，中有「六更哭稟我大總統曰，帝王自為，誠不可解何以能保全祖國，不至亡國？勿以家天下萬不至有瓜分之憂，必能求強也。六更以為內憂外患不可勝言，更誠為我大總統憂之，苟不亡於前清，而亡於我公，不亡於共和，而亡於我公之皇帝。六更以為前清隆裕太后給之，而我公奪之，果能保全祖國，則稍有可原，倘一不然將何面目見隆裕太后於地下哉？六更又以為即我公能保全祖國不亡，亦非真正民意公舉而來，名不正言不順，是奪民之國也，奪民之國者，即真正民賊也，既是民賊，人人得而誅之，六更民也，所以首先誅國賊袁世凱，惟世凱細心思之，能逃離世下之大罵乎。……」袁閱之大怒，由袁乃寬言於吳炳湘，指為黨人，六更乃逃避關外。

一六二、康廣仁身後是非

康廣仁以康有為之弟，戊戌政變時，與新進四京卿同時被逮，就戮於菜市口。費行簡稱「廣仁學不足望其兄，而富膽識，不畏艱險，故當政變，未嘗逃避，對簿侃侃，不為懦詞，蓋非乃兄所能矣。」汪精衛於清末居北京刑部獄中，時時就獄卒得聞數十年來佚事，曾雜見《南社詩話》；其後《花隨人聖盦摭憶》中，亦記「……有老獄卒劉一鳴者，戊戌政變時曾看守譚嗣同等六人，其言曰：譚在獄中意氣自若，終日繞行室中，拾取地上煤屑，就粉牆作書，問何為？笑曰：作詩耳！……林旭美秀如處子，在獄中時時作微笑。康廣仁則以頭撞壁，痛哭失聲，曰：天哪！哥子的事，要兄弟來承當。林聞哭，尤笑不可仰。……」蓋亦汪所語者，且以出自獄卒之口，質俚無粉飾，較之文人作史，尤為可信。其言與清末坊間所刊康梁實錄評話本中所描述廣仁在獄情形相同，宜若可信。而梁啟超所寫廣仁傳：「康君名有溥，字廣仁，號幼博，又號大廠，南海同母弟也。精悍厲鷙，明照銳斷，見事理若區別黑白，勇於任事，洞於察機，善於觀人，達於生死之故，長於治事之條理。……南海先生初被知遇，天眷優渥，感激君恩，不忍捨去，既而天津閱兵廢立之事，漸有所聞，君復語曰：自古無主權不一之國而能成大事者，今全國大柄，皆在西后之手，而滿人之猜忌如此，舊大臣之相嫉如此，何能有成，阿兄當速出京養晦矣。……南海先生每欲有所陳奏，有所興革，君必勸阻之，謂必待十月閱兵以後，若皇上得免於難，然後大舉未為晚也。」云云，於廣仁之勇怯，傳說兩岐，蓋亦身後之是

非也。

　　康氏兄弟，個性不相侔，有為好自信而好大言，戊戌春，乘七次上書之烈，內資翁同龢之薦，外藉張之洞之援，設強學、保國諸會，以號召天下，聲勢浸張，頗為朝野所驚詫。當德宗載湉召見時，適榮祿陛辭請訓，與有為相遇於朝堂，因問何辭奏對？有為曰，「殺二品以上阻撓新法大臣一二人，則新法行矣」。榮唯唯，入對因奏問上謂康有為何如人？帝嘆息恨不早用。榮旋赴頤養園謁辭西后，奏：「康有為亂法非制，皇上如過聽，必害大事，奈何？」是八月之變，禍根早伏於此，而有為亦有「榮祿老辣，我非其敵也」之嘆。廣仁深知乃兄，尤懼變政之不成，其致友人書，有云：「伯兄（指有為）規模太廣，志氣太銳，包攬太多，同志太孤，舉行太大，當此排者、忌者、擠者、謗者，盈衢塞巷，而上又無權，安能有成？弟力勸伯兄宜速拂衣，多陳無益，且恐禍變生也。」又「伯兄思高而性執，拘文牽義，不能破絕藩籬，至今實無他法，不獨伯兄身任其難，不能行；即弟向自謂大刀闊斧蕩失藪澤者，今亦明知其危，不忍捨去，乃知古人所謂鞠躬盡瘁死而後已，固亦無可如何者。」可知其明理洞察，於當時環境瞭如指掌，費行簡所謂廣仁「非乃兄所能」為不謬矣！

一六三、嚴幾道（復）詩哀林旭

　　前清戊戌政變，載湉被幽，譚嗣同等見殺，嚴幾道（復）時在都門，先期得王夔石（文韶）密示，遂避往津門，有感事一首云：「求治翻為罪，明時誤受才。伏屍名士賤，稱疾詔書哀。燕市天如晦，宣南雨又來。臨河鳴犢歎，莫遣寸心灰。」當維新議始，載湉詔舉人才，幾道以王錫蕃之薦，召對稱旨，退上書萬言，力陳法敝不變之害，謂治標則事勞迫，恐無益於危亡，治本則積病未祛，亦無益於貧弱，故未變法前，當宜急行者三：一聯各國之歡，一結百姓之心，一破把持之局。其言較康梁主張者，較為溫和，而通達治體，出之以至誠悱惻，然亦格不得達，未幾而禍變作矣。

　　幾道與林暾谷（旭）為摯交，林於譚嗣同等主結袁世凱，猶持異見，被殺後，幾道持哭之云：「相見及長別，都來幾晝昏。池荷清逭暑，叢桂遠招魂。投分欣傾蓋，湛冤痛覆盆。不成扶軟弱，直是構恩怨。憶昨皇臨極，殷憂國命屯。求側身求輔弼，痛哭為黎元。大業方鴻造，奇才各駿奔。明堂收杞梓，列辟貢璵璠。豈謂資群策，翻成罪莠言。釁誠基近習，禍已及親尊。惝恍移宮獄，嗚呼養士恩。人情方翕訾，天意與偏反。夫子南州彥，當時士論存。一枝翹國秀，三峽倒詞源。薦剡能為鶚，雄圖欲化鯤。楊譚同御席，江鄭盡華軒。卿月輝東壁，郎星列井垣。英奇相支柱，契合互攀援。重譯風皆聳，中興勢已吞。忽驚啼晚鴂，容易刈芳蓀。古有身臨穴，今無市舉幡。血應漂地軸，精定叫天閽。猶有深閨婦，來從積德門。撫弦哀寡鵠，分鏡泣孤鴛。加劍恩牽犬，爭權遇償豚。空聞矜庶獄，

不得見傳爰。投畀寧無日，群昏自不論。浮休齊得喪，憂患塞乾坤。上帝高難問，中情久弗諼。詩篇同乘机，異代得根原。莫更秦頭責，休將朕舌捫。橫流看處處，祇合老丘樊。」，鬱悶沉哀，哭之彌痛。

其後康梁避遷海外，創保皇會，發刊報紙，於清廷老朽，深宮權后，肆意攻擊，風靡一時，幾道獨斥責無恕詞，嘗論：「國家欲為根本改革之計，其事前皆須有預備。而今人則欲一蹴而幾，又焉可得？少年人大抵狂於聲色貨利之際，即其中心地稍淨者，亦聞一偏之說，鄙薄古昔，而急欲一試，以謂必得至效；逮情見勢絀，始悟不然，此時即有次骨之悔，而所忘已多。吾國自甲午以來，變法為不少矣，而海內所奉為導師，以為趨向標準者，首屈康梁師弟，顧眾人視之以為福首，而自本人視之，則以為禍魁。何則？政治變革之事，蕃變至多，往往見其是矣，而其效或非；群謂善矣，而收果轉惡，是故深識遠覽之士，愀然恆以為難，不敢掉以輕心，而無予智之習。彼康梁則何如？……踵商君之故智，卒然得君，魯莽滅裂，輕易猖狂，馴至幽其君而殺其友，己則逍遙海外，立名目以斂人財，恬然不為恥，夫曰保皇，試問其所保者今安在耶？必謂其有意作亂，固屬太過，而狂謬枉發，自許太過，禍人家國而不自引咎，則雖百儀秦，不能為南海作辯護矣。……」蓋訾康梁之躁進者深也。

一六四、劉蓉與曾國藩交誼

　　曾國藩懷人詩：「我思竟何屬，四海一劉蓉。具眼規皇古，低頭拜老農。乾坤皆在壁，霜雪必蟠胸。他日余能訪，千山捉臥龍。」劉蓉字霞仙，亦字孟容，少有志節，為曾同里。嘗與曾及羅澤南、郭嵩燾講學，國藩起翰林，嵩燾亦舉於鄉，霞仙僅青一衿，然意氣相侔，相親莫逆，結為金蘭契，國藩嘗集東坡句為贈之云：「此外知心更誰是，與君到處合相親」，蓋以子由視之也。軍事起，先佐澤南治團練，及曾出治兵，與嵩燾相從曾氏幕中，轉戰鄂贛，後澤南由江西援湖北，蓉復從之，領左營，其弟蕃戰歿蒲圻，霞仙護其喪歸，遂辭軍事，胡林翼欲禮羅之，辭以父憂不出。後駱秉章督師四川，聘參軍事，專摺薦其才，在蜀數年，運籌決勝，積功獨多。而駱之軍功治績，多倚其贊助，亦時出視師，軍中稱為賽諸葛。其所作軍書行，曾有「書生破賊亦偶爾，聊舉鉛刀試一割，翻辱豎子錫嘉名，投戈驚呼賽諸葛。諸葛往矣大名垂，迴車猶走生仲達，從來戰士貴先聲，聲威所震氣已奪。……」句，蓋亦以自憙也。

　　同治元年，太平軍石達開由滇黔邊境入川，秉章預調諸軍以待，並令赴前敵督戰，達開不得逞，窮蹙就擒，霞仙規往受俘，檻送成都。其擊平叛回，酋帥李詠和極勇悍，楚軍濬長壕圍之，累月不克，霞仙至軍四日，即縛其渠殲之，數年民患，一朝消弭，積功薦擢陝西巡撫。後以剿捻挫於華陰，奪職回籍，故又有「丈夫歸臥須及時，猶得餘光對書籍，為君揮塵淨烽烟，回頭一笑吾事畢」之語，因築遂初園，顏其齋曰養晦

堂，不復作出山想矣。

霞仙為文，氣盛言宜，不斤斤於吞吐規仿，詩亦然，有所作輒發新意。其在曾幕，遇有戰功保舉，曾每列其名，霞仙輒執不可，嘗謂：「蕭朱王貢以轉相汲引為賢，蓋漢人踵戰國餘習，非友道之正也。」國藩深然之，由是未嘗論薦，說者謂曾劉二人交誼，最為近古。官軍克黃州時，偶於燼餘拾得一帙，曰述異記，中言子貢掌天上文衡，司馬遷、班固、韓愈作考官，凡文士死者皆令赴試，及弟者入文昌府筮事，黜者放回人間云云。曾素宗昌黎，笑語霞仙云：「敝師作考官，吾無憂矣！」霞仙曰：「人生遇合何常，使端木子自搜落卷，安知不取我而黜公耶？」相與拊掌大笑。含氏薨逝之年，正月十八日，霞仙夢與曾遊天台雁宕，抵山麓取馬，曾顧言曰：「君仍乘青騾耶？」蓋曾以石曼卿比之。霞仙曰：「公何乘？」曰：「我馬維黃。」驚而醒，而曾果於二月初戊午卒。

一六五、趙香宋（熙）風調冠一時

　　香宋老人趙熙，字堯生，四川榮縣人，以民國卅七年九月廿七日，卒於故里，靈光一老，遽爾凋零，蜀道艱難，淒魂曼絕，可悼念也。老人生於清同治六年丁卯九月，以光緒庚寅成進士，授編修，轉江西道監察御史，以抗直敢言，著聲臺省，盛宣懷向英德美法借款築路案，堯生疏劾具喪權誤國，義正詞嚴，朝野震動。素工詩，純任自然，不分宗派，風調冠絕一時，書法晉唐，參以己意，間亦作畫，不落尋常畦畛，尤能獎掖後進，不為厓岸。

　　程白葭在浙時，以岳忠武精忠柏請題，堯生援筆立就，句云：「程侯寶護精忠柏，此柏幡根浙江臬，實惟風波亭故址，大宋乾坤一刀血。岳忠武死柏即死，柏死非死事奇絕。長二十尺圍四尺，百七百年化為石，人今見柏見忠武，咸豐中斷為九節，賊以兵火斫燒之，此身可碎不可滅。海外何人睨其一，脫帽苔局體忠烈，手挽蛟龍出亞洲，氣貫中華地心熱。程侯抴柏呼向天，岳墳正點棲霞穴。理移八節植廟廷，鐵闌周之隆建碣，二三人外眾不聞，侯藏其功心似鐵。從來哀莫大心死，慘哉中原炭分裂。柏在天地無朽理，忠武英靈望來哲，作韻抴柏質程侯，匪飾湖山風兩浙。」蒼秀精卓，不猶人語。自書「余三十以前學詩，三十以後專治古文小學，近五十又學詩，文章高下之境，一一懸量胸中，求以自立，乃知世之馳逐虛聲者，正墜苦海也。」

　　堯生素不填詞，民國元年自滬歸里後，於六百日中，成《香宋詞》三卷，自後絕不復作，其返蜀僧樓夜旅，調寄〈八

聲甘州〉：「任西風吹老舊朝人，黃花十分秋。自江程換了，斜陽瘦馬，古縣罷遊。歸夢今無半月，蔬菜滿荒丘。一笠青山影，留我僧樓。次第垂陽近也，記去年此際，海水西流，問長星醉否？中酒看吳鈎，度今宵雁聲微雨，賴碧雲紅葉識鄉愁，清鐘動，有無窮事，來日神州。」又〈婆羅門令〉：「一番雨滴心兒碎，番番雨便滴心兒碎，雨滴聲聲，都妝在心兒裡，心上雨干甚些兒事？今宵滴聲又起，自端陽已變重陽味，重陽尚許花將息，將睡也，者天氣怎睡？問天老矣，花也知未？雨自聲聲未已，流一汪兒水，是一汪兒淚。」其時蜀中不靖，干戈相尋，黯然言愁，然其居人莫敢侵，或以擬之鄭公鄉云。堯生詩詞，傳本頗稀，亂後尤多散落，晚年餘事，彙集川劇詞本，加以編訂，去俚易雋，蔚成雅歌，世多能述之者。

一六六、俞陛雲卅年餘綺恨

　　光緒初年，彭雪琴玉麟，僦居西湖第一樓，樓為俞曲園（樾）所築，彭俞交誼甚摯，特以移讓也。彭有詩云：「鵲巢底事讓鳩居，我踞樓頭笑我粗。寄語苕溪賢太史，梅花一幅當房租。」蓋畫梅為贈，媵以解嘲之句也。曲園長孫陛雲，字階青，時方髫齡，韶秀可喜，雪琴之女孫絢華，長於陛雲者兩年，青梅竹馬，兩小無猜，曲園乞婚於彭，彭遂許之。及曲園賦悼亡，欲兩小成婚，彭弗可，又再三請先迎入門，俟冠歲，再涓吉成禮，彭不能卻，勉許之。光緒七年辛巳，雪琴辭官返湘，犁絢華同歸，時陛雲方十四，絢華十六，舟發胥江，河陽一別，不幸遂成長往。其後三十年，陛雲有〈高陽台〉詞之作，繫以小敘：「辛巳歲，先室絢華，侍祖外舅彭剛直公歸衡陽，……依依惜別，為第一度分襟處，三十年來，傷離感逝之懷，焉得逢人而語？黃陵瑤瑟，颭乘仙女之蹤，元武明珠，淚結相思之字，野水孤帆，城陰一角，夕陽無語，離思當年，低回獨喻云。……」詞為：「崎岸無人，亂山如夢，重來儘耐思量。乍展情芽，驕憨騎竹年光。關河未識天涯遠，只難禁、酸沁迴腸。掩離觴。忍淚低鬟，已濕羅裳。噓寒問煖尋常語，到臨岐囑咐，垂老難忘。小坐遷延，一簑人影斜陽。卅年綺恨飄風過，翦秋鐙誰話滄桑？向橫塘。淡月昏烟，獨雁迴翔。」

　　雪琴初意攜女孫歸作伴，俟陛震功名成就，再送其赴蘇成婚。王湘綺記雪琴歸湘時：「居衡陽何隆老屋，舊宅三間，其未達時所居也，今富貴復居之。雙親既亡，一妻被出，旁無侍者，子弟又已遠柝，人情戀本，物態變遷，一想今昔，但有愴

恨，雪琴殊自偃仰，不以為懷。……」可知其居處之岑寂，絢華侍祖家居，而陛雲又蹭蹬名場，摽梅迨吉，嫁杏無期，攖疾遂卒。直至光緒二十四年戊戌，陛雲始以一甲第三人登進士第，其年已過三十，而距絢華之卒六十餘載矣。明燈索夢，倍感淒其！繼室某，即俞平伯生母，傳不甚相洽，辛亥後寓居燕都，頗有外寵，又皆先後下堂去，其晚年有〈浣溪沙〉數闋，如「風皺柔懷水不如，碧城消息近來疏，嫩涼人意倦妝梳。錦幄明燈鴛索夢，文梁斜日燕窺書。瞢騰渾不信當初。」「莫向流萍託愛根，侵階羅襪怨黃昏，單衾殘燭與溫存。風定流塵棲繡榻，街空斜月掩朱門，穠華如水澹留痕。」「山色林光一碧收。小車穿葦宛行舟。退朝裙屐此淹留。衰柳有情還繫馬，夕陽如夢獨登樓。題牆殘字蘚花秋。」可見老境之落寞。民國卅九年十月十二日卒於舊京，年八十三。

一六七、常州名醫費晉卿

　　翁松禪日記：「常州費醫號晉卿，年七十餘，目光奕然，聲音圓亮，視病診斷，要言不煩，求者成市。土人云：費君之父更精，名費一帖，費君亦秀才，惲次山聯稱為名士而名醫，又有《醫醇》一書。」李蓴客亦記：「晉卿今之名醫，江南推為徐洄溪後一人。寇亂後居武進之孟河莊，就醫者舟車輳集，遂成邑市。賞著《醫醇》廿四卷，亂後版燬，乃追憶為賸語，最為有用之書也。」晉卿名伯雄，居孟河濱江，咸同以醫名遠近，持脈知病不待間，論醫戒偏戒雜，謂古醫以和緩命名，可通其意。《醫醇》燬於太平之役，《醫醇賸義》附有「方論」，大旨謂常病多，奇病少，醫者能執簡始能馭繁，不可有異。其中詳於雜病，略於傷寒，清末江南諸醫以伯雄為最著。松禪之姪曾源（字仲淵，翁心存之孫，翁同書之子，同治二年狀元。）少得羊癇瘋疾，松禪於同治十二年冬丁母憂居里，曾偕其姪往求診，晉卿診曾源為「兩尺皆虛，肝脈獨絃，胃有積疾，有時眩暈」。認為病已深，能去七分為妙矣。診松禪為「肺脾胃腎皆虧」，而松禪本無嗣，曾源服其藥亦延至十四年後始卒，松禪日記，即記於診病後也。

　　太平稗史有「張國樑孟河清名醫」回目，平劇三本鐵公雞中，向榮因病，粉墨登場亦有費醫角色，松禪日記中亦言「此君亦善士，以治向軍門得名，向酬以三品頂」云云，似為可信，相傳張國樑迓伯雄診向疾，費認為氣血大虧，根本治療，非靜居治療，不易奏效。經用救急之法，進藥數劑，病若失，張伴費回里，伯雄私謂之曰：「時局艱難，向公鞠躬盡瘁，不

能自逸，日後病發，不可為矣！」已而果然。

晉卿生於嘉慶五年庚申，祖岳瞻，父文紀，行誼並載鄉黨潛德錄，文紀即所稱費一帖者也。晉卿少讀書，會督學使者按臨，父命往應試，適大風雪泥濘，車不能行，折歸見父，三呼不應，惶恐仍冒風雪就道，獲雋而還。其醫學為世傳，尤能探原靈素，步武仲景，而於子和何間東垣丹溪之學，罔不融匯貫通，存菁去蕪。歸安朱煦庭病瘵幾殆，費予以方，使連服千劑，三年後神完氣足，膚革充盈，稀齡猶矍鑠不衰。平生洽病不矜異，不畏難，不泥古方，不求速效，辨症極準確，處方極審慎，說者謂清代名醫，吳門葉天士後一人而已。亦長於詩文，有昌黎之氣勢，兼廬陵之風神，古體瓣香青蓮，近體彷彿玉谿。且善飲，工度曲，喜劇談，好賓客，又擅書法，學政李小湖廷蔚詩有「古來藝通道，神悟到毫顛」語。年八十，從容沐浴衣冠而逝，以「讀書明倫理，積德遺子孫」為囑。遺著《醫醇賸義》外，尚有詩文鈔等傳世。

一六八、曇花一現之清末內閣

　　滿清皇朝，自雍乾以後，朝政皆綜於軍機處，至宣統三年辛亥四月初十日，仿行立憲國家採用責任內閣制，將無行政權力之內閣及綜握軍國機要之軍機處，併合外務、民政、度支、學務、陸軍、海軍、司法、農工商、郵傳、理藩各部，組成一全國行政最高機關，以奕劻為總理大臣，那桐、徐世昌為協理大臣，梁敦彥、善耆、載澤、唐景崇、蔭昌、載濤、紹昌、溥倫、盛宣懷、壽耆，分掌外務、民政、度支、學務、陸軍、海軍、司法、農工商、郵傳、理藩等部大臣，結束一百八十二年之軍機處，即世稱之皇族內閣也。

　　此種政制，早於光緒卅二年清廷詔定預備立憲，釐定各部官制時，原應實行，惟賞時慈禧健在，不願大權旁落，因於改革官制諭旨中，規定：「軍機處為行政總匯，雍正年間，本由內閣分設，取其接近內廷，每日入值承旨，辦事較為密速，相承至今，尚無流弊，自毋庸改變，內閣與軍機處一切規則，著照舊行」等語，圖仍舊操縱軍國大政。溥儀嗣位後，載灃監國攝政，其所以願以大權交出者，則以當時督撫錫良、瑞澂、袁樹勛、李經義、陳昭常、周樹模、程德全、朱家寶、孫寶琦、寶棻、馮汝驥、楊文鼎、張鳴岐、龐雲書等，聯名電奏，力舉組織內閣不必憲者三，謂：「閣臣但司行政，本無統馭軍隊之權，而責望所歸，易興易仆，一身進退，利害較輕，既不能有擅作之威福，更不必為要路之盤踞，況有國會以監督財政，出納未由自專，有審判以擁護法權，生殺無從任意，此不必憲者一。或又疑內閣既設，君主僅擁虛名，豈知不負責任，實由神

聖不可侵犯之義而生，至大權之載諸憲法者，立法行政司法，悉歸總攬，不過無內閣則職務分之臣下，而擔負仍在朝廷，有內閣則統治屬諸一人，而功過必歸樞府，鞏固君權，尊崇王極，無逾於此，此不必憲者二。或又疑內閣初立，組織者未必皆幹濟之才，任非其人，終虞覆餗，不知世變人才，互相陶冶，但使部臣同為閣臣，應行政綱，協同審擇，已無目前政出多門彼此矛盾之事，益以國會監察，權限明則責成專，雖欲諉卸而不能，才力薄則應付窮，雖欲把持而不得，數經更易以後，求才者知非破格不為功，飽經憂患之餘，任事者亦必審量而後進，相磨相激，自有一二非常之選，因時會之構造而成，此不必憲者三。」……各督撫之甘言誘勸下，此一內閣乃以誕生，但載灃終覺皇室與滿人地位，將無以自存，極謀皇族集權，除設立軍諮府，攬握兵權外，並親統禁衛軍，以其弟載洵統海軍，載濤主軍諮府總攬軍務，知配合皇族內閣，君憲派人士，始大失听望，知皇靈之不永，革命炮聲響後，亦各參加反清矣。

一六九、清末欽選儒碩議員

　　清末，滿人執政者圖以「籌備立憲」，延續其一髮千鈞之國運，設資政院，預為將來行憲國會之基礎，議員定額共二百人，分欽選與互選兩種，名額各佔半數。欽選議員，由宗室王公世爵，滿蒙世爵，外藩王公世爵，宗室覺羅，各部院衙門官員，碩學通儒，及納稅多額者選任。互選議員，以各省諮議局議員名額，按照科舉時代進學名額之百分五為準，由各省諮議局按照本省名額互選出後，由總督或巡撫咨送圈定，惟江寧江蘇則依漕糧多寡，酌增名額。宣統二年庚戌四月初二日，降頒召集資政院諭旨云：「前奉先朝諭旨設立資政院，以為上下議院之基礎，聖謨宏遠，薄海同欽。朕御極以來，日以繼志述事為務，迭經降旨將該院院章暨各項選舉章程釐定頒布，責成內外臣工切實籌辦。本年九月初一日為第一次開院之期，所有單開各項欽選議員，著以本年八月二十日為召集之期。……此次召集資政院為中國前此未有之創舉，即為將來成立國會之先聲，務期竭盡忠誠，恪守秩序，克擔義務，代表輿情，用副朝廷實行立憲循序程功之至意。」云云。

　　欽選議員之選定經過，報紙騰載，播為笑談。其中碩學通儒之名額，系由學部就清秩、著書、通儒院三類人物，通行京堂以上官吏，翰林、給事中、御史、各省督撫提學使及出國大臣，各蒐訪一二人，保送到部審查，以得保較多者，先行選定三十人，送由資政院奏請圈選欽定。通儒院即指翰林院之翰林，其清秩、著書兩種，據孟心史所述：「清秩一種，大概採之時譽。著書一種最為蕪雜，其中固有撰述卓卓在人耳目者，

然大半迂疏甚或窣戾人物，蓋以行卷呈身，其用意可想，以欲為于式枚而無其筆舌之吳士鑑，公然首列第一，流品複雜，可覘一斑。」……按當時合於碩學通儒三項資格者，共三十人，茲並將其原保人名數記之如次：計第一種清秩：勞乃宣（原保十四人），王闓運（九人），孫葆田（七人），張謇（六人），蒯光典（四人），鄭孝胥（四人）。第二種著書：吳士鑑（四十一人），梁鼎芬（十五人），陳澹然（十五人），宋育仁（十四人），喬樹枏（十人），陳寶琛（九人），吳廷燮（九人），沈家本（八人），王先謙（八人），嚴復（七人），江瀚（六人），喻長霖（五人），沈林一（五人），馬其昶（四人），惲毓鼎（四人），胡思敬（四人），陶葆廉（三人），第三種通儒院：程明超（廿四人），朱獻文（十四人），章宗元（十四人），虞銘新（十二人），陳錦濤（十一人），錢承志（九人），洪鎔安（五人）。其後，圈出吳士鑑、勞乃宣、章宗元、陳寶琛、沈家本、嚴復、江瀚、喻長霖，沈林一、陶葆廉等十人，其中大部為末清文人之卓卓者，而非以行卷呈身之人，惟迂疏則或不免，經欽定後有以謝恩為請者，明詔「無庸謝恩」，而議員中反認為輕己者，不免遺譏矣。

一七〇、楊惺吾（守敬）辛苦注《水經》

宜都楊守敬，專三十餘年之精力，治《水經注》，探本尚書禹貢，及班氏漢書地理志，博採魏晉宋齊地記，審辨明清以來諸家之諸言，平亭全趙戴之得失，脈水尋經，徵文考逸，撰成《水經注疏》，集歷代研究《水經注》之大成。潘孺初稱其曠世絕學，獨有千古；羅振玉謂可與王段之小學、李壬叔之算學，同為一代絕業。其有功於吾國學術界者，蓋甚偉也。

守敬字惺吾，清同治壬戌舉於鄉，以通博與張廉卿裕釗齊名，而為文稍次於張，屢應禮部試，均報罷，遂無意功名，專力於輿地金石之學，兼工書法，摹鐘鼎款識極精緻，所作儷體文如箴銘之屬，亦古奧聳拔，如其人。光緒庚辰間，大埔何如璋奉使日本，招守敬同行，任為使館參贊。日本攫取琉球時，佐何折衝，爭持甚力。於時日本方以維新自雄，於中土舊籍，多棄不顧，守敬居東，輒以賤價搜求善本，所得如唐人寫本玉篇，釋藍琳一切經音義，隋杜台卿玉燭寶典等鈔本，及隋唐以來金石文字秘笈等至夥，日學者自撰足與國人著述互證者，亦美不勝收。李慈銘聞之神往，幾有懷鉛浮海之思。

守敬辛苦積資，得十餘萬卷，滿載歸國後，稍出其宋元槧本，轉讓於人，有宋本藏經，以銀元三千，售之宋德鴻，而藏其目錄，竟為一衲子道破；又以英所居宜都城磚，刻字後售於瀛賈，葉鞠宸譏其詭譎，然不足為守敬病也。

尋選黃岡縣學教諭，官舍與東坡雪堂舊蹟為鄰，因自號鄰蘇老人，益致力於寫作，成八十卷，如水經注圖，水經註要刪，隋書地理志考證，日本訪書志，晦明軒稿，鄰蘇老人題

跋，望堂金石集等，為鄂學靈光者二十年。其門人熊會貞佐成之。

民國成立後，守敬已逾七十，運稿至滬，昕夕校訂不輟，嘗謂會貞曰：「吾書不刊行，死不瞑目矣！」蓋深信其必傳。旋應總統府顧問之聘，載書北行，與羅振玉書，謂此行謀將所著付剞劂，不為仕宦計也。民國四年卒，年七十七，會貞以其喪並所著稿歸武昌，誓以畢生之力補成，以彌師門未竟之憾，凡六七校，鈎深稽遠，辛苦邁於乃師，民國十九年，日人攜重金走武昌，欲收其稿，會貞固拒，廿五年三月會貞病逝，亦七十八矣。臨逝以遺稿再付其弟子李某，卅五年間，曾分期付湖北師範學院史地叢刊發表，祇及百之一二而已。

一七一、清末洋翰林人數存疑

　　商衍鎏著《清代科舉述略》，載：「光緒三十年後，開考試東西洋遊學生之例，由考官會同學部，考取遊學之畢業生，給以進士舉人，再經廷試，高第者授翰林院編修檢討，數年間至百餘人，一時稱為洋翰林，謂其皆學自外洋而來考試，與未出國之翰林有異也。」

　　清季留學畢業生回國考試，開端於光緒三十一年甲辰，自後舉行凡八次，每次舉行後，即分別給與進士舉人有差，據《清史》：「光緒三十一年六月甲寅，予考試留學生金邦平等進士舉人出身有差。」又「光緒三十三年八月丙午，賜遊學畢業生陳錦濤等各科進士舉人有差。」又「光緒三十三年九月甲辰，予遊學畢業生章宗元等進士舉人出身有差。」又「光緒三十四年九月癸卯，予遊學畢業生陳振先等進士出身。」又「宣統元年九月丙寅，賞遊學畢業生項驤等舉人」，又「宣統二年三月戊寅，賞遊學畢業生吳匡時等七人工科進士法政科舉人有差。」同年「九月壬寅，賞遊學禮畢業生吳乃琛等四百五十九人，文醫格致農工商法政進士舉人有差。」又「宣統三年夏四月甲戌，賞遊學畢業生鍾世銘汪燦芝等法政科進士舉人，工科舉人有差。」綜上八次，賜進士出身者，全數不過百餘人，而廷試始於光緒三十三年十二月丁丑，以御史孫培元奏為：杜止留學生奔競請求，請予考試擇尤錄用一摺，旨交憲政編查館議擬，「按照科舉取士任官之法，以廷試實為登庸之途。規定嗣後遊學畢業生，經欽派大臣會同學部考試請予出身後，擬令恭應廷試一次，照科學殿試例，請旨分別授職。」可知賜進士出

身之留學生，須經廷試，始有授職翰林院編修檢討者，乃可稱為洋翰林也。

廷試凡兩度，第一次行於宣統二年，據宣統本記載：「五月乙己，內閣奉上喻：比次引見之廷試遊學畢業生，進士項驤、林大閭、程鴻書、陳籙、唐有恒、劉鍾華，均著授為翰林院編修；林志琇、濮登青、顏惠慶，朱光燾、王煥文，均著授為翰林院檢討；王兆枏、吳匡時均著改為翰林院庶吉士。……」授職為編檢者僅項驤等十一人。其餘則以主事小京官等補用。第二次廷試，行於宣統三年，《清史》載「宣統三年五月戊申，廷試遊學畢業生進士江古懷等授官有差。」但此次授職為翰林編檢者，亦僅十七人，如今猶健在之外交耆宿刁作謙氏，於留英返國後，即與江古懷等同以法科進士應廷試者。統計遊學畢業生賜進士出身者百餘人，經廷試授職翰林編檢者亦僅二十八人耳，商氏所云，似有訛誤。然癸卯甲辰兩科，亦有在中式進士再往日本肄習法政等，畢業回國，經學部考試，考列前列者亦准留翰林院授職編檢者。如岑光樾以甲辰進士，改庶吉士，派往日本習法政，回國後由學部覆試，授翰林院編修，其一例也。商氏所云，或合併而計之歟？

一七二、李鴻章與翁同龢

　　前清甲午之役敗後，自來讀史者罔不歸咎於李鴻章一人，至有斥以「李二先生是漢奸」者。當時樞臣之中，頗多意氣用事，盲無所知，一味主戰，敗則歸咎於李，外人謂：「甲午之戰，為日本全國與李鴻章一人之戰」，實為有感之言，而王湘綺所為深嘆：「少荃自以為不見用，而天下方目為權臣也」。

　　翁同龢當時以帝師直軍機，開戰前後，其日記有：「議朝鮮事，上意一力主戰，傳諭臣龢李鴻藻：上次辦理失當，（指甲申事）此番須整頓。」又「太后命往天津。與李鴻章議事，叩辭者再，謂臣以天子近臣，不敢以和局為舉世唾罵也。諭：非議和，欲暫緩兵事耳。遂承命往。」又「東事緊，至津傳太后皇上諭，慰勉並嚴責之。李鴻章惶恐引咎，曰：緩不濟急，寡不敵眾，此八字無可辭，戰事甚無把握云云」。「李鴻章到京，上溫諭詢議約事，對語多，似無推諉意，惟令其子經方自隨。以通日語，且與陸奧有舊也。退，欲要余從往議和，予曰：若予曾辦掰洋務，必不辭，今胡可哉？……」此可與胡思敬所撰《國聞備乘》參看，原文云：「甲午之戰，由翁同龢一人主之。同龢舊傅德宗，德宗親政後，以軍機大臣兼毓慶宮行走，嘗蒙獨對，不同值諸大臣，自不能盡聞其事。通州張謇、瑞安黃紹箕、萍鄉文廷式等，出其門下，日夜磨礪以須，思以功名自見。及東事發，咸起言兵。……上為所動，兵禍遂開。既而屢戰不勝，敵逼榆關，孝欽大恐，召同龢切責，令即日馳赴天津詣鴻章問策。同龢見鴻章，即詢北洋兵艦，鴻章怒目相視，半晌無一語，徐掉頭曰：師傅總理度支，平時請款，輒駁

詰。臨事而問兵艦，兵艦果可恃乎？同龢曰：計臣以撙節為盡職，事誠急，何不覆請？鴻章曰：政府疑我跋扈，台諫參我貪婪，我再嘵嘵不已，今日尚有李鴻章乎？同龢語塞，乃不敢再言戰」。

翁李二人黨附不同，久不相叶，梁啟超於所撰李鴻章一書，例言中曾記：「合肥之負謗於中國者甚矣！著者與彼於政治上為公敵，私交亦泛泛不深，必非為之作冤詞也，顧書多為解免之言，頗有與俗論異同者，蓋作史必當公平之心行之，不然何取於禍棃棗也。」蓋嘗為李鳴不平者，然此事當時即有侃侃言之者，如美人林樂知之中東戰事本末中所記：「某侍御奏稱：今事勢當危急之秋，言者動責李某，夫知我之所以至敗者，不在天津而在京師乎？李某北門鎖鑰，思深慮遠，期一切加以整頓，承平之日，不忘武備，封章具在，可覆按也。乃總署及戶部遵旨議覆之際，動輒駁斥，某大臣且哂之曰：蕞爾日本，何足介意？時則朝鮮尚未起釁，朝臣之闇於事理者，亦或左袒某大臣，及高陞被擊，李某又亟請於朝，欲撥鉅金往外洋購取額外軍械，又欲購美洲之鐵甲一大隊，某大臣又不許，且曰：日本豈真犯我上國哉？北洋之所預備，已足破日本之膽，逆料其必不渡海遠來。……今乃共責李某，臣竊冤之。」蓋已先梁而言之矣。

一七三、袁玨生（勵準）慕重貫酸齋

　　錢塘梁同書，乾隆間，收名滿天下，與梁聞山（巘）並稱為南北梁。同書初字元穎，官翰林侍講時，偶得貫酸齋所書「山舟」二字，大喜，因以為號，讀書林人物者，多知梁山舟，而元穎之字反晦。酸齋為元代貫雲石字，雲石原名小雲石海涯，父貫只奇，遂以貫為氏。傳載：其母夢吞星而生，神采秀異，幼臂力過人，善使槊，馳馬挽彊，趫捷異常。長折節讀書，吐辭為文，尤工樂府，襲父官數年，忽解符讓於其弟。仁宗時拜翰林侍讀學士知制誥，又疾辭還江南，賣藥於錢塘市中，詭姓名，易服色，人無識之者。偶過梁山濼，見漁父織蘆為被，易之以紬，漁父更乞詩，援筆立成，持被去，人稱蘆花道人。雲石蓋依隱玩世之高士也，宜同書之傾倒如此。

　　清末，大興袁玨生勵準，以光緒戊戌進士，官翰林院編修，直南齋日，偶於廠肆，得貫酸齋所書「中舟」二字榜書，喜極購歸，遂以自號，蓋既慕重酸齋之為人，復幸與同書同其遇也。中舟雅擅詩文書畫，其書富館閣氣，早歲致力吳興甚深，中年得寶華盦米書高后輓詞，遂一變其體。篆則近於錢十蘭坫，張皋文惠言二家，頗稱於時。尤好收藏，蓄有白陽老運所寫花卉長卷各一，庋篋中甚密，曰：「此吾家『二陳湯』也。」所收明代方于魯、羅小華諸家裝墨尤夥，皆精品，特召濰縣名手，製檀匣以貯，嵌以銀絲，倩工拓撫，成「中舟墨品」，圖說精審，如原物。他如鑒定金石書畫碑帖，亦能別具隻眼，藝林稱之。

　　戊戌通籍後，以其尊人官安徽，秋闈乞假南下省視，附海

舶行，過烟台暫泊，艙中悶熱，方徜徉船面，瞥見康有為上岸購梨歸，康為維新人物，中舟固識其人，特彼此未嘗交談，且不知都中變法失敗事，方訝異其何以離京，而康已入艙，則其鄰也。迨舟出海外，突中途停駛，有洋兵十餘，從兵船乘舢板登舶，持相片遍艙尋詢，視之康也，亦未審為何事，姑指鄰艙示之。洋兵入良久，擁康出登舢板上兵船而去，益怪之。及抵吳淞口，傳上海道派人搜捕康氏，始知西后再度垂簾，方緝捕康梁，遂亦不敢言其事，並堅囑從者秘之。後廿餘年，中舟與康邂逅津門，相談往事，康恍如夢寐，不盡欷歔，即乞中舟繪寫當時情景於箑，自賦詩紀之。二人遂相莫逆，然中舟故質直，康則務為高論耳。

中舟嘗按授讀清宮，溥儀出居天津時，中舟主講輔仁大學，民國廿四年正月上元，病卒，年六十。遺詩未刊，贈易實甫一首：「君魂何處賦來歸，南北東西今昔非。早歲曾為梁苑客，頻年又息漢陰機。幸無一臥違青瑣，忍對千家坐翠微，況我秋來最傷別，離心早上灞橋飛。」

一七四、汪憬吾（兆鏞）好飲善罵

散原精舍詩，有「壽汪慎吾六十」句：「橫流蕩蕩映行吟，獨慕尋碑鉅海陰。盡策精魂輝吏牘，著書聲價滿儒林。萬梅花觀飛仙影，三秀才歌烈士心。扶樹人綱歸自媚，南雲窈窕護彈琴。」憬吾名兆鏞，字伯序，憬吾其號也，原籍浙江山陰，先世隨宦廣州，遂為番禺人，嘗受業東塾先生陳蘭甫（澧）門下，治經治史，一以師說為歸，著述宏富，詩文詞皆出色當行。其最著者，有《晉會要》、《碑傳集》、《微尚齋詩》及《雨墨深鐙詞》，俱卓然成家。

憬吾光緒十五年己丑舉於鄉，兩應禮部試，不售，遂南歸，為人佐治。辛亥後，更絕意仕進，僑居澳門，閉戶撰述，罕與外人交接，民國十年，憬吾六十，散原老人素重其人，因寄詩為壽。夏敬觀嘗稱：憬吾品概不凡，詩詞自抒懷抱，今日之酈湛若也。憬吾性僻怪，好飲，而景殊不宏，醉則罵人，同輩名公鉅卿，什九遭其白眼，梁節庵嘗箴其飲，且云醉中勿漫罵，而卒無以改其結習。每出必乘肩輿，夜則導以紙糊燈籠，丹書某科舉人汪，作倣宋體，或誚其頑固，憬吾自若也。

所為詞，致力於白石稼軒，自有真價。如「登韶州九成臺」，調〈憶舊游〉云：「隱林梢半角，危榭荒臺，蹴碎涼煙。無限蒼茫意，恰泠泠虛籟，飛到吟邊。晚風暗吹雙鬢，秋影不堪憐。念津鼓敲寒，郵鐙煮夢，銷損華年。留連、感今古，問法曲南薰，遺響誰傳？臉平蕪殘照，添數絲柳，搖落山川。桹觸天涯情緒，淒咽答幽蟬。休更計明宵，疏篷凍雨人獨眠。」又〈柳梢青〉云：「雨暗烟昏。故園何處？花落成茵。

幾日離愁，閒拋笛譜，懶拂箏塵。盡教燕去鶯暗，休忘卻東風舊因。夢裡還尋，愁邊獨寫，忍說殘春。」蓋遭世蹇屯，芳潔自賞，欲言而不克盡者。嘗從東塾處，傳錄白石〈暗香〉、〈疏影〉兩曲譜，足知其所宗尚。

　　生平與胡衍鶚最稱莫逆，二人皆固執成性，清社既屋，二君皆不仕。民國二十八年間鬱憤病卒，年七十九，張爾田為銘其墓。素與錢名山（振鍠）交契，詩簡往來，每述所慨，其寄名山詩，有「嘔心文字千秋淚，晞髮山河一代人」，蓋以遺老自居者。名山有讀微尚詩三絕：「我識先生三十春，南溟萬里留詩頻，平生一事還遺憾，未聽先生醉罵人。」「古來好詩原有數，世間知己寧無緣，但看贈我七言律，一一鶴聲飛上天。」「羅浮仙侶孤憤深，方寸五嶽寧可鍼，醉中漫罵差快意，梁震何須賠小心。」亦甚言其兀傲也。

一七五、文廷式被稱驢面榜眼

　　萍鄉文廷式，於光緒十六年庚寅登進士第，殿試，欽點甲一第二，被稱為「驢面榜眼」，王湘綺於日記中，稱之為「文閭面」，按閭字本亦有獸名之義，《山海經》：「縣雍之山，其獸多閭」。《儀禮》：「於郊，則閭中。」注云「閭，獸名，如驢一角，或曰如驢岐蹄。」《山海經》注亦有「閭，一名山驢」。《元史》中之「醜驢」均作「丑閭」，是閭面亦可作驢面也。考文之被稱，蓋由於光緒庚寅七月初六上諭：「御史劉綸奏：殿廷考試，請嚴除積弊一摺，其所稱本科殿試，一甲二名進士文廷式策內，閭面二字，讀卷大臣並未簽出，著派崑岡調取原卷查明，據實覆奏。」「初十日奉上諭：崑岡遵查文廷式試卷，……據稱檢閱原卷策內閭面二字，係屬筆誤，讀卷大臣未經簽出等語，所有此次讀卷大臣福錕、徐桐、麟書、翁同龢、嵩申、徐郙、廖壽恒、王鳴鑾均著交該衙門照例議處。」

　　庚寅讀卷八大臣中，以翁同龢、汪鳴鑾文名最著，文廷式為陳蘭甫弟子，翁早聞其名，其對策中有「留元氣於閭閻，而後邦本可以固」語，詎抄入試卷時，漏去「閻」字，而即寫上「而」字，及覺，因不善挖補，請同考者為之，而文平日恃才傲物，同試者又多自顧不暇，而限時已到，文大窘，急於「而」字加三畫而成「面」，遂成為「留元氣於閭面」，其卷落福錕手中，見閭面為杜撰，正欲簽出，抑置三甲，適為同龢所見，知為文卷，謂福曰：「此人江南名士，當無事吹求」。福曰：「其奈閭面之不通何」？翁曰：「似於古賦中見有以閭

面，對簮牙者，不能以杜撰視之」。汪亦附和翁說，福入翰林後於翁者九科，且以翁汪皆朝列之博學者，遂不復言，文卷遂置前列。

翁同龢庚寅四月廿四日記：「……卯正，召見讀卷官於勤政東室，福公捧十本（去封加束）入，跪案旁，余等鱗次跪，最後一人折而東，上曰：所取皆好，拆封至第二，奏文廷式名，上云：此人有名，作得好。……」是科一甲為吳魯、文廷式、吳蔭培，及闈面為御史所揭，八大臣僅獲薄譴，則德宗因文而推恩眾臣，可於「此人有名」一語見之。世傳文為珍妃師，其實非是，文父星瑞居廣州，與珍妃從父廣州將軍長善交摯，長雅重文士，時於署中壺園招集文讌，廷式與于式枚等，常與焉，珍妃在廣州時方髫齡，久聞文名，其後回居北京，廷式亦入京居於妃兄志銳家，時珍妃已十二三，習詩詞，或偶然問字，十三歲被選，旋入宮，或偶於德宗提及，故簡在帝心也。時都門有無名氏撰對語云：「讀卷太心虛，闈面居然登榜眼；行文真膽大，矗躬何必問源頭」。蓋是科中式卷中，有「耳者心之鐸，躬之矗也」語，故為所譏云。

一七六、北平故宮之石唰啦

　　北平故寓各門內外之石陛，如熙和、協和、太和門各處闌干上各柱頂，有球形之雕刻物，凡為花頭形狀者，其臨近門洞處，必有數球頂端穿有小孔。不知此物者，多疑為石質物經歷年代既久，為風雨剝蝕而殘破，無關乎歷史古蹟也。據老於燕都者言，此物名「石海哨」，滿語為「石唰啦」，漢語則「警號」也。警號之名稱，乃為有警耗時，皇宮如遇包圍，禁軍以口向石球就吹，則聲鳴鳴然，如海螺所發之音，澈達於內廷，以便作抗拒敵人，及緊急應變之準備，石唰啦之名，凡旗籍曾充親軍或護軍，以及一班久值內廷之侍衛太監等皆知之，警號之稱，則僅見於公文書中，談故京掌故者，曾有能道及者，至此球之形狀，創於何時，及如何吹法，則知者鮮矣。

　　相傳，明亡後，吳三桂引清兵入關，多爾袞初抵燕都，鑑於李自成圍困京師，崇禎因而殉國，方命侍衛府（即末葉之侍衛處），於內廷各門，安置石唰啦，以領侍衛內大臣者董其事，分內、外、前三圍，凡乾清，坤寧、寧壽、慈寧等宮之石唰啦，曰內圍，又曰大內班，以宿衛內廷之護軍掌之；凡神武、東華、西華各大門，曰外圍，又曰門班，亦以護軍掌之；凡乾清、景運、隆宗、口心等門之石唰啦，以侍衛掌之，曰前圍，又曰外圍內班；凡在三大殿及太和、協和等門者，以侍衛新軍掌之，曰外圍，又曰外圍外班。一遇警耗，同時吹之。吹時，具法先以小銅號角，長三寸餘，作牛角狀之小喇叭，插入石孔內，以口吹角，從石腹內之空氣振盪作用，發出牛吼聲。此物平時皆繫於烟口袋之繩端，其後有以牛角製者。非初制

也，凡當值者皆隨帶在身，不準攜出宮外，亦不准仿製，初視為禁製之軍需品也。

　　嘉慶時，林清之變，喋血宮門，禍延京畿，經數月始定。嘉慶十八年九月十五日，劉林（林清本名）祝現於午時入宮舉事，事出倉卒，防衛不及，迨事敗，其黨稱入禁門時。恍惚如聞雷聲，倉皇間其聲愈多愈巨，疑有神助，故畏懦不敢入，蓋侍衛聞警急吹嗩吶，他處聞及亦猛吹不已，劉祝等不知也。又宮中有地道，通外方，遇變聞石嗩吶聲，帝后及皇子女等即入窟避，窟外立一親信之內監，連呼打揫，打揫者滿語平安也，危迫則否。吳樾炸五大臣時，傳革命黨已混入內城，滿人一夕數驚，宮中尤疑懼，有請修石嗩吶及清掃地道者，那拉后斥曰：「今何時？此何用？」遂止。

一七七、江建霞（標）遭錮殞年

　　仁和江標，以名進士視學湖南時，佐陳寶箴創行新政，以變士風，開闢新治為己任，又倡設《湘學報》，湘紳王先謙、孔憲教、黃自元、葉德輝等皆稱老宿，咸不悅江所為，屬御史黃均隆劾之。時清帝方欲變法圖強，譚嗣同等新入軍機，與江交尤相善，寖其事，且薦擢江為四品京堂，入總署。及政變作，以江新黨，廷旨革職禁錮於家，復遭回祿，盡失所有，旋卒，年未四十也。葉昌熾《緣督廬日記》，光緒廿四年八月廿一日：「邸鈔：四品京堂江標革職嚴管，靈鶼目動而言肆，趾高而氣揚，早知其有今日。」又光緒廿五年十月廿九日記：「聞建霞噩耗，嗚呼！建霞竟死矣！天生美才，不善用之，摧殘沮抑，至於不永其年，良可痛惜。又善化俞同年談：建霞督湘學，臨行與葉煥彬交鬨，幾成笑柄，不滿於葉，而云建霞在湘，士論有去思，皆平情之論也。」范滂以清流被錮，崔駰以不樂損年，時論傷之。

　　標字建霞，亦作建葭，號師鄦，又號笘誃，自署靈鶼閣主。自幼穎悟，讀書外家，舅氏華遂秋（翼綸）搜藏甚富，播架縹緗，護持甚謹，江與中表趙靜涵（元益）涵濡其中，學日以進，與兄□緯有雙丁二陸之目。迨隨宦嶺南，以汪柳門之介，從葉鞠裳遊，葉訝其天分絕人，嘆為除所見蒯禮卿（光典）外，殆無甚匹。精研說文，講金石目錄，自三代鼎彝秦漢六朝碑版，下至宋元明人書畫，無不究心，所作篆籀，晞古有致，旁逮詩詞篆刻繪事等，一見輒能深造，駢體文尤工絕，且精鑒別。光緒戊子己丑聯捷成進士，與葉鞠裳同入翰林，師弟

並步木天，為時所稱。

　　江標美丰裁，有璧人之目，素性豪宕，弗拘小節，家非素封，且不善治生，而起居服御，泰侈如豪貴家，京秩本清苦，長安居又不易，所藏古器及宋元精槧名畫，輒以易米，有詩云：「京洛淄塵浣未殘，阮囊自笑太酸寒，一函翠墨千蚨影，難當至元鈔紙看。」「今朝喜見月當頭，好洗人間萬斛愁，莫恨債台風太緊，居然錢裡過中秋。」其自跋略云：「光緒辛卯八月十五日，距挈眷入都已九月矣，讀鮑子年刻朱所明續泉說，記呂堯仙中丞語曰：『過節摒擋俗務，為京官所同苦。今日過節，索債者紛集，無以應之，惟將古泉玩賞，便可萬慮皆空，攤泉之案，即避債之台也。』偶成二絕，即題於此，惜不能起中承而語之曰：數十年後尚有此癡人也。」又嘗遊日，客舍女侍，欲委身事之，以歸急不果，女侍貽以小像，江題其上曰東鄰巧笑圖，返國之日，遍徵名人詩畫，其不羈如此。奉使三湘，不名一錢，躓裝惟輯刊靈鶼閣叢書五集五十六種，仿宋陳元書棚本，唐賢小集五十家，罷官後家復被火，遺書數十檀，蕩佚殆半，怏怏遂卒。

一七八、金華鬥牛之習俗

　　浙江金華，靡特風物秀美，在吾國史學上，亦有相當位置，所謂浙東學流，即溯源於此，自來文學風氣稱盛，學校教育亦甚發達，抗戰時尤為東南交通孔道。其地對於歷代相沿之民俗，尚多保留，加夏冬兩季之鬥牛，其盛況不下於西班牙等處，而無其觳觫之慘，大陸淪匪後，如斯盛呪，已不可復睹，因記存之。

　　金華鬥牛，亦稱為操牛，盛行於每年夏冬兩季，蓋農隙之餘興，亦寓有比賽耕畜之意。民間傳說：此舉蓋始於宋代南渡以前，用意在於酬神。耆老村甿則謂金華土地「硬」，不鬥牛則易發生火災，或地方出命案，蘭谿則土地不「硬」，鬥牛則反有回祿之禍，此則亦惟姑妄聽之，不可考矣。

　　鬥牛定期後，風聲遠播，鄰近各縣往觀者，絡繹於途，即滬杭等亦多有遄程前往者。鬥之時，其牛各有特名，有稱為「武松」、「羅成」、「黃天霸」、「薛仁貴」者，有稱為「英雄掛」、「雪蓋臉」、「大花旦」、「小隨便」者，皆由牛主隨意指稱，宣佈於節目單上。

　　出鬥之牛選定後，牛主對之，視同一員即將出陣衝鋒破敵之戰將，或致身顯揚之愛子，於牛之飼養，彌有解衣推食之概，每餐必煞粥一鍋，滲以參湯美酒，甚或暗滲二三兩之鴉片烟膏；夏日燠熱，則命婦孺為之揚扇取涼，冬則被以錦□防寒。

　　鬥牛場不用空曠乾燥之地，而擇爛泥黏膩之水田，四周範以木欄，所以防牛性發作，任意奔踢，傷及觀眾也。觀眾既

多，各方販賣雜貨者亦坌集，儼如小市墟。觀眾立者坐者之老幼婦孺，皆整飭衣履，如赴喜宴。鬥牛開始，設公正人一，命牛主各牽己牛出，莊嚴肅穆，如臨太廟，依序以入，場外鞭爆之聲畢卜不絕，公正人則立場中。其鬥之方式，為兩牛互牴，略有傾斜或觸及頸項，則由公正人撥之使正。兩牛各顯神力，進退抗拒，頂至對方不支後退為一次，再度相抵，敗者即歸淘汰，再以勝者相牴各二次，戰局始告結束，全場同時角牴凡若干對，各無絆蹄罣角者，則爛泥之效也。其優勝者，公正人以紅繒披其錚嶸之頭角上，插以金花，其最優者則賞以金牌，牛主全家鳴鑼開道，環村中行，牛主牽之而過，孜孜而喜，親朋友觀眾亦有以紙炮花紅慶賀；更有牽羊擔酒來認「牛親家」，情意真摯，或有勝於兒女婚姻者，如是者又二三日，始興闌人散，此牛亦返欄嚼芻矣。其臨陣不勇之牛，或再衰三竭終於敗衂者，以及甫踐泥場，與敵互舐，不敢出頭者，於盛會結束後，輒指為不祥物，或以之轉售鄰縣遠鄉，或逕驅赴屠場，得錢另買，以備明年之再鬥。

一七九、吳保初盛氣斥剛（毅）、端（方）

　　古今稱四君子者三：戰國之孟嘗、平原、信陵，春申，明季則方以智、陳貞慧、侯方域、冒襄，清末則譚繼洵子嗣同，陳實箴子三立，丁日昌子惠康，吳長慶子保初，皆以文采風概，振重一時，而生丁末造，皆不得行其志，嗣同被戮，三立坐廢，惠康早亡，保初亦以轉徙窮病，殞其天年。

　　保初安徽廬江人，字彥復，一字君遂，吳長慶次子。長慶以投效淮軍起家，嘗復父仇，以孝勇聞宇內，雖赳赳而雅慕文章氣節，禮結當世名士，駐師漢城時審張謇、朱銘盤、周家錄皆在其幕。保初少文弱，而姿稟穎異，長慶謂其不宜習武事，使入都，從寶竹坡（廷）遊，時竹坡力罷官，無以資生事，長慶貲助之，竹坡時攜其二子壽富、壽蕃，縱意詩酒山水間，保初濡染至深，事事效法其師，為清折間肆之詩，千百言立就，因識沈曾植、歐陽鎔、鄭孝胥、陳衍諸人，而才志卓犖，憂國傷時，遂一發之於詩。

　　初長慶寢疾軍次，保初力十六，渡海刲股欲療父疾，朝旨褒孝，即蔭補刑部主事幫辦，秋處，持律守正，嘗平反裕董氏之獄，有名於時，以例當擢直隸州，保初欲得御史，思有以發舒，不受，丁酉應詔直言，為尚書剛毅所格，剛自命刑名家，保初與爭一獄讞，反復齦齦持不下，至擲稿於地，自褫公服出署，遂棄官居上海，目睹朝政窳敝，曾電請慈禧歸政，聞者大駭。戊戌政變，繼之以庚子拳亂，唐才常方謀起事於漢口，上海之正氣會（後改自立會），傳保初曾與其事，其兄保德，懼株連將告密，又與保初妻謀，將絀而繫於官，保初聞之，急避

日本，逾歲始歸。以其妻無伉儷情，其姊買一姬曰王姹界之，保初又買滬妓曰金菊仙改名彭嫣，時以二姬自隨，與諸名士相遊讌，顧窮甚，袁世凱時任北洋大臣，月致二百金，使居金陵，勿得至滬，繼益百金，使移津門，約以三事，不入都、不言朝政、不結交新黨。袁入樞後，楊士驤繼，增至五百金，供二姬外，遂與方地山各收古錢自娛。楊卒，端方繼任，端固佻達，嘗戲侮之，保初慍曰：「滿人之剛愎，殆無逾剛毅，吾斥之不能聲，汝何敢爾！」拂衣逕去，自是轉徙窮病，彭嫣又下堂去，袁世凱父子稍濟之，終以民國二年正月十六日以喉疾卒於上海，年四十五。

　　保初詩思悽惋，屢遭時變，益不自聊，與並時諸詩人時多唱和，有《北山樓集》，其「答石遺」云：「轍生百不肖，惟哭肖吾師，哭肖詩不肖，吾師夙知之。」又「前席」：「勞生催短景，門巷晝陰陰，香草紛姱節，靈修點素襟，烹泉然楚竹，鼓瑟叩湘靈，前席何勞問，神州漸陸沉。」又「飲酒」：「屈宋留辭賦，楊朱泣路岐，荒唐思楚夢，窈窕望霓旗，江漢春歸早，瀟湘雁到遲，眼前人盡醉，安用獨醒為？」皆其感傷之作也。

血歷史188　PC0987

新銳文創
INDEPENDENT & UNIQUE

評點晚清民國人物
——續《南湖錄憶》

原　　著	高拜石
主　　編	蔡登山
責任編輯	石書豪
圖文排版	周妤靜
封面設計	劉肇昇

出版策劃	新銳文創
發 行 人	宋政坤
法律顧問	毛國樑　律師
製作發行	秀威資訊科技股份有限公司
	114 台北市內湖區瑞光路76巷65號1樓
	電話：+886-2-2796-3638　傳真：+886-2-2796-1377
	服務信箱：service@showwe.com.tw
	http://www.showwe.com.tw
郵政劃撥	19563868　戶名：秀威資訊科技股份有限公司
展售門市	國家書店【松江門市】
	104 台北市中山區松江路209號1樓
	電話：+886-2-2518-0207　傳真：+886-2-2518-0778
網路訂購	秀威網路書店：https://store.showwe.tw
	國家網路書店：https://www.govbooks.com.tw

出版日期	2021年3月　BOD一版
	2021年4月　BOD二版
定　　價	600元

Printed in Taiwan

國家圖書館出版品預行編目

評點晚清民國人物：續《南湖錄憶》/ 高拜石
原著；蔡登山主編. -- 一版. -- 臺北市：新鋭
文創, 2021.03
　　面；　公分. -- (血歷史；188)
BOD版
ISBN 978-986-5540-30-2(平裝)

1. 人物志　2. 清代

782.17　　　　　　　　　　　110000720

讀者回函卡

感謝您購買本書，為提升服務品質，請填妥以下資料，將讀者回函卡直接寄回或傳真本公司，收到您的寶貴意見後，我們會收藏記錄及檢討，謝謝！如您需要了解本公司最新出版書目、購書優惠或企劃活動，歡迎您上網查詢或下載相關資料：http:// www.showwe.com.tw

您購買的書名：＿＿＿＿＿＿＿＿＿＿＿＿＿＿＿＿＿＿＿＿＿＿

出生日期：＿＿＿＿＿年＿＿＿＿＿月＿＿＿＿＿日

學歷：□高中 (含) 以下　　□大專　　□研究所 (含) 以上

職業：□製造業　□金融業　□資訊業　□軍警　□傳播業　□自由業
　　　□服務業　□公務員　□教職　　□學生　□家管　　□其它＿＿＿＿

購書地點：□網路書店　□實體書店　□書展　□郵購　□贈閱　□其他

您從何得知本書的消息？

　□網路書店　□實體書店　□網路搜尋　□電子報　□書訊　□雜誌

　□傳播媒體　□親友推薦　□網站推薦　□部落格　□其他＿＿＿＿＿＿

您對本書的評價：(請填代號　1.非常滿意　2.滿意　3.尚可　4.再改進)

　封面設計＿＿＿　版面編排＿＿＿　內容＿＿＿　文／譯筆＿＿＿　價格＿＿＿

讀完書後您覺得：

　□很有收穫　□有收穫　□收穫不多　□沒收穫

對我們的建議：＿＿＿＿＿＿＿＿＿＿＿＿＿＿＿＿＿＿＿＿＿＿

＿＿＿＿＿＿＿＿＿＿＿＿＿＿＿＿＿＿＿＿＿＿＿＿＿＿＿＿＿＿

＿＿＿＿＿＿＿＿＿＿＿＿＿＿＿＿＿＿＿＿＿＿＿＿＿＿＿＿＿＿

＿＿＿＿＿＿＿＿＿＿＿＿＿＿＿＿＿＿＿＿＿＿＿＿＿＿＿＿＿＿

11466

台北市內湖區瑞光路 76 巷 65 號 1 樓

秀威資訊科技股份有限公司　　　收

BOD 數位出版事業部

....

（請沿線對折寄回，謝謝！）

姓　　名：＿＿＿＿＿＿＿＿＿　年齡：＿＿＿＿＿　性別：□女　□男

郵遞區號：□□□□□

地　　址：＿＿＿＿＿＿＿＿＿＿＿＿＿＿＿＿＿＿＿＿＿＿＿

聯絡電話：(日) ＿＿＿＿＿＿＿＿＿＿＿　(夜) ＿＿＿＿＿＿＿＿＿＿

E-mail：＿＿＿＿＿＿＿＿＿＿＿＿＿＿＿＿＿＿＿＿＿＿＿